职业教育·铁道运输类专业教材

Tielu Shigong Zuzhi yu Gaiyusuan

铁路施工组织与概预算

李晶晶 主 编

郭红兵 主 审

人民交通出版社股份有限公司
北京

内 容 提 要

本教材为职业教育·铁道运输类专业教材。本教材分为两篇:第一篇是铁路工程施工组织,内容分别为铁路工程基本建设、流水作业施工技术、网络计划技术和铁路工程施工组织设计;第二篇是铁路工程概预算,内容分别为铁路工程定额、铁路工程概预算和铁路工程工程量清单计价。本教材在编写过程中力求体现教学目标与企业需求一致、教学过程与施工过程统一、教学内容与工作任务统一,科学设计项目与任务,最终成果形成"四个一"文件,即一份施工进度计划表、一份施工方案、一份施工平面图和一份造价文件,以提高学生适应未来工作岗位的综合能力。

本教材为铁道工程技术、高速铁道工程技术及土建类相关专业铁路施工组织与概预算课程的教学用书,也可作为从事铁路工程项目施工管理技术人员的参考用书。

本教材配套多媒体课件,教师可通过加入职教铁路教学研讨群(QQ:211163250)获取。同时,本教材在"智慧职教"建有在线开放课程,读者可登录 https://mooc.icve.com.cn/course.html? cid = TLSSX261381 进行学习。

图书在版编目(CIP)数据

铁路施工组织与概预算 / 李晶晶主编. —
北京 : 人民交通出版社股份有限公司, 2020.8 (2024.12重印)
ISBN 978-7-114-16556-6

Ⅰ. ①铁… Ⅱ. ①李… Ⅲ. ①铁路施工—施工组织—职业教育—教材②铁路施工—概算编制—职业教育—教材③铁路施工—预算编制—职业教育—教材 Ⅳ. ①U215.1

中国版本图书馆 CIP 数据核字(2020)第 079655 号

职业教育·铁道运输类专业教材
书　　　名:**铁路施工组织与概预算**
著 作 者:李晶晶
责任编辑:任雪莲
责任校对:孙国靖　魏佳宁
责任印制:张　凯
出版发行:人民交通出版社股份有限公司
地　　　址:(100011)北京市朝阳区安定门外外馆斜街 3 号
网　　　址:http://www.ccpcl.com.cn
销售电话:(010)85285911
总 经 销:人民交通出版社股份有限公司发行部
经　　　销:各地新华书店
印　　　刷:北京武英文博科技有限公司
开　　　本:787×1092　1/16
印　　　张:16.75
字　　　数:418 千
版　　　次:2020 年 8 月　第 1 版
印　　　次:2024 年 12 月　第 5 次印刷
书　　　号:ISBN 978-7-114-16556-6
定　　　价:52.00 元
(有印刷、装订质量问题的图书由本公司负责调换)

编审委员会

主　　　任：杨云峰

副　主　任：王天哲　　薛安顺

委　　　员：张　鹏　　魏　锋　　王愉龙　　田建辉
　　　　　　邹艳琴　　焦　莉　　殷青英　　周庆华
　　　　　　王少宏　　王学礼　　张　建　　米国兴
　　　　　　尚同羊　　石雄伟　　李芳霞　　赵仙茹
　　　　　　赵国刚　　李彩霞　　赵亚兰　　柴彩萍
　　　　　　王亚利　　李青芳　　黄　娟　　李　艳
　　　　　　张军艳　　李婷婷　　张丽萍　　王万平
　　　　　　张松雷　　李晶晶

序
—— PREFACE ——

建设教育强国是中华民族伟大复兴的基础工程。交通运输是国民经济基础性、先导性、战略性产业。交通高等职业教育鼎力支持交通运输事业，弘扬劳模精神和工匠精神，营造"劳动光荣、技能宝贵、创造伟大"的社会风尚和精益求精的敬业风气，建设知识型、技能型、创新型劳动者大军，培养德智体美全面发展的社会主义建设者和接班人。

习近平总书记明确指出，"十三五"是交通运输基础设施发展、服务水平提高和转型发展的黄金时期，要抓住这一时期，加快发展，不辱使命，为实现中华民族伟大复兴的中国梦发挥更大的作用。当前，在我国经济发展进入新常态后，交通运输作为国民经济重要的基础性、先导性、服务性行业的基础地位没有改变，在经济社会发展中先行官的职责和使命没有改变，在稳增长、促投资、促消费中的重要作用没有改变，由基本适应向适度超前发展的阶段性特征和态势没有改变。我国正由"交通大国"向"交通强国"迈进。交通高等职业教育肩负着交通运输人才培养、科学研究、社会服务、文化传承创新的神圣使命，在实现"两个一百年"奋斗目标的伟大进程中必须有担当、有作为。

陕西交通职业技术学院是国家优质高职院校立项建设单位、陕西省优秀示范性高职院校，被誉为中国西部"交通建设管理人才的摇篮"。学校以全国交通运输示范专业——道路桥梁工程技术专业为核心，构建公路工程专业集群，弘扬"吃苦实干，爱岗敬业，默默奉献，图强创新"的"铺路石"精神，秉持"立足交通，服务交通，引领交通"的发展理念，坚持"校企合作实践育人，提升能力内涵发展"的建设思想，锻造"公在心中，路在脚下，铁肩担当，道存目击"的精神文化，开展"大专业小方向"的专业改革，实施"岗位导向，学训交替，能力递进，分组顶岗"的人才培养模式，紧密对接交通运输行业转型升级，紧紧围绕交通基础设施建设与管理的产业需求，培养热爱交通、扎根基层、吃苦实干的公路交通技术技能人才。

近年来，陕西交通职业技术学院不忘初心、拼搏奋斗，深化教育教学改革，优化专业体系结构，加强师资队伍建设，完善质量保证体系，始终致力于提升内涵建设品质，提高人才培养质量，增强社会服务能力。公路工程专业集群以道路桥梁工程技术专业为引领，先后获得国家级教学团队、全国职业院校交通运输类示范专业、高等职业教育创新发展行动计划骨干专业、陕西高职院校"一流专业"、陕西省重点专业、陕西省示范院校建设重点专业、陕西高职院校综合改革试点专业等重大荣誉和政策支持。"十三五"是交通运输基础设施加速成网的黄金时期，也是我国交通运输基础设施集中建设、扩大规模的重要时期，更是交通运输优化结构、提升服务水平的关键时期。在这样的背景下，陕西交通职业技术学院成立"新时期交通土建类高职高专规划教材"编审委员会，以长期教育教学改革实践为基础，系统总结教学内涵建设经验，编写系列教材，期望以此形式固化、展示、应用、分享改革建设的成果，培养符合新时期交通运输发展需求的高质量技术技能人才。

"新时期交通土建类高职高专规划教材"以提高人才培养质量为根本目标，贯彻高等职业教育教学改革发展新理念，对接交通运输行业最新颁布标准、规范、规程，努力从内容到形式上都有所创新。教材丛书依据专业集群的核心课程而规划，体现产教融合特色。教材突出工匠精神、职业道德、职业技能和就业创业能力教育的完美融合，注重学生全面培养。教材功能基于服务课程教学的基本载体和直观媒介而定位，凸显学生主体地位；教材内容按照职业岗位知识和能力需求而取舍，突出实践能力培养；教学方法遵循高职学生学习特点和认知规律而设计，强调理实一体教学。我们期待这套教材能在新时期交通土建类高职人才培养中起到积极的作用。

向支持交通高职教育教材建设的人民交通出版社股份有限公司表示衷心感谢。向关心、支持、帮助教材编审的合作企业、专家学者、校友致以崇高敬意和诚挚谢意。

杨云峰

2017 年 12 月

前　言
————FOREWORD————

本教材于 2022 年获中国交通教育研究会职教分会交通教育科学研究成果奖一等奖,中国交通教育研究会交通教育科学研究成果奖二等奖。

铁路施工组织设计与概预算知识已成为从事铁路工程设计、施工、招投标、监理、造价等的工程技术人员必须了解和掌握的基本知识,概预算文件本身也是铁路工程设计文件的重要组成部分。

本教材内容以够用、实用、实效为原则,侧重学生基本素质、基本技能和拓展技能的培养,注重理论联系实际。本教材以培养复合型技术技能人才为目标,面向的职业岗位是施工员和造价员,根据施工员和造价员典型的工作任务及铁路行业发展需求,以铁路基本建设全过程为主线,遵循"简明适用、自成体系、紧扣规范、突出特色"的宗旨,按照项目导向、任务引领的设计思想,将知识项目化,以任务驱动教学。同时,本教材在"智慧职教"建有在线开放课程,读者可登录 https://mooc.icve.com.cn/course.html? cid = TLSSX261381 进行学习。

本教材主要内容分为两篇。第一篇介绍铁路工程施工组织,主要内容为铁路工程基本建设、流水作业施工技术、网络计划技术和铁路工程施工组织设计。第二篇介绍铁路工程概预算,主要内容为工程定额、铁路工程概预算和铁路工程工程量清单计价。本教材在编写过程中力求体现教学目标与企业需求一致、教学过程与施工过程统一、教学内容与工作任务统一,科学设计项目与任务,最终成果形成"四个一"文件,即一份施工进度计划表、一份施工方案、一份施工平面图和一份造价文件,以提高学生适应未来工作岗位的综合能力。

本教材由陕西交通职业技术学院李晶晶、贺丽娟和长安大学何锐共同编写。编写分工如下:项目一、二、四由贺丽娟编写,项目三、五、六、附录一、附录三由李晶晶编写,项目七和附录二由何锐编写。全书由李晶晶担任主编并统稿。陕西交通职业技术学院郭红兵对本教材进行了审定。

本教材为铁道工程技术、高速铁道工程技术及土建类相关专业铁路施工组织与概预算课程的教学用书,也可作为从事铁路工程项目施工管理技术人员的参考用书。

本教材在编写过程中,以中国铁路总公司发布的《铁路工程施工组织设计规范》(Q/CR 9004—2018)和国家铁路局发布的《铁路基本建设工程设计概(预)算编制办法》(TZJ 1001—2017)、《铁路基本建设工程设计概(预)算费用定额》(TZJ 3001—2017)及有关标准、规范、定额和论著为依据,并辅以能力训练解析。除书末所列参考文献外,在编写过程中还参考了大量的网络资源,在此谨向有关作者表示衷心的感谢。

由于编者水平有限,书中难免存在错误或疏漏之处,敬请读者批评指正,并提出宝贵的意见和建议,以便今后进一步修改、充实和完善。

编　者

2019 年 9 月

目　录
—— CONTENTS ——

第一篇　铁路工程施工组织

第一篇

铁路工程施工组织

项目一　铁路工程基本建设

任务一　认识铁路工程基本建设

📖 学习目标

1. 掌握铁路工程基本建设的概念；
2. 掌握铁路工程基本建设的作用；
3. 掌握铁路工程基本建设的特点；
4. 了解铁路工程基本建设从不同角度的分类。

📖 任务描述

认识并掌握铁路工程基本建设知识是开展铁路工程施工组织与管理工作必须具备的基本技能之一。通过本任务的学习,学生应掌握铁路工程基本建设的概念、作用及其特点,为从事铁路工程管理工作奠定基础。

📖 相关知识

近年来,我国经济发展进入新一轮快速增长期,铁路发展与国民经济和社会发展不相适应的问题日益突显,因此对铁路建设和发展提出了更高的要求。根据我国《铁路中长期发展规划》的要求,到2025年,铁路网规模将达到17.5万公里左右,其中高速铁路为3.8万公里左右,铁路建设总投资需要2万亿元,每年铁路建设投资达1000亿元,建设规模、投资力度都有很大提高。

一、铁路工程基本建设概念

铁路工程基本建设是指铁路固定资产的建筑、添置和安装活动以及与此相关的其他工作,是铁路部门为了扩大再生产而进行的增加固定资产的经济活动。简而言之,就是把一定的建筑材料、设备,通过购置、建造和安装等活动转化为固定资产的过程。

铁路工程基本建设通常由以下几方面内容组成:

(1)建设铁路所需要进行的全部建筑工程,主要包括与铁路建设直接相关的各种永久性、临时性建(构)筑物以及其他基础设备等。

(2)铁路各种大型设备的安装工程,主要包括为生产、运输、试验、安全与防护等项目提供所需各种机械设备的安装、维护及调试等。

(3)铁路建设项目内各种材料、设备,以及工具、器具的购置等。

(4)铁路建设项目的申请、规划、立项及勘测设计等工作。

(5)与铁路建设相关的其他附属工程的建设工作。如铁路企业人员的培训、征用土地以及相关机构的设置等。

按照其管理方式的不同,铁路基本建设资产可分为固定资产和非固定资产两大类,固定资产与非固定资产是相对而言的。固定资产是在生产活动过程中长期发挥作用的劳动资料和在非生产活动中长期使用的物质资料,固定资产在生产过程中保持其原有的实物形态,直至磨损陈旧而报废。非固定资产(又称流动资产)是指可以在一年或者超过一年的一个营业周期内转变形态或耗用的资产,如银行存款、短期投资、辅助材料等,它在一个生产周期中会全部消耗,并将价值转移到产品中去,而其原有的形态也不复存在。因此,固定资产在长期生产过程中是不断变化的,即固定资产可以转化为非固定资产,但非固定资产不能转化为固定资产。

固定资产根据其生产性质不同,又可分为生产性固定资产和非生产性固定资产。确定一个物品是否属于固定资产,除了要看它是否在生产过程中长期发挥作用,是否保持原来的实物状态,还要同时满足以下两个条件:①使用年限在 1 年以上;②单位价值在国家或各个主管部门规定的限额以上。

因此,作为铁路固定资产,必须同时具备以上两个条件,否则应定义为低值易耗品。但根据国家财政部门的规定,其他大中小型工业企业的固定资产价值标准各不相同。铁路固定资产的形成过程,是在铁路许多物质部门、生产部门的共同参与下完成的,它是铁路基本建设的成果,也是铁路建设不可或缺的一个重要组成部分。

二、铁路基本建设作用

铁路工程基本建设是国家基本建设的重要组成部分,是建立和扩大铁路固定资产再生产的重要手段。它对改变铁路网结构、扩大铁路运力、促进国民经济发展都有十分重要的作用。铁路基本建设的作用如下:

(1)为铁路各部门建立固定资产,提供生产能力,扩大再生产,促进国民经济的快速发展;

(2)提高国民经济技术装备水平;

(3)有计划地调整旧的部门结构,建立新的生产部门;

(4)是合理分布生产力的重要途径;

(5)使产业规模逐步扩大,产业地位进一步提高;

(6)使产业组织结构得到充分优化,产业素质不断得到提高;

(7)改善和提高了人民的物质文化生活,创造出丰富的物质条件;等等。

三、铁路基本建设特点

铁路基本建设是一项综合性的经济活动,具有广泛的社会性,它不仅涉及生产和非生产建设等各个部门的相关利益,同时也涉及资源、财政、工农业生产、交通运输、环境保护等外部因素。所以,在铁路建设中必须按照国家规划和发展要求,从实际出发,正确处理好经济与发展、技术与进步等各种因素之间的关系。

铁路工程基本建设的特点如下:

(1)建设周期长,物资消耗大;

(2)涉及面很广,必须协调各方面的关系;

(3)建设产品具有固定性;

(4)建设过程要有连续性;

(5)建设产品具有单件性;

(6)产品生产具有流动性。

四、铁路基本建设分类

工程项目是在一定的约束条件下(如限定的资源、限定的时间、限定的指标及限定的质量等)具有特定明确目标的一次性任务。铁路工程基本建设项目是指在一个总体设计或初步设计范围之内,由一个或若干个单项工程所组成,经济上实行统一核算,行政上实行统一管理的基本建设单位,如一座隧道、一座大桥、一个标段的铁路建设等。

铁路基本建设包括的内容非常广泛,可以从以下几个不同的角度来划分。

1. 按项目性质划分

(1)新建项目

新建项目是指铁路企业为扩大项目生产或再生产所要进行的各项建设工作。一个项目从无到有,从立项到实施,以及扩大建设规模超过原固定资产3倍以上,都统称为新建项目。

(2)扩建项目

扩建项目是指原有生产企业为了扩大原有产品的生产能力或效益而新建的工程项目。如为增加原有铁路枢纽的能力而新建的联络线、编组站及复线等。

(3)改建项目

改建项目是指铁路企业为了提高生产效率、改进产品质量等而对原有设备或工程技术进行改造的活动。

(4)恢复项目

恢复项目是指由于自然因素或人为因素而使得铁路固定资产受到损坏或报废,以后又按铁路基本建设投资规模重新恢复建设的项目。

(5)迁建项目

迁建项目是指现有铁路企业由于国家整体规划、改变铁路布局,或环保、安全等特殊原因需要迁移到他处的建设项目。

值得注意的是,在以上五类性质划分过程中,一个建设项目只能定义为一种性质,而且在项目按照总体设计全部建成之前,其建设性质始终是不变的。新建项目在完成原总体设计之后,再进行改建或扩建,则应另作为一个改建或扩建项目。

2. 按项目用途划分

(1)生产性建设

生产性建设是指直接用于物质生产或直接为物质生产服务的建设活动。它主要包括工业建设、农田水利建设、交通及邮电建设、商业及物资供应建设以及地质资源建设等项目。

(2)非生产性建设

非生产性建设是指直接用于人民物质文化生活以及社会福利需要的建设活动,主要包括住宅建设、文教卫生建设、公用生活服务事业的建设以及其他相关建设等。

3. 按项目投资主体划分

铁路工程项目按照投资的主体不同,可以划分为国家投资建设项目、地方政府投资建设项目、企业投资建设项目[包括"三资"(中外合资、中外合作和外商独资)企业投资建设项目]等三类。

4. 按项目建设规模划分

按照建设规模的大小不同,工业建设项目一般可划分为大、中、小型三种,非工业建设一般可分为大中型项目和小型项目两类。具体划分的依据可以参照国家《基本建设项目大中小型划分标准》。如铁路大中型项目是指新建干线、支线、地下铁道及原有干线、枢纽的重大技术改造投资在 1500 万元以上，地方铁路在 100km 以上，货运量在 50 万 t/年以上。

5. 按项目投资构成划分

投资构成反映铁路建设投资用于不同类型的项目，并反映铁路建设部门与国民经济其他部门之间的联系。按照铁路基本建设的投资构成不同进行划分，可分为建筑安装费、设备购置费、其他费及基本预备费。

6. 按工程管理及造价需要划分

铁路项目按工程管理及造价需要不同划分，可以分为建设项目、单项工程、单位工程、分部工程和分项工程五个层次。

(1) 建设项目

建设项目是指有具体计划任务书和总体设计，经济上实行独立核算，行政上具有独立组织形式的基本建设单位。一个建设项目中，可以有几个单项工程，也可能只有一个单项工程。

(2) 单项工程

单项工程，又称工程项目，是建设项目的组成部分，是指具有独立的设计文件，竣工后可以独立发挥生产能力或使用效益的工程。

(3) 单位工程

单位工程是单项工程的组成部分，是指具有单独设计，可以独立组织施工的工程。通常单项工程包括不同性质的工作内容，可以根据其是否能够独立施工，将其划分为若干个单位工程。如铁路建筑中的一个车间，某段铁路中的一段路基、一座桥涵等。

(4) 分部工程

分部工程是单位工程的组成部分，主要是按照建筑物的主要结构、主要部位以及安装工程的种类来划分的。

(5) 分项工程

分项工程是分部工程的组成部分，是指通过较为简单的施工过程就能生产出来，并可以用适当的计量单位计算的建筑或设备安装工程产品。

任务二　铁路工程基本建设程序

学习目标

1. 掌握铁路工程基本建设程序的概念；
2. 掌握铁路工程基本建设的程序及工作内容。

任务描述

铁路工程基本建设工作涉及面广，内外协作配合环节多，必须按计划、有步骤、有秩序地进行，才能达到预期的效果。通过本任务学习，学生可以清楚地知道铁路工程基本建设的程序及工作内容,有条理地安排工作中的各个环节。

相关知识

　　基本建设程序是指国家按照项目建设客观规律制定的,在项目立项、决策、设计、工程施工、竣工验收并交付使用整个建设过程中,各项工作必须遵循的先后工作次序。基本建设程序是一门科学,它反映了建设项目在建设过程中的客观规律。为了提高铁路基本建设工程质量,应贯彻"以质量为中心,以标准化计量为基础"的方针,完善项目法人责任制、工程招投标制、工程监理制、质量监督制及合同管理制等制度。设计单位应对业主负责,做好从设计任务书开始,一直到完成施工图设计的工作,并确定建设工程投资额或工程造价。施工单位通过投标向业主承包工程,根据设计文件完成工程施工。

一、铁路工程基本建设程序概念

　　铁路工程基本建设程序是指铁路建设项目在从设想、选择、评估、决策到设计、施工,再到竣工验收、投入使用的整个生产建设过程中,各项工作必须遵循的先后次序。它是人们在认识客观规律的基础上制定出来的,是建设项目科学决策和顺利进行的重要保障。

二、铁路工程基本建设程序

　　铁路工程基本建设程序一般可划分为七个阶段,即铁路工程预可行性研究(项目建议书)阶段、铁路工程可行性研究(设计任务书)阶段、铁路工程设计阶段、铁路工程建设准备阶段、铁路工程建设实施阶段、铁路工程竣工验收阶段和铁路工程建设项目后评价阶段。其中,预可行性研究阶段、可行性研究阶段称为"前期工作阶段"或"投资项目决策阶段",在这两个阶段,必须对工程建设项目作出经济评价。七个阶段的关系如图1-1所示。

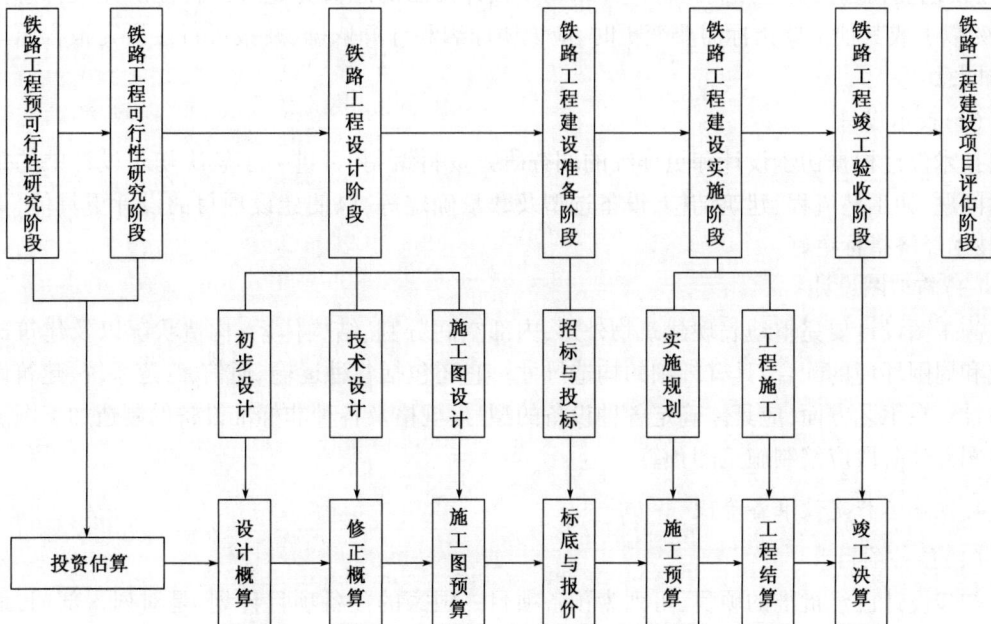

图1-1　铁路工程基本建设程序示意图

1.铁路工程预可行性研究阶段

铁路工程预可行性研究阶段是铁路建设项目立项的依据,应按铁路建设的长远规划,充分利用国家和行业资料,经调查踏勘后编制。它从宏观上论证项目的必要性,为编制项目建议书提供必要的基础资料。铁路建设项目建议书是业主单位向国家提出的要求建设某一铁路建设项目的建议文件,是对该铁路建议项目的轮廓设想,是从拟建项目的必要性及宏观方面的可能性加以考虑的。在客观上,铁路建设项目要符合国民经济长远规划,符合铁路部门、其他行业和地区规划的要求。

2.铁路工程可行性研究阶段

铁路可行性研究阶段为项目决策提供依据,应根据批准的项目建议书,从技术、经济上进行全面深入的论证,采用初测资料编制。设计任务书是在经批准的可行性研究报告基础上编制的,供设计单位使用,它与经批准后的可行性研究报告一起作为初步设计的依据,不得随意修改和变更。如果在线路基本走向方案、接轨点方案、建设规模、铁路主要技术标准和主要技术设备等方面有变动以及突破投资控制数时,应经原批准机关同意。

3.铁路工程设计阶段

一般项目进行两阶段设计,即初步设计和施工图设计。技术上比较复杂而又缺乏设计经验的项目,可在初步设计阶段后加技术设计。

(1)初步设计

初步设计是根据可行性研究报告的要求所做的具体实施方案,目的是为了阐明在指定地点、时间和投资控制数额内,拟建项目在技术上的可能性和经济上的合理性,并通过对工程项目所作出的基本技术经济规定,编制项目总概算。

初步设计不得随意改变被批准的可行性研究报告所确定的建设规模、产品方案、工程标准、建设地址和总投资等控制指标。如果初步设计提出的总概算超过可行性研究报告总投资的5%以上或其他主要指标需要变更时,应说明原因和计算依据,并报可行性研究报告原审批单位同意。

(2)技术设计

技术设计根据初步设计和更详细的调查研究资料编制,可进一步解决初步设计中的重大技术问题,如工艺流程、建筑结构、设备选型及数量确定等,以使建设项目的设计更具体、更完善,技术经济指标更好。

(3)施工图设计

施工图设计要完整地表现建筑物外形、内部空间分割、结构体系、构造状况以及建筑群的组成和周围环境的配合,具有纤细的构造尺寸。它还包括各种运输、通信、管道系统、建筑设备的设计。在工艺方面,应具体确定各种设备的型号、规格及各种非标准设备的制造加工图。在施工图设计阶段应编制施工图预算。

4.铁路工程建设准备阶段

(1)预备项目

初步设计已经批准的项目,可列为预备项目。国家的预备项目计划,是对列入部门、地方编辑的年度建设预备项目计划中的大中型和限额以上项目,经过从建设总规模、生产力总布局、资源优化配置以及外部协调条件等方面进行综合平衡后安排和下达的。预备项目在进行建设准备过程中的投资活动,不计入建设工期,统计上单独反映。

(2)建设准备的内容

其主要工作内容包括:①征地、拆迁和场地平整;②完成施工用水、电、道路等工程;③组织设备、材料订货;④准备必要的施工图纸;⑤组织施工招标投标,择优选定施工单位。

(3)报批开工报告

按规定进行了建设准备且具备了开工条件后,建设单位应向建设行政主管部门申请开工,经国家发展和改革委员会统一审核后编制年度大中型和限额以上建设项目新开工计划,并报国务院批准。部门和地方政府无权自行审批大中型和限额以上建设项目的开工报告。年度大中型和限额以上新开工项目经国务院批准,由国家发展和改革委员会下达项目计划。

5.铁路工程建设实施阶段

建设项目经批准开工建设后,便进入建设实施阶段。新开工建设的时间,是指建设项目设计文件中规定的任何一项永久性工程第一次破土开槽开始施工的日期。不需要开槽的,正式开始打桩日期就是开工日期。铁路、公路、水库等需要进行大量土石方工程的,以开始进行土石方工程日期作为开工日期。分期建设项目,分别按各期工程开工的日期计算。施工活动应按设计要求、合同条款、预算投资、施工程序和顺序、施工组织设计,在保证质量、工期、成本计划等目标的前提下进行,达到竣工标准要求,经验收后,移交给建设单位。

在实施阶段还要进行生产准备。生产准备是项目投产前由建设单位进行的一项重要工作,它是衔接建设和生产的桥梁,是建设阶段转入生产经营阶段的必要条件。建设单位应适时组建专门班子或机构做好生产准备工作。

生产准备工作的内容根据企业的不同而异。总的来说,一般包括下列内容:

(1)组织管理机构,制定管理制度和有关规定。

(2)招收并培训生产人员,组织生产人员参加设备的安装、调试和工程验收工作。

(3)签订原料、材料、协作产品、燃料、水、电供应及运输的协议。

(4)进行工具、器具、备品、备件等制造或订货。

(5)其他必需的生产准备。

6.铁路工程竣工验收阶段

当铁路工程建设项目按设计文件的规定内容全部施工完成并满足质量要求后,便可组织验收。它是投资成果转入生产或使用的标志,是建设单位、设计单位和施工单位向国家汇报建设项目生产能力或效益、质量、成本、收益等全面情况及交付新增资产的过程。竣工验收对促进建设项目及时投产,发挥投资效益,以及总结建设经验,都有重要作用。通过竣工验收,不但可以检查铁路工程建设项目实际形成的生产能力或效益,也可以避免铁路工程项目建设后继续消耗建设费用。

7.铁路工程建设项目后评价阶段

在铁路运营若干年后,由建设单位会同有关部门对铁路工程建设项目的立项决策、设计质量、施工质量、技术经济指标、投资和经济效益等进行后评价,以总结经验,提高决策水平。

项目小结

(1)铁路工程基本建设是指铁路固定资产的建筑、添置和安装活动以及与此相关的其他工作,是铁路各部门为了扩大再生产而进行的增加固定资产的经济活动。

(2)铁路工程基本建设是国家基本建设重要的组成部分,是建立和扩大铁路固定资产再生产的重要手段。它对改变铁路网结构、扩大铁路运力、促进国民经济的发展具有十分重要的作用。

(3)铁路工程基本建设是一项综合性的经济活动,具有广泛的社会性,它不仅涉及生产和非生产建设等各个部门的相关利益,同时也涉及资源、财政、工农业生产、交通运输、环境保护等外部因素。所以,铁路工程建设必须按照国家规划和发展要求,从实际出发,正确处理好经济与发展、技术与进步等各种因素之间的关系。

(4)铁路工程基本建设程序是指铁路建设项目在从设想、选择、评估、决策到设计、施工,再到竣工验收、投入使用的整个生产建设过程中,各项工作必须遵循的先后次序。它是人们在认识客观规律的基础上制定出来的,是建设项目科学决策和顺利进行的重要保障。

(5)铁路工程基本建设程序一般可划分为七个阶段,即铁路工程预可行性研究(项目建议书)阶段、铁路工程可行性研究(设计任务书)阶段、铁路工程设计阶段、铁路工程建设准备阶段、铁路工程建设实施阶段、铁路工程竣工验收阶段和铁路工程建设项目后评价阶段。

思考与练习

一、填空题

1. 铁路工程基本建设是把一定的_____、_____,通过_____、_____和_____等活动转化为_____的过程。

2. 按照其管理方式不同,铁路工程基本建设资产可分为_____和_____两大类。

3. 铁路项目按工程管理及造价需要可分为_____、_____、_____、_____和_____等五个层次。

4. 建设项目是指_____,经济上_____,行政上_____的基本建设单位。

5. 单项工程,又称_____,是建设项目的组成部分,是指具有独立的_____,竣工后可以独立_____。

6. 单位工程是_____的组成部分,是指具有_____,可以独立_____的工程。

7. 分部工程是_____的组成部分,主要是按照建筑物的_____、_____以及_____的种类来划分的。

8. 分项工程是_____的组成部分,是指通过_____就能生产出来,并可以用适当的_____计算的建筑或设备安装工程产品。

二、判断题

1. 铁路工程基本建设是铁路部门为了扩大再生产而进行的增加固定资产的经济活动。
( )

2. 确定一个物品是否属于固定资产,要看其单位价值是否在国家或各个主管部门规定的限额以上。
( )

3. "三资"企业是指中外合资企业、中外合作企业和外商独资企业。 ( )

三、简答题

1. 简述铁路工程基本建设的作用。
2. 试分析铁路工程基本建设的特点。
3. 铁路工程基本建设程序包括哪几个阶段?

项目二　流水作业施工技术

任务一　认识施工作业组织方式

学习目标

1. 掌握工程中常用的三种施工作业组织方式;
2. 掌握三种施工作业组织方式的特点;
3. 会计算三种施工作业法的施工总工期;
4. 能绘制顺序施工作业法、平行施工作业法和流水施工作业法的施工进度计划图及劳动力动态曲线图。

任务描述

科学有效的施工组织方式,可以使工程建设实现速度快、质量优、成本低的目标,在激烈的竞争中取得有利地位。通过本任务的学习,学生应掌握工程中常用的三种施工作业组织方式,能计算施工总工期、绘制施工进度图。

相关知识

对工期计划进行优化改良必须切实有效地加强工程项目在进度方面的控制和管理,科学合理的进度计划安排对项目进度的进程管理将起到至关重要的作用。施工作业在项目的整个建设期中所占时间最长,是工期质量控制的重点阶段。采用哪种施工作业组织方式,将直接影响工程的总工期。

施工组织按照工作过程及管理方式的不同,可以分为单段多工序施工和多段多工序施工两大类。单段多工序型是指施工任务不需要或不能划分为若干施工段,只有一个施工段,但在该施工段需要实施若干个工序。单段多工序型施工组织较为简单,只需解决各个工序的衔接问题,但总工期较长。多段多工序型是指施工任务可以划分为多个施工段,且每个施工段又包含多个工序,其施工组织相对复杂。通常在施工作业中,主要的施工组织方式有顺序施工作业法、平行施工作业法及流水施工作业法三种方式。

一、顺序施工作业法

顺序施工作业法(也称依次施工作业法)是指有若干任务时,先完成一个任务,接着再完成另一个任务,依次按照顺序进行,直到完成全部任务的作业方法。其特点是劳动力需要量少,资源利用比较均衡,但各作业单位采用间歇不连续作业,总工期一般较长,且单位时间内投入的资源量比较少,施工现场的组织及管理都比较简单。

顺序施工作业法的总工期通常用下列公式进行计算：

$$T = mnt_i \tag{2-1}$$

式中：T——总工期；

$\quad m$——工程对象数；

$\quad n$——每个工程的施工过程数；

$\quad t_i$——每个工程的持续时间。

顺序施工作业法施工进度计划图及劳动力动态曲线图，如图 2-1 所示。

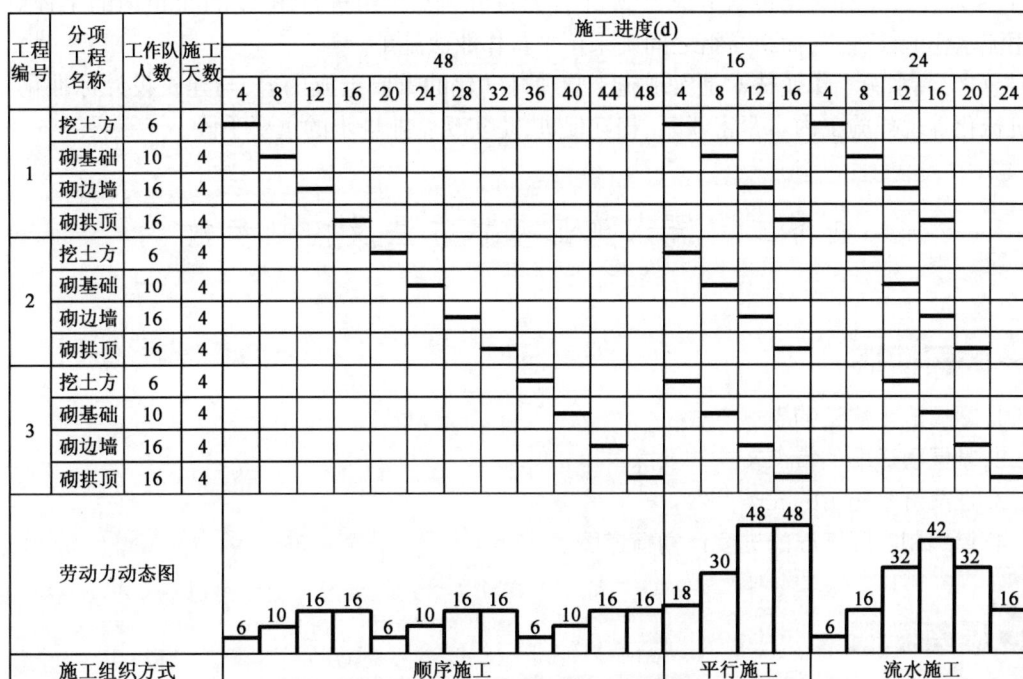

图 2-1　三种不同施工作业组织方式示意图

【例 2-1】　某工程队承担 DK118 +90 ~ DK119 +00 区段内 3 座工程量近似的石砌区段内拱涵,其施工过程有挖土方、砌基础、砌边墙、砌拱圈等工作,每个施工过程的施工天数均为 4 天,其中挖土方由 6 人组成,砌基础由 10 人组成,砌边墙由 16 人组成,砌拱圈由 16 人组成。按照顺序施工作业法组织施工建造完工。

【解】　总工期为：

$$T = mnt_i = 3 \times 4 \times 4 = 48(\text{d})$$

二、平行施工作业法

平行施工作业法是指当有若干个施工任务时,各个任务同时开工、平行生产,同时完成各自作业的一种做法。其特点是:完成任务的总工期短(与顺序作业法比较),但所需作业班组较多;劳动力需要量特别集中;各作业单位之间间歇作业,同样也会造成一定的资源浪费。平行施工作业法施工进度计划图及劳动力动态曲线图,如图 2-1 所示。

三、流水施工作业法

流水施工作业法是指当有若干个施工任务时,其各个任务相隔一定的时间依次投入生产,相同的工序依次进行,不同的工序平行进行的一种作业方法。流水作业法与其他两种作业法相比,能充分提高劳动生产率,缩短工期,降低成本,提高工程质量,有利于资源供应。因此,它是目前工程中应用最为广泛的一种施工组织作业方式。流水施工作业法的施工进度计划图及劳动力动态曲线图,如图 2-1 所示。

此外,除了以上三种基本作业法之外,还有一种将平行施工作业法和流水施工作业法结合起来的平行流水作业法,它综合了平行施工作业法和流水施工作业法的优点,在铁路工程和其他土木工程中更具普遍性。当将所有工程对象按一组进行流水作业,其总工期比规定工期要长时,可将全部工程对象根据工程类型、工程数量分为几个组进行施工,每个组内的工程对象采用流水作业法施工,而组与组之间则采用平行作业法施工。

总之,流水施工作业技术是实现施工管理科学化的重要组成内容,与建筑设计标准化、施工机械化等现代施工内容紧密联系、相互促进,是实现企业进步的重要手段。

任务二　流水施工基本方法及控制参数

学习目标

1. 掌握流水施工的表达方式;
2. 掌握横道图的特点及绘制要点;
3. 理解流水施工的三类参数;
4. 能编制实际工程的进度计划横道图。

任务描述

流水施工方式是将拟建工程项目中的每一个施工对象分解成若干个施工过程,并按照施工过程组织相应的专业工作队,各专业工作队按照施工顺序依次完成各个施工对象的施工过程,同时保证施工在时间和空间上连续、均衡和有节奏地进行。通过本任务的学习,学生能够掌握流水施工的常用表达方式,并能根据实际工程背景绘制进度计划横道图。

相关知识

流水施工是一种建立在施工专业化基础上的先进施工方式,与顺序施工和平行施工相比,其施工过程具有连续性和均衡性,由作业队进行专业化施工,工人劳动熟练程度和劳动生产率都得到很大提高,施工质量也得到更好的保证。流水施工参数是影响施工组织节奏和效果的重要因素,是用来表达流水施工在工艺流程、空间布局及时间安排方面展开状态的参数。

一、流水施工的表达方式

流水施工的表达方式主要有横道图和网络图两种(图 2-2)。本任务重点介绍横道图,有关网络图表达方式的流水施工,详见本书项目三。

在工程实践中,一般采用图表的方式来表达工程流水施工过程中各施工过程的工艺顺序、相互制约关系,以及它们在时间、空间上的展开情况。

1. 水平指示图表

水平指示图表起源于 19 世纪美国人亨利·甘特（H. Gantt）发明的甘特图进度表，故又称为甘特图。其表达方式如图 2-3 所示。图中的横坐标表示流水施工的持续时间；纵坐标表示施工过程或专业工作队的名称或编号；n 条带有编号的水平线段表示 n 个施工过程或专业工作队在该施工段上的工作持续时间，线段的起点表示工作的开始时刻，线段的终点表示工作的结束时刻；编号①、②、③…表示不同的施工段及投入施工的先后顺序。

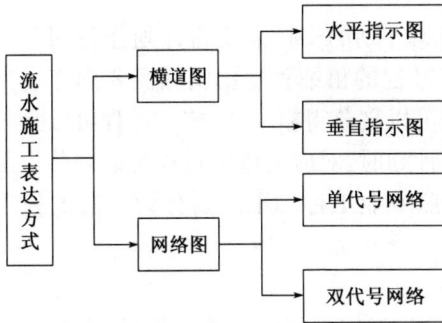

图 2-2　流水施工表达方式示意图

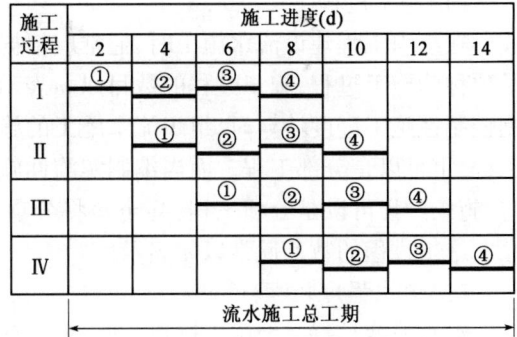

图 2-3　水平指示图表

横道图绘制简单，施工过程中的工艺顺序和施工段的组织顺序表达清晰，流水施工在时间和空间上的展开情况形象直观，便于绘制资源需求曲线，使用方便，因而被广泛用来表达施工进度计划。

2. 垂直指示图表

垂直指示图表表达方式如图 2-4 所示。图中横坐标表示流水施工的持续时间；纵坐标表示流水施工所处的空间位置，即施工段的编号。n 条斜线表示 n 个施工过程或专业工作队的施工进度。

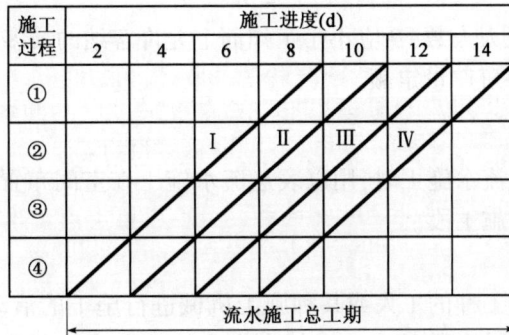

图 2-4　垂直指示图表

垂直指示图表施工过程的工艺顺序和施工段的组织顺序表达清楚，流水施工在时间和空间上的展开情况形象直观，其斜线段的斜率可以直观地反映各施工过程的进展速度，但编制实际工程进度计划时不如横道图方便。

二、流水施工参数

组织流水施工，主要是对各施工过程在时间和空间上的开展情况及相互依存关系进行组织安排。为了说明组织流水施工时各施工过程在时间和空间上的展开情况及相互制约关系，必须引入一些描述流水施工的工艺流程、空间布置和时间安排等方面特征和各种数量关系的状态参数，这些参数称为流水施工参数。流水施工参数主要包括工艺参数、空间参数和时间参数。

1. 工艺参数

工艺参数主要是指在组织流水施工时，用以表达流水施工在施工工艺方面进展状况的参数，通常包括施工过程和流水强度两个参数。

（1）施工过程

在组织工程建设流水施工时，通常应根据施工组织计划的安排需要将计划任务划分成的子项称为施工过程，施工过程的数目以 n 表示。施工过程的粗细程度由实际需要而定。当编制控制性施工进度计划时，组织流水施工的施工过程可以划分得粗一些，施工过程可以是单位工程，也可以是分部工程。而当编制实施性施工进度计划时，对应的施工过程可以划分得细一些，施工过程可以是分项工程，甚至是将分项工程按照专业工种的不同划分为不同的施工工序。施工过程的数目通常以 n 表示。

（2）流水强度

流水强度是每一个施工过程（或专业工作队）在单位时间内所完成的工程量，也称为流水能力或生产能力。

流水强度可按式（2-2）计算：

$$V = \sum_{i=1}^{x} R_i S_i \tag{2-2}$$

式中：V——施工过程（队）的流水强度；

R_i——某种施工机械台数；

S_i——该种施工机械台班生产率；

x——用于同一施工过程的主导施工机械种类数。

手工操作过程的流水强度按式（2-3）计算：

$$V = RS \tag{2-3}$$

式中：R——每一工作队工人人数（R 应小于工作面上允许容纳的最多人数）；

S——每一个工人每班产量定额。

2. 空间参数

空间参数是指在组织流水施工时，用以表达流水施工在空间布置上开展状态的参数。空间范围通常包括工作面和施工段。

（1）工作面

工作面是指供某专业工种的工人或某种施工机械进行施工的活动空间。工作面的大小，决定能安排施工人数或机械台数的多少。每个作业的工人或每台施工机械所需工作面的大小，取决于单位时间内其完成的工程量和安全施工的要求。工作面确定的合理与否，直接影响专业工作队的生产效率。因此，必须合理确定工作面。

（2）施工段

为了有效地组织流水施工，通常把拟建工程在平面或空间上划分为若干个劳动量大致相等的施工段落，称为施工段或流水段，其数目用 m 来表示。

①施工段划分的目的

一般情况下，一个施工段内只安排一个施工过程的专业工作队进行施工。在一个施工段上,只有前一个施工过程的工作队提供足够的工作面,后一个施工过程的专业工作队才能进入该段从事下一个施工过程的施工。划分施工段是组织流水施工的基础,其目的是为了组织流水施工。

由于铁路工程规模庞大,可将其划分成若干个施工段,从而为组织流水施工提供足够的空间。在保证工程质量的前提下,应为专业工作队确定合理的空间范围,使其按流水施工的原理,集中人力、物力、迅速、依次、连续地完成各段施工任务,为相邻专业工作队尽早提供工作面,达到缩短工期的目的。

②施工段划分的原则

施工段数划分要适当。过多,势必会减少工人数而延长工期;过少,又会造成资源供应过分集中,不利于组织流水施工。因此,为使施工段划分得更科学、合理,通常应遵循以下原则:专业工作队在各个施工段上的劳动量要大致相等,其相差的幅度不宜超过 10% ~ 15%;为了充分发挥工人、主导机械的效率,每个施工段要有足够的工作面,使其所容纳的劳动力人数或机械台数能满足合理劳动组织的要求;施工段的数目,要满足合理流水施工组织的要求,即 $m \geq n$;施工段的分界线应尽可能与自然界限(如沉降缝、伸缩缝等)相一致。

3. 时间参数

时间参数是指在组织流水施工时,用以表达流水施工在时间安排上所处状态的参数,主要包括流水节拍、流水步距和流水施工工期等。

(1)流水节拍

流水节拍是指在组织流水施工时,某个专业工作队在一个施工段上的施工时间。第 j 个专业工作队在第 i 个施工段的流水节拍一般用 $t_{j,i}$ 来表示($j = 1, 2, \cdots, n; i = 1, 2, \cdots, m$)。

流水节拍的大小,可以反映流水施工速度的快慢、节奏感的强弱和资源消耗量的多少。影响流水节拍数值大小的因素主要有施工时所采取的施工方案、各施工段投入的劳动力人数或机械台数、工作班次以及该施工段工程量的多少。

流水节拍可按以下方法确定:

①定额计算法

可按式(2-4)和式(2-5)确定流水节拍:

$$t_{j,i} = \frac{Q_{j,i}}{S_j R_j N_j} = \frac{R_{j,i}}{R_j N_j} \tag{2-4}$$

$$t_{j,i} = \frac{Q_{j,i} H_j}{R_j N_j} = \frac{P_{j,i}}{R_j N_j} \tag{2-5}$$

式中:$t_{j,i}$——第 j 个专业工作队在第 i 个施工段的流水节拍;

$Q_{j,i}$——第 j 个专业工作队在第 i 个施工段要完成的工程量;

S_j——第 j 个专业工作队的计划产量定额;

H_j——第 j 个专业施工段需要的劳动量或机械台班数;

$P_{j,i}$——第 j 个专业工作队投入的工作人数或机械台数;

N_j——第 j 个专业工作队的工作班次。

②经验估算法

在实际施工中,往往采用新工艺、新方法和新材料等尚无定额可循的工程,此时可用经验估算法来求出流水节拍,即所有的施工过程按一定的时间间隔依次投入施工,各个施工过程陆续开工,陆续竣工,使同一施工过程的施工班组保持连续、均衡,不同施工过程尽可能平行搭接

施工的组织方式。进行流水作业组织的基本计算方法如下:

$$t_i = \frac{a + 4c + b}{6} \qquad (2\text{-}6)$$

式中:t_i——某施工过程在某施工段上的流水节拍;

a——某施工过程在某施工段上的最短估算时间;

b——某施工过程在某施工段上的最长估算时间;

c——某施工过程在某施工段上的正常估算时间。

流水节拍是流水施工的主要参数之一,它表明流水施工的速度和节奏性。流水节拍的大小决定着单位时间投入的劳动力、机械和材料等资源量的多少,同时,也是区别流水施工组织方式的特征参数。因此,流水节拍的确定具有十分重要的意义。

确定流水节拍还应考虑以下因素:

a. 流水节拍应当取适当整数,也可取 0.5 或 0.5d 的倍数;

b. 流水节拍的取值,既要尽量不改变原有的劳动组织形式,又要满足专业工作队对工作面的要求,确保施工操作安全和充分发挥劳动效率;

c. 应先确定主导施工过程的流水节拍,据此再确定其他施工过程的流水节拍,并应尽可能使其有节奏,以便组织有节奏的流水施工;

d. 流水节拍的确定,还要综合考虑劳动力、材料、机具设备的供应情况以及施工进度、施工技术、施工工艺的限制和特殊要求;

e. 根据工期要求确定流水节拍时,必须检查劳动力、材料和机械供应的可能性以及工作面是否足够等。

(2)流水步距

在组织流水施工时,将相邻两个专业工作队先后在同一施工段开始施工的时间间隔,称为流水步距,用 $K_{j,j+1}$ 表示。其中,$j(j = 1,2,\cdots,n-1)$ 是专业工作队或施工过程的编号,是流水施工的主要参数之一。

流水步距的数目取决于参加流水施工的过程数,如果施工过程数为 n,则流水步距的总数为 $n-1$ 个。

流水步距的大小反映流水作业的紧凑程度,对工期起较大影响。当施工段确定后,流水步距的大小将直接影响工期的长短。如果施工段不变,流水步距越大,则工期越长;反之,流水步距越小,则工期越短。此外,流水步距在施工段不变的情况下,随流水节拍的增大而增大,随流水节拍的缩小而缩小。

流水步距的确定原则如下:

①流水步距要满足相邻两个专业工作队在施工顺序上的相互制约关系;

②流水步距要保证各专业队都能连续作业;

③流水步距要保证相邻两个专业工作队在开工时间上最大限度、合理地搭接;

④流水步距的确定要保证工程质量,满足安全生产要求。

(3)流水施工工期

流水施工工期是指从第一个专业工作队投入流水施工开始,到最后一个专业工作队完成流水施工为止的整个持续时间。由于一项建设工程往往包含许多流水组,故流水施工工期一般均不是整个工程的总工期。

三、流水施工的基本组织方式

在流水施工中,流水节拍的规律不同,流水步距、流水工期的计算方法等也不同,甚至影响各个施工过程的专业施工队数目。因此,有必要按照流水节拍的特征将流水施工进行分类。

根据流水节拍的不同特征,对流水施工进行分类,如图2-5所示。

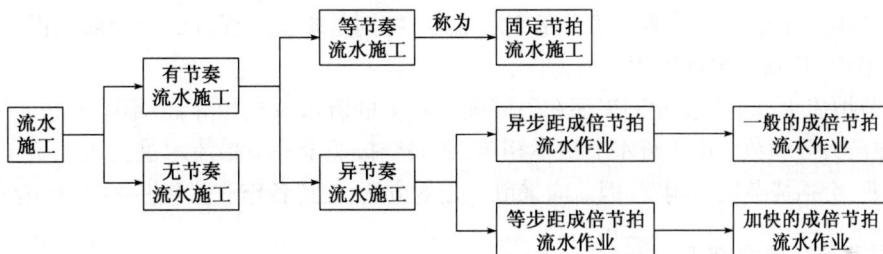

图2-5　根据流水节拍的不同特征对流水施工的分类

四、流水作业法施工组织要点

根据以上流水参数的概念,可以将流水施工的组织要点归纳如下:

(1)将拟建工程的全部施工活动,划分组合为若干个施工过程,每一施工过程交给按专业分工组成的施工队组或混合队组来完成。施工队组组成的人数应考虑每个工人所需的最小工作面和流水施工组织的需要。

(2)将拟建工程在平面上划分为若干个施工段,每一施工段在同一时间内,只供一个施工队组开展作业。

(3)确定各施工队组在每段的作业时间,并使其连续、均衡作业。

(4)按照各施工过程的先后顺序排列,确定相邻施工过程(或施工队组)之间的流水步距,并使其在连续作业的条件下,最大限度地搭接起来,形成分部工程施工的专业流水组。

(5)搭接各分部工程的流水组,组成单位工程流水施工。

(6)绘制流水施工指示图表。

任务三　有节奏流水施工

学习目标

1. 掌握固定节拍流水施工的特点;
2. 会计算固定节拍流水施工工期;
3. 掌握加快的成倍节拍流水施工的特点;
4. 会计算加快的成倍节拍流水施工的工期。

任务描述

有节奏流水施工包括固定节拍流水施工和成倍节拍流水施工两种形式。通过本任务的学习,学生应掌握固定节拍流水施工和加快的成倍节拍流水施工的特点,并能计算相应的工期。

相关知识

有节奏流水施工是指在组织流水施工时,每一个施工过程在各个施工段上的流水节拍都各自相等。有节奏流水施工又分为固定节拍流水施工和成倍节拍流水施工两种。

固定节拍流水施工比较适用于分部工程流水,特别是施工过程较少的分部工程,一般不适用于单位工程,特别是单项工程。

成倍节拍流水施工是指相同工序在不同施工段上的流水节拍相等,但不同工序的流水节拍不同,存在最大公约数。由于流水节拍不相等,如完全按照全等节拍流水进行组织施工,各作业队间歇作业,会造成劳动力闲置,因此应采取一定的方法,使得各作业队能够连续、均衡地施工。

一、固定节拍流水施工

1. 固定节拍流水施工特点

固定节拍流水施工是一种最理想的流水施工方式。其特点如下:

(1)所有施工过程在各个施工段上的流水节拍均相等。

(2)相邻施工过程的流水步距相等,且等于流水节拍。

(3)专业工作队数等于施工过程数,即每一个施工过程成立一个专业工作队,由该队完成相应施工过程所有施工段上的任务。

(4)各个专业工作队在各施工段上能够连续作业,施工段之间没有空闲时间。

2. 固定节拍流水施工工期

(1)有间歇时间的固定节拍流水施工

所谓间歇时间,是指相邻两个施工过程之间由于工艺或组织安排需要而增加的额外等待时间,包括工艺间歇时间($G_{j,j+1}$)和组织间歇时间($Z_{j,j+1}$)。对于有间歇时间的固定节拍流水施工,其流水施工工期 T 可按式(2-7)计算:

$$T = (n-1)t + \sum G + \sum Z + mt = (m+n-1)t + \sum G + \sum Z \qquad (2-7)$$

式中符号如前所述。

【例 2-2】 某分部工程流水施工进度计划如图 2-6 所示,确定其有间歇时间的固定节拍流水施工工期。

【解】 在该计划中,施工过程数目 $n=4$;施工段数目 $m=4$;流水节拍 $t=2$;流水步距 $K_{I,II} = K_{II,III} = K_{III,IV} = t = 2$;组织间歇 $Z_{I,II} = Z_{II,III} = Z_{III,IV} = 0$;工艺间歇 $G_{I,II} = G_{III,IV} = 0$;$G_{II,III} = 1$。因此,其有间歇时间的固定节拍流水施工工期为:

$$T = (n-1)t + \sum G + \sum Z + mt = (4-1) \times 2 + 1 + 0 + 4 \times 2 = 15(\text{d})$$

(2)有提前插入时间的固定节拍流水施工

所谓提前插入时间,是指相邻两个专业工作队在同一施工段上共同作业的时间。在工作面允许和资源有保证的前提下,专业工作队提前插入施工,可以缩短流水施工工期。对于有提前插入时间的固定节拍流水施工,其流水施工工期可按式(2-8)计算:

$$T = (n-1)t + \sum G + \sum Z - \sum C + mt = (m+n-1)t + \sum G + \sum Z - \sum C \qquad (2-8)$$

式中符号如前所述。

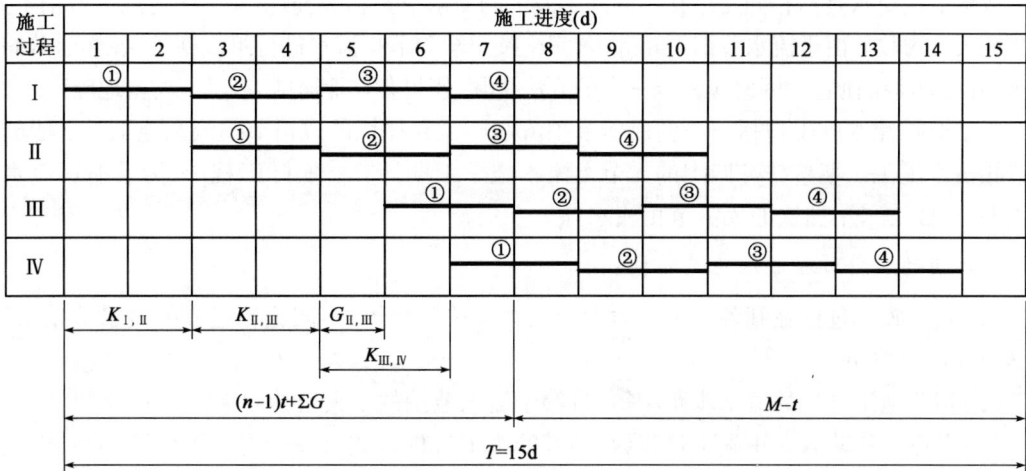

施工进度表（图 2-6，有间歇时间的固定节拍流水施工进度计划）

施工过程	1	2	3	4	5	6	7	8	9	10	11	12	13	14	15
I	①		②		③		④								
II			①		②		③		④						
III						①		②		③		④			
IV							①		②		③		④		

$K_{I,II}$ $\quad$ $K_{II,III}$ $\quad$ $G_{II,III}$ $\quad$ $K_{III,IV}$

$(n-1)t+\sum G$ $\qquad$ $M-t$

$T=15\text{d}$

图 2-6　有间歇时间的固定节拍流水施工进度计划

【例 2-3】　某分部工程流水施工计划如图 2-7 所示,确定其有提前插入时间的固定节拍流水施工工期。

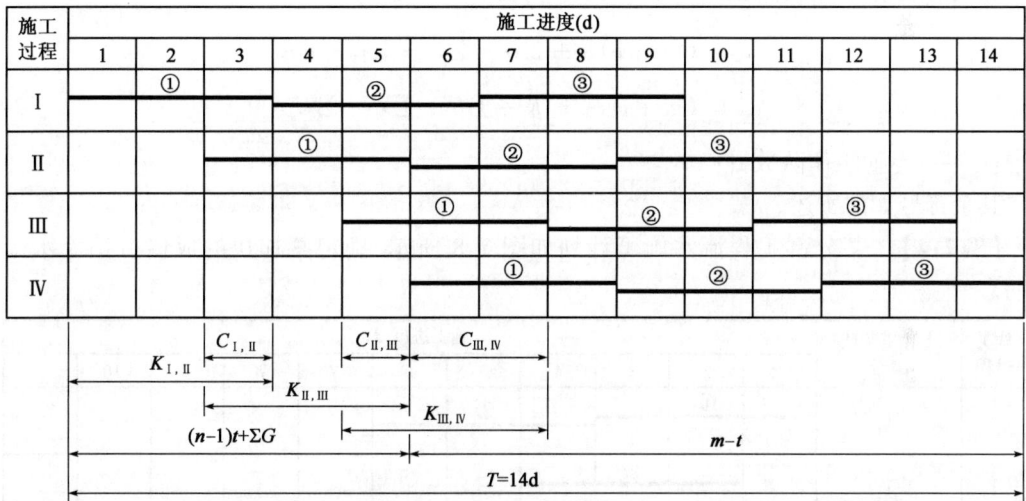

施工过程	1	2	3	4	5	6	7	8	9	10	11	12	13	14
I		①			②			③						
II				①			②			③				
III						①			②			③		
IV							①			②			③	

$K_{I,II}$ $\quad$ $C_{I,II}$ $\quad$ $C_{II,III}$ $\quad$ $C_{III,IV}$

$K_{II,III}$ $\quad$ $K_{III,IV}$

$(n-1)t+\sum G$ $\qquad$ $m-t$

$T=14\text{d}$

图 2-7　有提前插入时间的固定节拍流水施工进度计划

【解】　在该计划中,施工过程数目 $n=4$;施工段数目 $m=3$;流水节拍 $t=3$;流水步距 $K_{I,II}=K_{II,III}=K_{III,IV}=t=3$;组织间歇 $Z_{I,II}=Z_{II,III}=Z_{III,IV}=0$;工艺间歇 $G_{I,II}=G_{II,III}=G_{III,IV}=0$;提前插入时间 $C_{I,II}=C_{II,III}=1$,$C_{III,IV}=2$。因此,其有提前插入时间的固定节拍流水施工工期为:

$$T = (n-1)t + \sum G + \sum Z - \sum C + mt$$
$$= (4-1) \times 3 + 0 + 0 - (1+1+2) + 3 \times 3 = 14(\text{d})$$

二、成倍节拍流水施工

在通常情况下,组织固定节拍的流水施工是比较困难的。因为在任一施工段上,不同的施工过程,其复杂程度不同,影响流水节拍的因素也各不相同,很难使得各个施工过程的流水节拍都彼此相等。但是,如果施工段划分得合适,保持同一施工过程各施工段的流水节拍相等是不难实现的。

成倍节拍流水是指相同工序在不同施工段上的流水节拍相等,但不同工序的流水节拍不同,存在最大公约数。由于流水节拍不相等,若完全按照全等节拍流水进行组织施工,各作业队间歇作业,劳动力将会闲置。因此应采取一定的方法步骤,使得各作业队能够连续、均衡地施工。

成倍节拍流水施工包括一般的成倍节拍流水施工和加快的成倍节拍流水施工。一般的成倍节拍流水施工工期按任务四中的无节奏流水施工工期计算。实际工程中,为了缩短流水施工工期,一般均采用加快的成倍节拍流水施工方式。

1. 加快的成倍节拍流水施工的特点

(1)同一施工过程在其各个施工段上的流水节拍均相等;不同施工过程的流水节拍不等,但其值为倍数关系。

(2)相邻施工过程的流水步距相等,且等于流水节拍的最大公约数 K。

(3)专业工作队数大于施工过程数,即有的施工过程只成立一个专业工作队,而对于流水节拍大的施工过程,可按其倍数增加相应的专业工作队数目。

(4)各个专业工作队在施工段上能够连续作业,施工段之间没有空闲时间。

2. 加快的成倍节拍流水施工工期

加快的成倍节拍流水施工工期可按下式计算:

$$T = (n' - 1)K + \sum G + \sum Z - \sum C + mK$$

$$= (m + n' - 1)K + \sum G + \sum Z - \sum C \tag{2-9}$$

式中:n'——专业工作队数目;

其余符号如前所述。

【例2-4】 某分部工程流水施工计划如图2-8所示,确定其加快的成倍节拍流水施工工期。

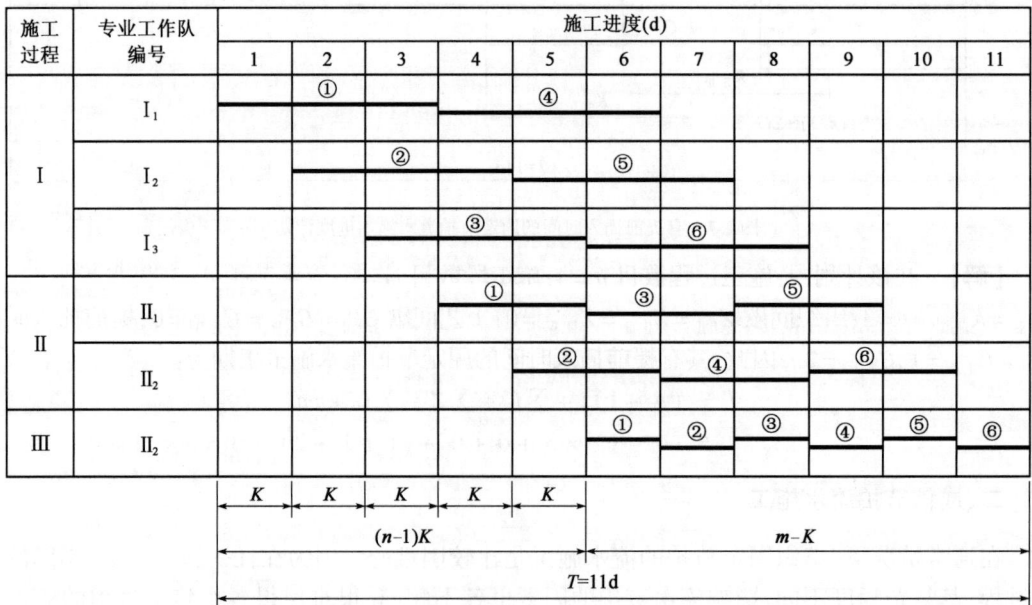

图2-8 加快的成倍节拍流水施工进度计划

【解】 在该计划中,施工过程数目 $n=3$;专业工作队数目 $n=6$;施工段数目 $m=6$;流水步距 $K=1$;组织间歇 $Z=0$;工艺间歇 $G=0$;提前插入时间 $C=0$。因此,其加快的成倍节拍流水施工工期为:

$$T = (m+n'-1)K + \sum G + \sum Z - \sum C = (6+6-1) \times 1 + 0 + 0 - 0 = 11(d)$$

【例2-5】 某施工部门负责 A、B、C、D 四个施工过程,$m=6$,流水节拍分别为 $t_A = 2d$,$t_B = 6d$,$t_C = 4d$,$t_D = 2d$,试组织加快的成倍节拍流水施工。

【解】 因为 $K = 2d$,则有 $b_A = \dfrac{t_A}{K} = \dfrac{2}{2} = 1$ 个;$b_B = \dfrac{t_B}{K} = \dfrac{6}{2} = 3$ 个;$b_C = \dfrac{t_C}{K} = \dfrac{4}{2} = 2$ 个;$b_D = \dfrac{t_D}{K} = \dfrac{2}{2} = 1$ 个。

专业工作队总数为:

$$n' = \sum_{i=1}^{4} b_i = 1 + 3 + 2 + 1 = 7(个)$$

加快的成倍节拍流水施工工期为:

$$T = (m+n'-1)K = (6+7-1) \times 2 = 24(d)$$

根据计算的流水参数绘制施工进度计划横道图,如图2-9所示。

施工过程	专业工作队编号	\multicolumn{12}{c}{施工进度(d)}
		2	4	6	8	10	12	14	16	18	20	22	24
A	1A	①	②	③	④	⑤	⑥						
B	1B			①			④						
	2B				②			⑤					
	3B					③			⑥				
C	1C						①		③		⑤		
	2C						②			④		⑥	
D	1D							①	②	③	④	⑤	⑥

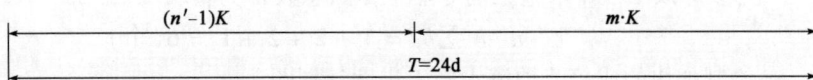

图2-9 加快的成倍节拍流水施工计划横道图

【例2-6】 某工程施工过程分为4项,其一般的成倍节拍流水施工进度如图2-10所示。如将该工程组织加快的成倍节拍流水施工,工期会有怎样的变化?

【解】 由图2-10可知,如果按4个施工过程成立4个专业工作队组织流水施工,其一般的成倍节拍流水施工工期为:

$$T_0 = \sum K + \sum t_n = (5 + 10 + 25) + 4 \times 5 = 60(d)$$

为加快施工进度,增加专业工作队,组织加快的成倍节拍流水施工。

(1)计算流水步距

流水步距等于流水节拍的最大公约数,即

施工	施工进度(d)											
过程	5	10	15	20	25	30	35	40	45	50	55	60
I	①	②	③	④								
II		①		②		③		④				
III				①		②		③		④		
IV									①	②	③	④

$K_{I,II}$　$K_{II,III}$　$K_{III,IV}$

$\Sigma K = 5+10+25 = 40$ 　　　 $m \cdot t = 4 \times 5 = 20$

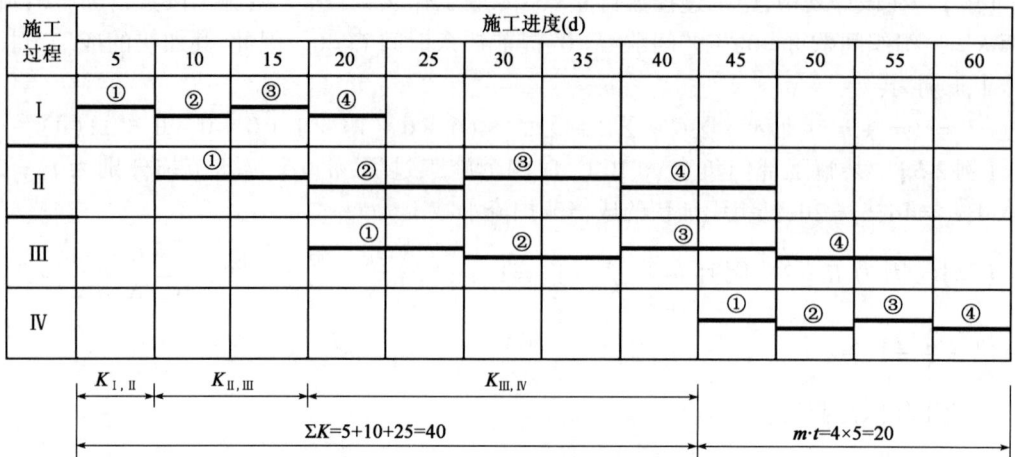

图 2-10　某工程一般的成倍节拍流水施工进度计划

$$K = \min\{5,10,10,5\} = 5$$

（2）确定专业工作队数目

每个施工过程成立的专业工作队数目可按下式计算：

$$b_j = \frac{t_j}{K} \tag{2-10}$$

式中：b_j——第 j 个施工过程的专业工作队数目；

t_j——第 j 个施工过程的流水节拍；

K——流水步距。

各施工过程的专业工作队数目分别为：

$$I : b_I = t_I/K = 5/5 = 1$$

$$II : b_{II} = t_{II}/K = 10/5 = 2$$

$$III : b_{III} = t_{III}/K = 10/5 = 2$$

$$IV : b_{IV} = t_{IV}/K = 5/5 = 1$$

于是，参与该工程流水施工的专业工作队总数 n' 为：

$$n' = \sum b_i = 1+2+2+1 = 6(个)$$

（3）绘制加快的成倍节拍流水施工进度计划图

在加快的成倍节拍流水施工进度计划图中，除标明施工过程的编号或名称外，还应标明专业工作队的编号。在标注各施工段的编号时，一定要注意有多个专业工作队的施工过程。各专业工作队连续作业的施工段编号不应该是连续的，否则，无法组织合理的流水施工。

根据图 2-10 所示进度计划编制的加快的成倍节拍流水施工进度计划，如图 2-11 所示。

（4）确定加快的成倍节拍流水施工工期

由图 2-11 可知，该计划中没有组织间歇、工艺间歇及提前插入，故其加快的成倍节拍流水施工工期为：

$$T = (m + n' - 1)K = (4 + 6 - 1) \times 5 = 45(d)$$

$$\Delta T = T - T_0 = 60 - 45 = 15(d)$$

施工过程	专业工作队编号	施工进度(d)								
		5	10	15	20	25	30	35	40	45
I	I	①	②	③						
II	II$_1$		①		③					
	II$_2$			②		④				
III	III$_1$				①		③			
	III$_2$					②		④		
IV	IV						①	②	③	④

$$K \quad K \quad K \quad K \quad K$$

$$(n-1)K=(6-1)\times5=25 \qquad m\cdot K=4\times5=20$$

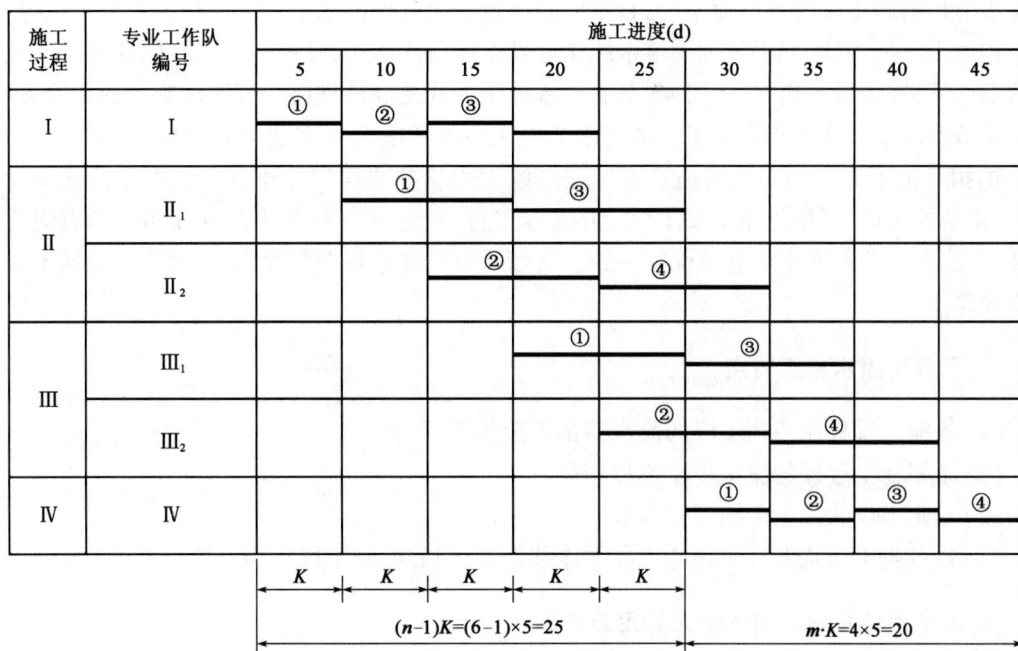

图 2-11　某工程加快的成倍节拍流水施工进度计划

与一般的成倍节拍流水施工进度计划比较,该工程组织加快的成倍节拍流水施工使得总工期缩短了 15d。

任务四　无节奏流水施工

📖 学习目标

1. 掌握无节奏流水施工的特点;
2. 掌握无节奏流水施工流水步距的确定方法;
3. 会计算无节奏流水施工的工期;
4. 能绘制无节奏流水施工的进度计划图。

📖 任务描述

无节奏流水施工是指在组织流水施工时,全部或部分施工过程在各个施工段上的流水节拍不相等的流水施工,它是流水施工中最常见的一种。通过本任务的学习,学生应掌握无节奏流水施工的特点和工期的计算方法,能绘制无节奏流水施工的进度计划图。

📖 相关知识

在组织流水施工时,经常会发生由于工程结构形式、施工条件不同等,各施工过程在各施工段上的工程量存在较大差异的情况,或因专业工作队的生产效率相差较大,导致各施工过程的流水节拍随施工段的不同而不同,且不同施工过程之间的流水节拍又有很大差异。这时,流水节拍虽无任何规律,但仍可利用流水施工原理组织流水施工,使各专业工作队在满足连续施工的条件下,实现最大搭接。这种无节奏流水施工方式是高速铁路工程流水施工的普遍方式。

无节奏流水作业是指同类工序的流水节拍在各施工段上不完全相同,而不同类工序的流水节拍相互也不完全相等。高速铁路工程沿线工程量并非均匀分布,如大、中型桥梁建设施工,或路基的高填、深挖等集中型工程。在实际工程中,各施工专业队在机具和劳动力固定的条件下,流水作业速度不可能总保持一致。所以有节奏流水作业很少出现,大多施工属于无节奏流水作业。

一、无节奏流水施工特点

(1)各施工过程在各施工段的流水节拍不全相等。
(2)相邻施工过程的流水步距不尽相等。
(3)专业工作队数等于施工过程数。
(4)各专业工作队能够在各施工段上连续作业,但有的施工段可能有被闲置的时间。

二、无节奏流水施工流水步距确定方法

组织无节奏流水施工的关键,就是确定相邻两个专业工作队或施工过程的流水步距。在无节奏流水施工中,通常采用累加数列错位相减取大差法计算流水步距。由于这种方法是由潘特考夫斯基首先提出的,故又称为潘特考夫斯基法。这种方法既简捷、准确,又便于掌握。累加数列错位相减取大差法计算流水步距的基本步骤如下:

(1)将各专业工作队(或施工过程)在每个施工段上的流水节拍按施工流向顺序依次累加,求得各专业工作队(或施工过程)的流水节拍累加数列。

(2)将相邻两个专业工作队(或施工过程)的流水节拍累加数列的后一施工者向右错一位,相减后得到一个差数列(见例2-7)。

(3)在差数列中取最大值,即为这两个相邻专业工作队(或施工过程)的流水步距。

三、无节奏流水施工工期计算

确定无节奏流水作业的施工总工期时,一般采用作图法确定。但是,为了求得最短的总工期,首先必须对施工段的施工次序进行排序,然后才能以作图法确定其最短总工期。可按式(2-11)计算:

$$T = \sum K + \sum t_n + \sum G + \sum Z - \sum C \tag{2-11}$$

式中:T——无节奏流水施工工期;

$\sum K$——各施工过程流水步距之和;

$\sum t_n$——最后一个施工过程在各施工段上的流水节拍之和;

$\sum G$——工艺间歇时间之和;

$\sum Z$——组织间歇时间之和;

$\sum C$——提前插入时间之和。

【例2-7】 某工程由4个施工过程组成,他们分别由Ⅰ、Ⅱ、Ⅲ、Ⅳ 四个专业工作队完成。该工程在平面上划分为 A、B、C、D 四个施工段,每个专业工作队在各施工段上的流水节拍(见

表2-1）。试按无节奏流水法组织施工。

各专业工作队在施工段上的流水节拍　　　　　表 2-1

工　序	施　工　段			
	A	B	C	D
Ⅰ	4	2	5	3
Ⅱ	5	3	4	4
Ⅲ	4	4	3	5
Ⅳ	3	5	1	4

【解】 （1）确定施工流向：A→B→C→D。

（2）确定各专业工作队的累加数列：

将Ⅰ工作队的 $t_Ⅰ$ 依次累计叠加,可得数列4　6　11　14；

将Ⅱ工作队的 $t_Ⅱ$ 依次累计叠加,可得数列5　8　12　16；

将Ⅲ工作队的 $t_Ⅲ$ 依次累计叠加,可得数列4　8　11　16；

将Ⅳ工作队的 $t_Ⅳ$ 依次累计叠加,可得数列3　8　9　13。

（3）采用"累加数列错位相减取大差法"求施工段上各最小流水步距。将后一工作队的数列向右错一位,两数列相减。

　　Ⅰ与Ⅱ：

$$
\begin{array}{rrrrr}
4 & 6 & 11 & 14 & \\
- & 5 & 8 & 12 & 16 \\
\hline
4 & 1 & 3 & 2 & -16
\end{array}
$$

所得数列中的最大正数为4,故专业工作队Ⅰ、Ⅱ的流水步距 $K_{Ⅰ,Ⅱ}=4$。

　　Ⅱ与Ⅲ：

$$
\begin{array}{rrrrr}
5 & 8 & 12 & 16 & \\
- & 4 & 8 & 11 & 16 \\
\hline
5 & 4 & 4 & 5 & -16
\end{array}
$$

所得数列中的最大正数为5,故专业工作队Ⅱ、Ⅲ的流水步距 $K_{Ⅱ,Ⅲ}=5$。

　　Ⅲ与Ⅳ：

$$
\begin{array}{rrrrr}
4 & 8 & 11 & 16 & \\
- & 3 & 8 & 9 & 13 \\
\hline
4 & 5 & 3 & 7 & -13
\end{array}
$$

所得数列中的最大正数为7,故专业工作队Ⅲ、Ⅳ的流水步距 $K_{Ⅲ,Ⅳ}=7$。

(4)计算无节奏流水施工工期。

$$T = \sum K + \sum t_n = (4 + 5 + 7) + (3 + 5 + 1 + 4) = 29(\text{d})$$

(5)绘制无节奏流水施工作业进度计划图。

根据求得的最小流水步距和流水节拍表,绘制无节奏流水施工作业进度计划图,如图2-12所示。

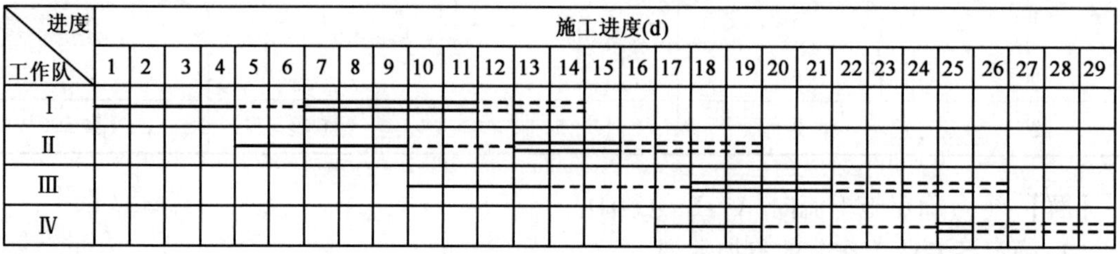

进度\\工作队	施工进度(d)																												
	1	2	3	4	5	6	7	8	9	10	11	12	13	14	15	16	17	18	19	20	21	22	23	24	25	26	27	28	29
I																													
II																													
III																													
IV																													

图2-12　无节奏流水施工作业进度计划

项目小结

(1)通常在施工作业中,主要的施工组织方式有顺序作业法、平行作业法和流水作业法三种方式。

(2)流水施工的表达方式主要有横道图和网络图两种。

(3)有节奏流水施工是指在组织流水施工时,每一个施工过程在各个施工段上的流水节拍都各自相等的流水施工。有节奏流水施工又分为固定节拍流水施工和成倍节拍流水施工两种。

(4)无节奏流水施工是指同类工序的流水节拍在各施工段上不完全相同,而不同类工序的流水节拍相互也不完全相等。

思考与练习

一、填空题

1.通常在施工作业中,主要的施工组织方式有_____、_____和_____三种方式。

2.流水施工的表达方式主要有_____和_____两种。

3.流水施工参数主要包括_____、_____和_____。

4.流水施工时间参数主要包括_____、_____和_____。

5.流水施工空间参数主要包括_____和_____。

二、选择题

1.建设工程组织流水施工时,某专业工作队在单位时间内所完成的工程量称为(　　)。

　　A.流水节拍　　　B.流水步距　　　C.流水强度　　　D.流水节奏

2.建设工程组织流水施工时,用以表达流水施工在空间布置上开展状态的参数有(　　)。

　　A.流水节拍　　　B.流水步距　　　C.间歇时间　　　D.施工段

3. 建设工程组织流水施工时,用以表达流水施工在施工工艺方面进展状态的参数之一是( )。

    A. 流水段   B. 施工过程   C. 流水节拍   D. 流水步距

4. 某分部工程有两个施工过程,各分为 4 个施工段组织流水施工,流水节拍分别为 2d、4d、3d、4d 和 3d、5d、4d、5d,则流水步距和流水施工工期分别为( )d。

    A. 2 和 19   B. 3 和 20   C. 4 和 20   D. 5 和 19

5. 基础工程划分为 4 个施工过程(挖基槽、做垫层、混凝土浇筑、回填土),在 5 个施工段组织固定节拍流水施工,流水节拍为 3d,要求混凝土浇筑 2d 后才能回填土,该工程的流水工期为( )d。

    A. 39   B. 29   C. 26   D. 14

6. 建设工程组织流水施工时,相邻专业工作队之间的流水步距相等,且施工段之间没有空闲时间的是( )。

    A. 非节奏流水施工和加快的成倍节拍流水施工

    B. 一般的成倍节拍流水施工和非节奏流水施工

    C. 固定节拍流水施工和加快的成倍节拍流水施工

    D. 一般的成倍节拍流水施工和固定节拍流水施工

7. 在流水施工方式中,加快的成倍节拍流水施工的特点之一是( )。

    A. 相邻施工过程之间流水步距相等,且等于流水节拍的最大公约数

    B. 相邻施工过程之间流水步距相等,且等于流水节拍的最小公约数

    C. 相邻施工过程之间流水步距不尽相等,但流水步距之间为倍数关系

    D. 相邻施工过程之间流水步距不尽相等,但流水步距是流水节拍的倍数关系

8. 某分部工程有 3 个施工过程,各分 3 个施工段组织加快的成倍节拍流水施工,各施工过程在各施工段上的流水节拍分别为 6d、4d、6d,则专业工作队数应为( )个。

    A. 3   B. 5   C. 6   D. 8

9. 某分部工程有 3 个施工过程,各分为 4 个流水节拍相等的施工段,各施工过程的流水节拍分别为 6d、4d、4d。如果组织加快的成倍节拍流水施工,则专业工作队数和流水施工工期分别为( )。

    A. 3 个和 20d   B. 4 个和 25d   C. 5 个和 24d   D. 7 个和 20d

三、简答题

1. 固定节拍流水施工的特点是什么?

2. 加快的成倍节拍流水施工的特点是什么?

3. 简述无节奏流水施工的特点。

4. 试分析无节奏流水施工进度计划的绘图步骤。

5. 试比较分析有节奏流水施工与无节奏流水施工的异同之处。

6. 简述流水施工的核心要点。

四、计算题

某项目经理部拟承建一工程,该工程有 Ⅰ、Ⅱ、Ⅲ、Ⅳ、Ⅴ 五个施工过程,各施工过程的流水节拍及施工段,见表 2-2。

各施工过程的流水节拍及施工段   表 2-2

施工过程	施工段				
	①	②	③	④	⑤
I	3	2	2	4	3
II	1	3	5	3	1
III	2	1	3	5	2
IV	4	2	3	3	1
V	3	4	2	1	2

规定:施工过程 II 完成后相应施工段至少养护 2d;施工过程 IV 完成后其相应施工过程要有 1d 准备时间。为了尽早完工,允许施工过程 I 和 II 之间搭接施工 1d,试计算流水步距、工期,并绘制施工进度计划图。

项目三　网络计划技术

任务一　认识网络计划技术

学习目标

1. 了解网络计划技术的基本特点；
2. 了解网络计划技术的分类；
3. 掌握网络计划技术的应用程序。

任务描述

网络计划技术是编制施工进度计划的重要手段。本任务要求学生通过认识网络计划技术，掌握网络图的组成，能指出给定网络图的类型，并掌握网络计划技术的应用步骤。

相关知识

网络计划技术是一种科学的计划管理方法，由 20 世纪 50 年代美国研究所创立，迄今已取得良好的经济效果。1965 年，我国数学家华罗庚引进这一方法，将其应用到多个领域，特别是在工程建设的工程招投标阶段、工程进度计划安排和工程施工阶段的进度计划控制、资源合理配制方面有显著的效果。

网络计划技术是将施工过程中的各道工序按其先后顺序、相互逻辑关系及所需的时间绘制在网络图上，在网络图上进行时间组织的编制、协调、优化和控制的技术。

网络计划技术与传统的横道图相比，具有以下特点：

(1)从工程整体出发，统筹安排，能明确地反映各工作时间的先后顺序和相互制约、相互依赖关系。

(2)通过网络时间参数的计算，能够找出决定工期的关键线路和关键工作，从而使管理人员做到心中有数，抓住主要矛盾，合理安排人力、物力、财力等资源，降低成本，缩短工期。

(3)通过工期、费用和资源优化，可进行方案比选，从诸多可行方案中找出最优方案。

(4)可利用计算机进行网络图绘制、时间参数计算、优化、调整，提高管理效率。

(5)网络计划执行过程中，由于可通过时间参数计算，预先知道各项工作提前或推迟完成对整个进度计划的影响程度，管理人员可采取技术措施对计划进行有效控制与监督。

一、网络计划技术内容

1. 网络图

网络图是指网络计划技术的图解模型，反映整个工程任务的分解和合成。绘制网络图是网络计划技术的基础工作。

网络图是由箭线和节点组成的,是用来表示工作流程的有向、有序的网状图形。

2.时间参数

时间参数包括各项工作的作业时间、开工与完工时间、工作之间的衔接时间、完成任务的机动时间及工程范围和总工期等。

3.关键线路

关键线路是指整个网络图中线路上工作持续时间最长的线路,关键路线上的作业称为关键作业,这些作业完成的快慢直接影响整个计划的工期,计划执行过程中关键线路上的作业是管理的重点,而关键线路的确定又依赖时间参数的计算。

4.网络优化

网络优化,即通过时间差不断改善网络计划的初始方案,在满足一定的约束条件下,寻求管理目标达到最优化的计划方案,它也是网络计划技术优越性的一种体现。

二、网络计划技术分类

网络计划按其性质、表达方式不同,有不同的分类。

1.按表示方法划分

(1)双代号网络计划。双代号网络计划是以双代号表示法绘制的网络计划。网络图中,箭线和两端节点用来表示一项工作。

(2)单代号网络计划。单代号网络计划是以单代号表示法绘制的网络计划。网络图中,每个节点表示一项工作,箭线仅用来表示各工作间相互制约、相互依赖的关系。

2.按有无时间坐标划分

(1)时标网络计划。时标网络计划是以时间坐标为尺度绘制的网络计划,其箭线长短按时间比例画成横道线,并保持原有网络的逻辑关系。它是网络计划优化的工具。

(2)非时标网络计划。非时标网络计划是不按时间坐标为尺度绘制的网络计划,即一般网络图,其箭线无时间比例,只代表矢量的逻辑关系。

3.按性质划分

(1)肯定性网络计划。肯定性网络计划是指工作、工作与工作间的逻辑关系以及工作持续时间都肯定的网络计划。

(2)非肯定性网络计划。非肯定性网络计划是指工作、工作与工作间的逻辑关系以及工作持续时间三者中一项或多项不肯定的网络计划。

4.按层次划分

(1)总网络计划。总网络计划是以整个建设项目或单项工程为对象编制的网络计划。

(2)局部网络计划。局部网络计划是以建设项目或单项工程的某一部分对象编制的网络计划。

三、网络计划技术应用程序

网络计划技术在铁路工程计划管理中起着重要作用,其应用程序如下。

1．准备阶段

（1）确定网络计划目标

在编制网络计划时，首先应根据需要确定网络计划的目标，如时间目标、时间-资源目标和时间-成本目标等。

（2）调查研究

为了使网络计划科学而切合实际，网络计划编制人员应通过调查研究，收集足够的、准确的各种资料。调查研究的内容主要包括：

①项目有关的工作任务、实施条件、设计数据资料；

②有关定额、规程、标准、制度等；

③资源需求和供应情况；

④有关经验、统计资料和历史资料；

⑤其他有关技术、经济资料。

调查研究可使用以下几种方法：实际观察、测量与询问、会议调查、查阅资料、计算机检索、信息传递和分析预测。通过对调查的资料进行综合分析研究，可掌握项目全貌及其相互关系，从而预测项目的发展及其变化规律。

（3）工作方案设计

在确定计划目标和调查研究的基础上，进行工作方案的设计。其主要内容包括：

①确定施工顺序；

②确定施工方法；

③选择需用的机械设备；

④确定重要的技术政策和组织原则；

⑤制订施工中关键问题的技术和组织措施；

⑥确定采用网络图的类型。

在进行工作方案设计时，应遵循以下几项基本要求：

①尽可能减少不必要的步骤，并在工序分析的基础上，寻求最佳程序；

②工艺应达到技术要求，并保证质量和安全；

③尽量采用先进技术和先进经验；

④组织管理分工合理、职责明确，充分调动全员积极性；

⑤有利于提高劳动生产率、缩短工期、减低成本和提高经济效益。

2．网络图的绘制

（1）项目分解

根据网络计划的管理要求和编制需要，确定项目分解的粗细程度，将项目分解为若干个网络计划的基本组成单元——工作。

（2）逻辑关系分析

逻辑关系分析，即确定各项工作开始的顺序、相互依赖和相互制约的关系，它是绘制网络图的基础。

（3）绘制网络图

根据新选定的网络计划类型及项目分解和逻辑关系表，可进行网络图的绘制。

3. 时间参数计算

按照网络计划的类型不同,根据相应的方法,即可计算出所绘网络图的各项时间参数值,并确定出关键线路。

4. 可行网络计划的编制

(1)检查与调查

计算完上述网络计划时间参数后,应检查工期是否符合要求、资源配置是否符合资源供应条件、成本控制是否符合要求。如果工期不符合要求,应采取适当措施压缩关键的持续时间;如仍不能满足要求,则应通过改变工作方案的组织关系进行调整。当资源强度超过供应可能时,则应调整非关键工作,使资源降低。

(2)编制可行网络计划

对网络计划进行检查和调整之后,必须计算时间参数。根据调整后的网络图和时间参数,重新编制可行网络计划。

5. 网络计划优化

可行的网络计划一般需要进行优化,方可编制正式网络计划。

(1)网络计划优化目标的确定

常见的优化目标有以下几种,可根据工程实际需要进行选择:

①工期优化;

②时间固定,资源均衡的优化;

③资源强度有限,时间最短的优化;

④"时间-成本"优化。

(2)编制正式网络计划

根据优化结果,即可绘制拟实施的正式网络计划,并编制网络计划说明书。其内容包括:

①编制说明;

②主要计划指标一览表;

③执行计划的关键内容说明;

④需要解决的问题及主要措施;

⑤其他需要说明的问题。

6. 网络计划实施

(1)网络计划的贯彻

正式网络计划报请有关部门审批后,即可组织实施。一般应组织宣讲,进行必要的培训,建立相应的组织保证体系,将网络计划中的每一项工作落实到责任单位。

(2)计划执行中的检查和数据采集

为了对网络计划的执行进行控制,必须建立相应的检查制度和执行数据采集报告制度。检查和数据采集的主要内容包括:关键工作的进度,非关键工作的进度及时差利用,工作逻辑关系的变化情况,资源状况、成本状况,存在的其他问题,等等。对检查的结果和收集反馈的有关数据进行分析,抓住关键,及时制订对策。对网络计划在执行中发生的偏差,应及时予以调整,从而保证计划的顺利实施。计划调整的内容常见的有工作持续时间的调整、工作项目的调整、资源强度的调整和成本控制。

7. 网络计划总结分析

为了不断积累经验,提高计划管理水平,在网络计划完成后,应及时进行总结分析,形成制度。通常总结分析的内容包括:

(1)各项目的完成情况,包括时间目标、资源目标、成本目标等的完成情况;

(2)计划工作中的问题及原因分析;

(3)计划工作中的经验总结分析;

(4)提高计划工作水平的措施等。

任务二 网络计划技术的绘图规则

学习目标

1. 掌握双代号网络图和单代号网络图的表示方法;
2. 理解网络图的逻辑关系;
3. 掌握双代号和单代号网络图的绘图规则;
4. 了解逻辑关系的表示方法。

任务描述

只有掌握网络计划技术的绘制规则才能正确绘制网络图。通过学习本任务,学生应能理解各项工作间的工艺关系与组织关系,能根据给定的逻辑关系表绘制正确的网络图。

相关知识

一、网络图表示方法及组成

工作中最常用的是双代号网络图和单代号网络图。双代号网络图是以箭线及其两端节点的编号表示工作的网络图,由工作、节点和线路三部分组成,如图 3-1 所示;单代号网络图是以节点及其编号表示工作的网络图,由工作和线路两部分组成,如图 3-2 所示。

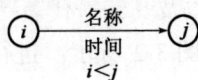

图 3-1 双代号网络图表示方法　　　图 3-2 单代号网络图表示方法

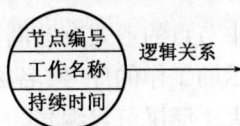

1. 双代号网络图组成

双代号网络图由工作、节点和线路三部分组成。

(1)工作

双代号网络图中工作用箭线表示。箭尾表示工作的开始,箭头表示工作的完成。箭头的方向表示工作前进的方向(从左向右),工作的名称和内容写在箭线的上方,工作持续时间写在矢箭头的下方,如图3-1所示。

双代号网络图中根据时间与资源消耗的不同,可将工作分为三种类型:

第一种,既要消耗时间,又要消耗资源的工作,如支模板,浇混凝土,绑扎钢筋。

第二种,只需要消耗时间,不需要消耗资源的工作,如混凝土的养护等技术上的间歇。

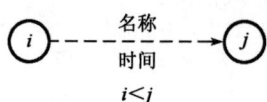

图3-3 双代号网络图虚
工作表示方法

第三种,既不消耗时间也不消耗资源的工作,即虚工作。虚工作只表示工作与相邻前后工作之间的逻辑关系,如图3-3所示。

工作包含的范围可大可小,可以是立模板、绑钢筋、浇混凝土、拆模板,也可以是路基工程、路面工程、轨道的铺设、沿线的电气化等工程的整个施工过程。

(2)节点

节点是工作开始和结束的时间点,通常用圆圈来表示。表示工作的节点,在时间上既表示指向某节点的工作全结束,也表示该节点后面工作的开始。

圆圈中标上整数号码,称为事件编号。对于一项具体的工作来说,紧接在其箭尾节点前面的工作叫紧前工作,紧接在其箭尾节点后面的工作叫紧后工作,和其同时进行的工作称为平行工作。

网络图中的第一个节点称为起点节点,表示一项任务的开始;网络图中的最后一个节点称为终点节点,表示一项任务的完成;其余节点均称为中间节点。

节点应统一编号,每个节点有其唯一的编号,且箭尾节点的号码小于箭头节点的号码。一条箭线先后两个代码所表示的就是该项工作的代码。

在一个双代号网络图中共有三类节点:

①起始节点:最先开始的、无内向箭线的节点。

②终点节点:最终结束的、无外向箭线的节点。

③中间节点:既有内向箭线又有外向箭线的节点。

(3)线路

网络图中从起点节点出发,沿着箭头方向通过一系列箭线和节点,直至到达终点节点的通道,称为线路。网络图中的线路有很多条,一条线路上持续工作时间之和称为该线路的长度。在各条线路中,所有工作持续时间之和最长的线路称为关键线路,除关键线路外其他都称作非关键线路。

2.单代号网络图的组成

单代号网络图由节点、箭线、线路三部分组成。

(1)节点

单代号网络图中节点的形式有圆圈和方框两种,节点及其编号代表一项工作,在圆圈或方框内标注节点所表示的工作的序号、名称、持续时间,如图3-2所示。进行节点编号时也应注意箭头节点编号应大于箭尾节点编号。

(2)箭线

单代号网络图中箭线只表示工作间的逻辑关系,不占用时间也不消耗资源,而且在单代号网络图中不会使用虚线表达工序间的逻辑关系。箭线应该画成水平直线、折线或斜线。箭线的箭头表示工作的前进方向,箭尾节点工作为箭头节点工作的紧前工作。如图3-4所示,工作i是工作j的紧前工作。

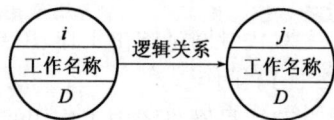

图3-4 箭线作用

（3）线路

单代号网络图中,从起点节点出发,沿着箭头方向通过一系列箭线和节点,直至最终到达节点的通路称为线路。在单代号网络图的各条线路中,所有工作持续时间最长的线路称为关键线路,除关键线路之外的工作均称为非关键线路;位于关键线路上的工作称为关键工作,除关键工作之外的工作均称为非关键工作,关键工作用粗箭线或双箭线表示。

3. 关键线路和非关键线路特点

无论是双代号网络图,还是单代号网络图,其线路均分为关键线路和非关键线路。关键线路和非关键线路具有以下特点。

（1）关键线路的特点

①关键线路的线路时间代表整个网络计划的计划总工期;

②关键线路上的工作都称为关键工作;

③关键线路没有时间储备,关键工作也没有时间储备;

④在网络图中,关键线路至少有一条;

⑤当管理人员采取某些技术组织措施,缩短关键工作的持续时间时,就可能使关键线路变为非关键线路。

（2）非关键线路的特点

①非关键线路的线路时间只代表该条线路的计划工期;

②非关键线路上的工作,除了关键工作之外,都称为非关键工作;

③非关键线路有时间储备,非关键工作也有时间储备;

④在网络图中,除了关键线路之外,其余都是非关键线路;

⑤当管理人员由于工作疏忽,拖长某些非关键工作的持续时间时,就可能使非关键线路转变为关键线路。

二、逻辑关系

绘制一张正确的网络计划图,首先要明确各工序之间的逻辑关系。所谓各工序之间的逻辑关系是指工作之间相互制约或依赖的关系,也就是前后顺序关系。此外,还需要掌握该种逻辑关系的正确表示方法。一些逻辑关系是由工艺技术决定的,还有些是由工序决定的,例如现浇混凝土柱的施工,必须在绑扎完柱子钢筋并支好模板后,才能浇筑混凝土。

逻辑关系的表达对于网络图来说是非常重要的,逻辑关系包括工艺关系和组织关系。

1. 工艺关系

生产性工作之间由工艺过程决定的、非生产性工作之间由工作程序决定的先后顺序关系称为工艺关系。例如,支模板→绑扎钢筋→浇筑混凝土间为工艺关系。

2. 组织关系

工作之间由于组织安排需要或资源(如劳动力、原材料、施工机具等)调配需要而规定的先后顺序关系称为组织关系。例如,支模板1→支模板2,绑扎钢筋1→绑扎钢筋2,浇筑混凝土1→浇筑混凝土2,均为组织关系。

要搞清楚各项工作之间的逻辑关系,具体对每个工序,要弄清楚以下三个问题:

第一,该工作必须在哪些工作之前进行?

第二,该工作必须在哪些工作之后进行?

第三,该工作可以与哪些工作平行进行?

对于某一个特定工作 $i-j$ 来说,必须紧排在他前面的工序称为工作 $i-j$ 的紧前工作,必须排到其后面的工作称为工作 $i-j$ 的紧后工作,可以与其平行进行的工作称为工作 $i-j$ 的平行工作。

三、网络图绘图规则

1. 双代号网络图绘图规则

双代号网络图中,每一条箭线表示一项工作。箭线的箭尾节点表示该工作的开始,箭线的箭头节点表示该工作的结束。在非时标网络图中,箭线的长短不反映该工作占用时间的长短。箭线宜画成水平直线,也可画成折线或斜线。水平直线投影的方向应自左向右,表示工作的进行方向。虚箭线,表示一项虚工作,其表示形式可按垂直方向向上或向下,也可按水平方向向右。有关绘图规则如下:

(1)双代号网络图必须表达已定工作间的逻辑关系。由于网络图是有向、有序网状图形,所以其必须严格按照工作间的逻辑关系绘制,这同时也是为保证工程质量和资源优化配置及合理利用。

(2)双代号网络图严禁出现循环回路。

双代号网络图中,从一个节点出发沿着某条线路又回到原出发点的线路称作循环回路。如图3-5中 C、F、E 和 D、G、E 分别形成了闭合回路,其表示的逻辑关系是错误的。

(3)双代号网络图中严禁出现无箭头箭线和双箭头箭线。错误画法如图3-6所示。

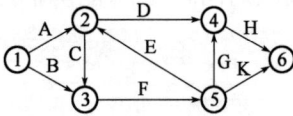

图3-5 循环回路示意图

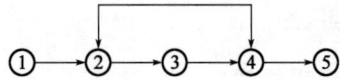

图3-6 错误的箭线画法

(4)双代号网络图中严禁出现没有箭头节点的箭线或没有箭尾节点的箭线。错误画法如图3-7所示。

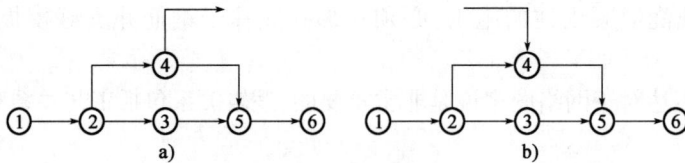

图3-7 错误的网络图

a)没有箭头结点;b)没有箭尾节点

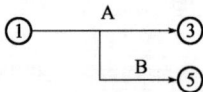

图3-8 在箭线上引出箭线
(错误网络图)

(5)严禁在箭线上引入或引出箭线。图3-8为错误画法。

当双代号网络图的某节点有多条外向箭线或有多条内向箭线时,为使绘图简洁,可采用母线法绘图,允许多条箭线经一条共用母线引入或引出节点,如图3-9所示。

(6)绘制双代号网络图时,应尽量避免箭线交叉。当交叉不可避免时,要采用过桥法或指向法。如图3-10所示为指向法,图3-11所示为过桥法。

(7)双代号网络图中只能有一个起点节点,在不分期完成任务的网络图中也应该只有一个终点节点,其他所有节点都是中间节点。除网络图的起点节点和终点节点外,不允许出现没有外向箭线的节点和没有内向箭线的节点。图 3-12 为存在多个起点节点和终点节点的网络图的错误画法和正确画法。

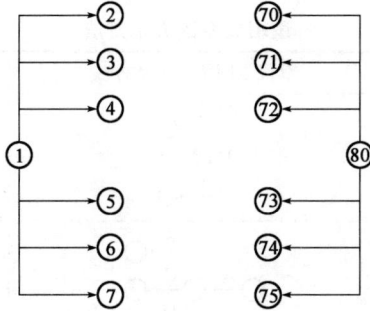

图 3-9　双代号网络图中母线的表示方法

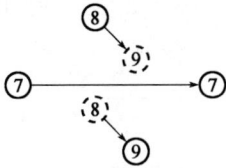

图 3-10　指向法

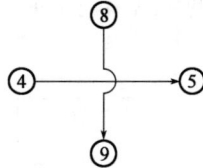

图 3-11　过桥法

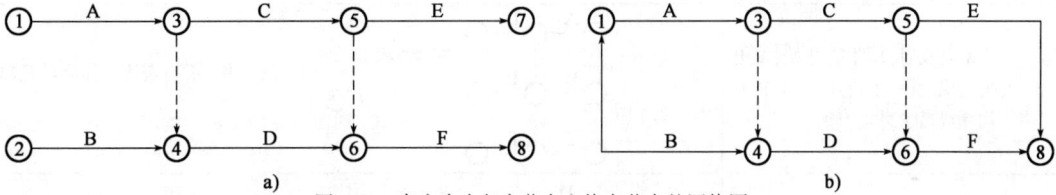

图 3-12　存在多个起点节点和终点节点的网络图
a)错误画法;b)正确画法

(8)双代号任意两个节点之间只能有一条唯一的箭线,不能有两条或两条以上的箭线从一个节点出发指向同一个节点。图 3-13 为错误画法。

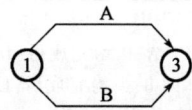

图 3-13　两个节点表示两项工作(错误网络图)

2.单代号网络图绘图规则

单代号网络图中,箭线表示紧邻工作之间的逻辑关系。箭线应画成水平直线、折线或斜线。箭线水平投影的方向应自左向右,表示工作的前进方向。具体绘图规则如下:

(1)单代号网络图必须正确表述已定的逻辑关系。

(2)单代号网络图中严禁出现循环回路。

(3)单代号网络图中严禁出现双箭头箭线和无箭头箭线。

(4)单代号网络图中严禁出现没有箭头节点和没有箭尾节点的箭线。

(5)单代号网络图绘制时不宜交叉,必须交叉时采用过桥法或指向法绘制。

(6)单代号网络图中应该只有一个起点节点和一个终点节点。当网络图中有多项起点节点或终点节点时,应该在网络图的两端分别设置一项虚工作作为该网络图的起点节点和终点节点。

四、逻辑关系表示方法

各项工作间逻辑关系的正确表达是绘制正确网络图的前提。表 3-1 为逻辑关系的表示方法。

逻辑关系的表示方法   表 3-1

序号	工作间逻辑关系	双代号网络图表示方法	说　明
1	A、B、C 均无紧前工作,即 A、B、C 均为计划的第一项工作,且平行进行	（网络图）	A、B、C 三项工作为平行施工
2	A 完成后,B、C、D 才能开始进行	（网络图）	A 制约 B、C、D 的开始,B、C、D 三项工作为平行施工
3	A、B、C 均完成后,D 才能开始进行	（网络图）	A、B、C 三项工作为平行施工,均制约 D 工作
4	A、B 均完成后,C、D 才能开始	（网络图）	A、B 工作共同制约 C、D 工作
5	A 完成后,D 才能开始;A、B 均完成后,E 才能开始;A、B、C 均完成后 F 才能开始	（网络图）	引出虚工作,正确表达工作间的逻辑关系
6	A、D 同时开始,B 为 A 的紧后工作,C 为 B、D 的紧后工作	（网络图）	A 工作制约 B,B、D 工作共同制约 C
7	A、B 均完成后,D 才开始;A、B、C 均完成后,E 才开始;D、E 均完成后,F 才能开始	（网络图）	引出虚工作,正确表达工作间的逻辑关系
8	A 完成后 B、C、D 才开始;B、C、D 完成后,E 才能开始	（网络图）	引出虚工作,正确表达工作间的逻辑关系
9	A、B 完成后 D 才能开始;B、C 完成后,E 才能开始	（网络图）	引出虚工作,正确表达工作间的逻辑关系

在双代号网络图的绘制过程中,要特别注意虚工序的作用。虚工序在网络图的绘制过程中主要起联系、区分和断开三个作用。

（1）联系作用主要是指应用虚工作连接工作之间的工艺联系和组织联系，如图 3-14 所示。

（2）区分作用是指当两项工作之间的开始节点和结束节点相同时，应用虚工序加以区分，如图 3-15 所示。

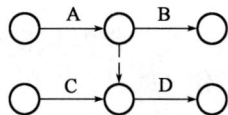

图 3-14　双代号网络图中虚工作
的联系作用

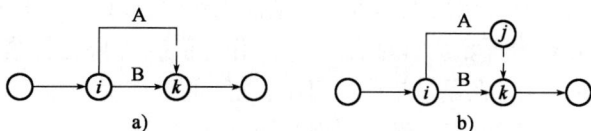

图 3-15　双代号网络图中虚工作的区分作用
a）错误画法；b）正确画法

（3）断开作用是指当网络图中的中间节点有逻辑错误，把本来没有逻辑关系的工作联系起来时，需要用虚工作断开无逻辑关系的工作联系，如图 3-16 所示。

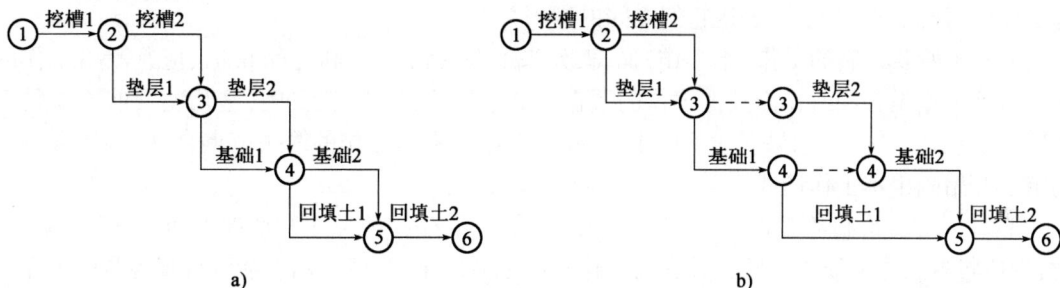

图 3-16　双代号网络图中虚工作的断开作用
a）错误画法；b）正确画法

任务三　双代号网络图绘制及时间参数计算

学习目标

1. 掌握双代号网络图的绘图技巧；
2. 理解双代号网络图时间参数的概念；
3. 掌握双代号网络图时间参数的计算方法。

任务描述

掌握双代号网络图的绘制方法和技巧是快速绘制网络图的基础。通过学习本任务，学生应能够根据给定的逻辑关系表快速绘制正确的网络图，结合时间参数的计算，确定网络图的计算工期，找出关键线路和关键工作，从而为工程安排提供参考。

相关知识

一、双代号网络图绘制方法

当已知每一项工作的紧前工作时，可按下列步骤绘制双代号网络图。

（1）绘制没有紧前工作的工作，使它们具有相同的开始节点，即起始节点。

（2）依次绘制其他有紧前工作的工作。在绘制这些工作时，应按照以下原则进行：

①当所绘制的工作只有一项紧前工作时，将该工作箭线直接画在其紧前工作的结束节点之后。

②当所绘制的工作有多项紧前工作时，按以下四种情况分别考虑：

a. 对于所要绘制的工作（本工作）而言，如果在其紧前工作中存在一项只作为本工作紧前工作的工作（在紧前工作栏目中，该紧前工作只出现一次），则将本工作箭线直接画在该紧前工作箭头节点之后，然后用虚箭线将其他紧前工作的箭头节点与本工作的箭尾节点相连，以表达它们之间的逻辑关系。

b. 对于所要绘制的工作（本工作）而言，如果在其紧前工作中存在多项只作为本工作紧前工作的工作（在紧前工作栏目中，多项紧前工作只出现一次），先将这些紧前工作的箭头节点合并，再从合并后的节点开始，画出本工作箭线，然后用虚箭线将其他紧前工作的箭头节点与本工作的箭尾节点相连，以表达它们之间的逻辑关系。

c. 对于所要绘制的工作（本工作）而言，如果不存在情况 a. 和情况 b. 时，应判断本工作的所有紧前工作是否同时作为其他工作的紧前工作（在紧前工作栏目中，这几项紧前工作是否均同时出现若干次）。如果上述条件成立，应先将这些紧前工作的箭头节点合并，再从合并后的节点开始画出本工作箭线。

d. 对于所要绘制的工作（本工作）而言，如果既不存在情况 a 和情况 b，也不存在情况 c 时，则应将本工作箭线单独画在其紧前工作箭线之后的中部，然后用虚箭线将其各紧前工作的箭头节点和本工作的箭尾节点分别相连，以表达它们之间的逻辑关系。

③当各项工作箭线都绘制出来后，应合并那些没有紧后工作的工作箭线的箭头节点，以保证网络图只有一个终点节点（多目标网络计划除外）。

④按照各项工作的逻辑顺序将双代号网络图绘制完成后，在检查网络图的逻辑关系无误后，给各节点进行编号。编号的目的是赋予每项工作两个编号，便于进行后续时间参数的计算。

编号的基本要求是：箭尾节点的编号应小于箭头节点的编号（$i < j$），同时任何编号不得在同一个网络图中重复出现。号码可以不连续，即中间可以跳号，如编成 1、3、5 或 10、15、20 等。这样做的好处是将来需要临时加入工作时不致打乱全网络图的编号。

为了保证编号符合要求，编号应按以下规则：先用最小数作为起点节点的号码，以后的号码每次都应比前一代号大，而且只有指向一个节点的所有工作的箭尾节点全部编好号码，这个节点才能编一个比自己已编号码都大的号码。

编号的方法有水平编号法和垂直编号法两种。水平编号法是从起点节点开始由上到下逐行编号，每行根据编号规则的要求自左向右按顺序编排，如图 3-17 所示。垂直编号法是从起点节点开始自左向右逐列编号，每列根据编号规则的要求自上而下进行编排，如图 3-18 所示。

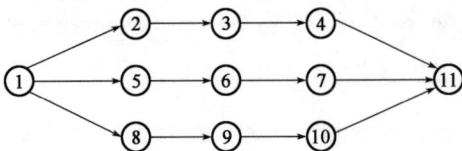

图 3-17　水平编号法　　　　　　　　　图 3-18　垂直编号法

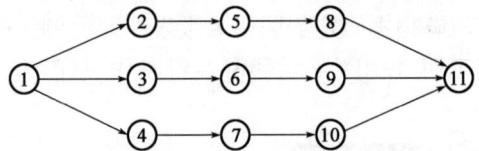

【小提示】　以上所述是已知每一项工作的紧前工作时的绘图方法。当已知每一项工作的紧后工作时，也可按类似的方法进行网络图的绘制，只是其绘图顺序由前述的从左向右改为

从右向左。

二、绘制双代号网路图注意事项

（1）在保证网络逻辑关系正确的前提下，图面步距要合理，层次要清晰，重点要突出。

（2）密切相关的工作要尽可能相邻布置，以减少箭线交叉。如无法避免箭线交叉时，可采用过桥法表示。

（3）要尽量采用水平箭线或折线箭线。关键工作或关键线路，要以粗箭线或双箭线表示。

（4）正确使用网络图断路方法，将没有逻辑关系的有关工作用虚工作加以隔断。

（5）为使图面清晰，要尽可能地减少不必要的虚工作。

（6）在正式画图之前，应先画一个草图。对该草图不求整齐美观，只要求工作之间的逻辑关系能够得到正确的表达，线条长短曲直、穿插迂回都可不必计较。经检查无误之后，就可进行图面的设计，安排好节点的位置，注意箭线的长度，尽量减少交叉。除虚箭线外，所有箭线均采用水平直线或带部分水平直线的折线，保持图面匀称、清晰、美观。最后进行节点编号。

三、双代号网路图常见错误画法

双代号网络图绘制过程中，容易出现的错误画法及对应的正确画法，见表3-2。

双代号网络图常见错误画法与正确画法　　　　　　　　　　表3-2

工作约束关系	错误画法	正确画法
A、B、C 都完成后，D 才能开始；C 完成后 E 即可开始		
A、B 都完成后，H 才能开始；B、C、D 都完成后，F 才能开始；C、D 都完成后，G 即可开始		
A、B 两项工作，分三段施工		
某混凝土工程，由支模、扎筋和浇混凝土三项工作组成，分三段施工		

四、双代号网路图绘制步骤

对于一项具体的工程项目来说，双代号网络图的绘制步骤如下：

（1）明确任务，划分施工工作，制订完成任务的全部工作结构分解表。

(2)理清全部工作的逻辑关系,绘制工作逻辑关系表。对于逻辑关系比较复杂的任务,可以绘制工作逻辑关系矩阵表。

(3)确定每一工作的持续时间,制订最终的工程分析表。

(4)根据工程分析表绘制并修改网络图。

在绘图的过程中注意把握好以下三点:

①遵循绘图的基本规则。

②遵循工作间的工艺顺序。

③遵循工作间的组织顺序。

【例3-1】 已知各工作之间的逻辑关系,见表3-3,则可按下述步骤绘制其双代号网络图。

工作逻辑关系表 表3-3

工作	A	B	C	D
紧前工作	—	—	A、B	B

【解】 (1)绘制工作箭线 A 和工作箭线 B,如图 3-19a)所示。

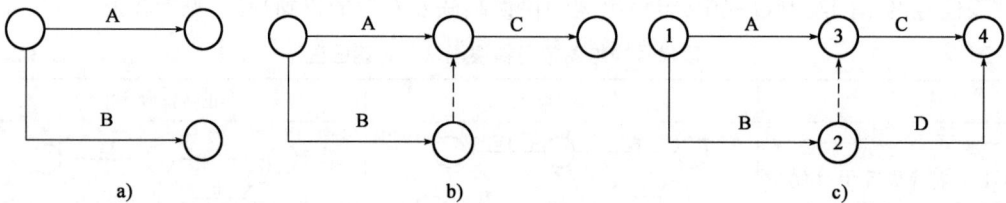

图3-19 例3-1 绘图过程

(2)绘制工作箭线 C,如图 3-19b)所示。

(3)绘制工作箭线 D 后,将工作箭线 C 和 D 的箭头节点合并,以保证网络图只有一个终点节点。

将给定的逻辑关系表达正确后,再进行节点编号。

根据逻辑关系表绘制的双代号网络图,如图 3-19c)所示。

【例3-2】 已知各工作之间的逻辑关系见表3-4,则可按下述步骤绘制其双代号网络图。

工作逻辑关系表 表3-4

工作	A	B	C	D	E	G
紧前工作	—	—	—	A、B	A、B、C	D、E

【解】 (1)绘制工作箭线 A、工作箭线 B 和工作箭线 C,如图 3-20a)所示。

(2)绘制工作箭线 D,如图 3-20b)所示。

(3)绘制工作箭线 E,如图 3-20c)所示。

(4)绘制工作箭线 G,如图 3-20d)所示。

将给定的逻辑关系表达正确后,再进行节点编号。

表 3-4 给定逻辑关系所对应的双代号网络图如图 3-20d)所示。

【例3-3】 已知各工作之间的逻辑关系见表3-5,则可按下述步骤绘制其双代号网络图。

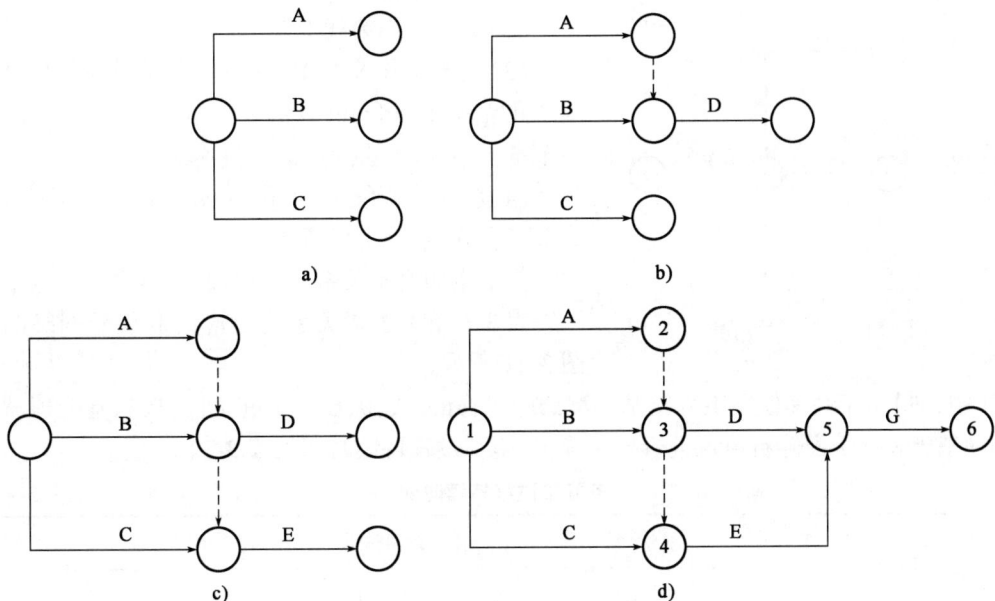

图 3-20 例 3-2 绘图过程

工作逻辑关系表 表 3-5

工作	A	B	C	D	E
紧前工作	—	—	A	A、B	B

【**解**】 (1)绘制工作箭线 A 和工作箭线 B,如图 3-21a)所示。

(2)分别绘制工作箭线 C 和工作箭线 E,如图 3-21b)所示。

(3)绘制工作箭线 D,并将工作箭线 C、工作箭线 D 和工作箭线 E 的箭头节点合并,以保证网络图的终点节点只有一个。

将给定的逻辑关系表达正确后,再进行节点编号。

表 3-5 给定逻辑关系所对应的双代号网络图,如图 3-21c)所示。

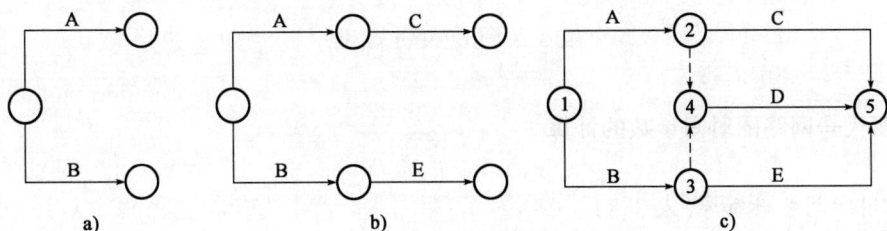

图 3-21 例 3-3 绘图过程

【**例 3-4**】 已知各工作之间的逻辑关系见表 3-6,则可按下述步骤绘制其双代号网络图。

工作逻辑关系表 表 3-6

工作	A	B	C	D	E	F
紧前工作	—	—	—	A、B	B	C、D、E

【解】 （1）绘制工作箭线 A、工作箭线 B 和工作箭线 C。

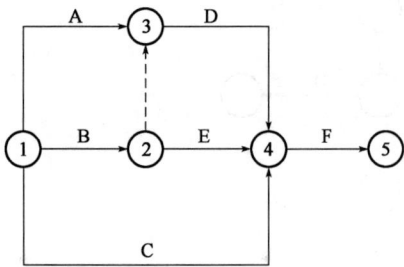

图 3-22　例 3-4 绘图结果

（2）绘制工作箭线 E。

（3）绘制工作箭线 D，并将工作箭线 B 和工作箭线 A 的箭头节点合并，以保证网络图的终点节点只有一个。

（4）将工作箭线 C、工作箭线 D 和工作箭线 E 箭头节点合并，绘制工作箭线 F。

将给定的逻辑关系表达正确后，再进行节点编号。

表 3-6 给定逻辑关系所对应的双代号网络图，如图 3-22 所示。

【例 3-5】 某高速铁路工程路基工程的施工，分为 A、B、C 三个施工段，按软基处理、路基填筑和基床表层级配碎石填筑进行搭接施工，施工过程持续时间见表 3-7。

各施工过程持续时间　　　　　　　　　　　　　　表 3-7

施工过程名称	持续时间（d）		
	A	B	C
软基处理	4	3	4
路基填筑	3	2	3
表层碎石填筑	2	1	2

【解】 组织顺序逻辑关系表达，如图 3-23 所示。

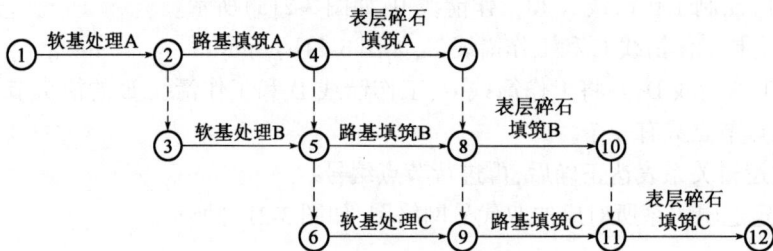

图 3-23　组织顺序逻辑关系

五、双代号网路图时间参数的计算

1. 常用时间参数符号（表 3-8）

常用时间参数符号　　　　　　　　　　　　　　表 3-8

参　数	名　称	符　号	英文单词
工期	计算工期	T_C	Computer Time
	要求工期	T_R	Require Time
	计划工期	T_P	Plan Time

参　　数	名　　称	符　号	英 文 单 词
工序的时间参数	持续时间	D_{i-j}	Day
	最早开始时间	ES_{i-j}	Earliest Starting Time
	最早完成时间	EF_{i-j}	Earliest Finishing Time
	最迟完成时间	LF_{i-j}	Latest Finishing Time
	最迟开始时间	LS_{i-j}	Latest Starting Time
时差	总时差	TF_{i-j}	Total Float Time
	自由时差	FF_{i-j}	Free Float Time
节点的时间参数	最早开始时间	ES_i	Earliest Starting Time
	最晚开始时间	LS_i	Latest Starting Time

2. 时间参数分类

网络计划时间参数是确定关键线路和非关键线路机动时间的基础,是优化网络计划和确定工期的依据。时间参数可分为工序时间参数、节点时间参数、工期和时差。

(1)工期

完成任务所需要的时间,用 T 表示。三种工期的概念如下。

①计算工期:由时间参数计算确定的工期以及关键线路各项工作的总持续时间。用 T_C 表示。

②要求工期:主管部门或合同条款要求的工期,用 T_R 表示。

③计划工期:根据计算工期和要求工期确定的工期,用 T_P 表示。

三种工期的相互关系:

$$T_C \leqslant T_P \leqslant T_R$$

(2)工序时间参数

工作时间参数有两种:一种是限制提前工作时间,称为最早时间参数,即后项工作不能提前到前项工作完成之前进行;一种是限制推迟工作时间,称为最迟时间参数,即前项工作不能推迟到后项工作开始之后才完成。这是在网络时间参数中很重要的两个时间概念。

①工作持续时间 D_{i-j} 是指一项工作从开始到完成的时间,用 D_{i-j} 表示。可采用定额计算法或三时估算法再进行确定。

②最早开始时间 ES_{i-j},是指在各项紧前工作全部完成后,工作 $i-j$ 有可能开始的最早时刻。

③最早完成时间 EF_{i-j},是指在各项紧前工作全部完成后,工作 $i-j$ 有可能完成的最早时刻。

④最迟开始时间 LS_{i-j},是指在不影响整个任务按期完成的情况下,工作 $i-j$ 必须开始的最晚时刻。

⑤最迟完成时间 LF_{i-j},是指在不影响整个任务按期完成的情况下,工作 $i-j$ 必须完成的最晚时刻。

(3)节点时间参数

节点时间是表示各项工序连接点的时间,它是一个瞬间概念。节点时间就是下一工序作业的开始和前一工序结束的瞬间。由于节点数少于线路数,利用节点时间参数,可以减少计算量。同时节点时间参数也较直观、清楚,对网络计划使用也较有利。

①节点最早开始时间 ES_i,是指在各项紧前工作全部完成后,节点有可能开始的最早时刻。

②节点最晚开始时间 LS_i,是指在不影响后续工作正常进行的前提下,节点有可能开始的最晚时刻。

(4)时差

在网络图中,关键线路的时差为0,非关键线路上有时差,其开始的作业时间在一定范围内是有伸缩性的。使用最多的时差是总时差和自由时差。

①总时差 TF_{i-j},是指在不影响总工期的前提下,工作可以利用的机动时间。

②自由时差 FF_{i-j},是指在不影响其紧后工序最早开始的前提下,工作可以利用的机动时间。

3.时间参数的计算

双代号网络图时间参数的计算主要有工作计算法和节点计算法。所谓工作计算法是指以网络计划中的工作为对象,直接计算各项工作的时间参数。所谓节点计算法是指先计算网络计划中各个节点的最早时间和最迟时间,然后再据此计算各项工作的时间参数和网络计划的计算工期。下面主要介绍工作计算法计算双代号网络图的时间参数。

工作计算法计算时间参数,可用图上计算法、表上计算法或电算法。由于图上计算法比较直观,易于理解,故在此仅介绍图上计算法。

最早时间参数受紧前工作的约束,只有紧前工作完成后,本项工作才能进行。从总体上来说,它又受起点节点的制约,因此最早时间参数应该从起点节点开始顺着箭线的方向逐项进行。而最迟时间参数受紧后工作的约束,若本工作没有在紧后工作的最迟必须开始时间之前完成,就会影响整个任务的按期完成。而对整个网络计划而言,它又受终点节点的制约。因此应当从终点节点开始,逆着箭线方向逐项进行。

(1)最早开始时间的计算

计算工作的最早开始时间应从起点节点开始,顺箭线方向逐项进行计算,直到终点节点为止。

凡是与起点节点相连的工作,其最早开始时间为0。

其他各项工作如果只有一项紧前工作,其最早开始时间是各紧前工作的最早完成时间。

其他各项工作如果有两项及以上紧前工作,其最早开始时间是各紧前工作的最早完成时间的最大值。

工作最早开始时间的计算公式如下:

$$ES_{1-j} = 0 \tag{3-1}$$

$$ES_{i-j} = \max\{ES_{h-i} + D_{h-i}\} \tag{3-2}$$

式中:ES_{i-j}——工作 $i-j$ 的最早开始时间;

ES_{h-i}——工作 $i-j$ 的紧前工作 $h-i$ 的最早开始时间;

D_{h-i}——工作 $i-j$ 的紧前工作 $h-i$ 的持续时间。

(2)最早完成时间的计算

最早完成时间由其最早开始时间加持续时间求得,即

$$EF_{i-j} = ES_{i-j} + D_{i-j} \tag{3-3}$$

（3）计划工期的确定

指向终点节点所有工序最早完成时间的最大值，即为网络计划的计算工期 T_C。

$$T_C = \max\{EF_{m-n}\} \tag{3-4}$$

当项目规定要求工期时，$T_P \leqslant T_R$；

当项目未规定计划工期时，可令计划工期等于计算工期，即 $T_P = T_C$。

（4）最迟完成时间的计算

最迟完成时间的计算从网络计划的终点节点开始，逆箭线方向依次逐项计算。

以终点节点为箭头节点的工作最迟完成时间，应按网络计划的计划工期 T_P 确定。

当工作之后只有一项紧后工作时，该工作的最迟完成时间就是其紧后工作的最迟开始时间。

如果工作之后有两项及以上的紧后工作，则其最迟完成时间是其各紧后工作最迟开始时间的最小值。

工作最迟完成时间的计算公式如下：

$$LF_{i-n} = T_P \tag{3-5}$$

$$LF_{i-j} = \min\{LF_{j-k} - D_{j-k}\} \tag{3-6}$$

（5）最迟开始时间的计算

最迟开始时间是指在不影响整个任务按期完成的前提下，工作必须开始的最迟时刻。

$$LS_{i-j} = LF_{i-j} - D_{i-j} \tag{3-7}$$

（6）总时差的计算

总时差是在不影响总工期的前提下，工作所拥有的机动时间的极限值。

$$TF_{i-j} = LS_{i-j} - ES_{i-j} \tag{3-8}$$

（7）自由时差的计算

自由时差是在不影响其紧后工作最早开始的前提下，工作所拥有的机动时间。

自由时差是总时差的一部分，其值等于该工作紧后工作的最早开始时间减本工作的最早完成时间所得之差的最小值。

工作自由时差的计算应按以下两种情况分别考虑：

对于有紧后工作的工作，其自由时差等于本工作的紧后工作最早开始时间与本工作最早完成时间之差的最小值，即

$$FF_{i-j} = \min\{ES_{j-k} - EF_{i-j}\} \tag{3-9}$$

对于无紧后工作的工作，也就是以网络计划终点节点为完成节点的工作，其自由时差等于计划工期与本工作最早完成时间之差，即

$$FF_{i-n} = T_P - EF_{i-n} \tag{3-10}$$

【小提示】 对于网络计划中以终点节点为完成节点的工作，其自由时差与总时差相等。此外，由于工作的自由时差是其总时差的一部分，所以，当工作的总时差为零时，其自由时差必然为零，可不必进行专门计算。

（8）关键线路和关键工作的判定

没有机动时间，即总时差最小的工作称为关键工作。当计划工期等于计算工期时，总时差为零的工作为关键工作。

在网络计划中，自始至终全部由关键工作组成的线路或线路上总的工作持续时间最长的线路应为关键线路。在关键线路上可能有虚工作存在。

时间参数计算规律：

①最早开始时间顺箭线计算，从起点开始，最早开始时间 = 紧前工作最早结束时间的最大值；

②最迟完成时间逆箭线计算，从终点开始，最迟完成时间 = 紧后工作最迟开始时间的最小值；

③总时差 = 最迟开始时间 – 最早开始时间；

④自由时差 = 紧后工作最早开始时间的最小值 – 本工作最早完成时间。

【例 3-6】 根据表 3-9 中逻辑关系，绘制双代号网络图，并采用工作计算法计算各工作的时间参数。

逻 辑 关 系 表 　　　　　　　　　　　　　　　表 3-9

工作	A	B	C	D	E	F	G	H	I
紧前工作	—	A	A	B	B、C	C	D、E	E、F	H、G
持续时间	3	3	3	8	5	4	4	2	2

【解】 （1）根据逻辑关系表、双代号网络图绘图规则，绘制双代号网络图，见图 3-24。

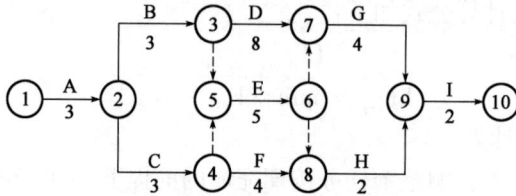

图 3-24　根据表 3-9 绘制的双代号网络图

（2）按照工作计算法计算最早开始时间，如图 3-25 所示。

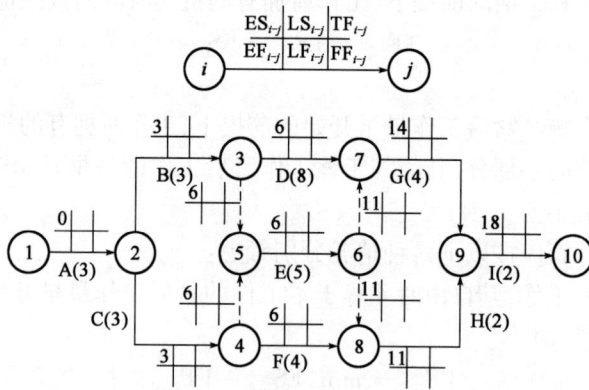

图 3-25　最早开始时间的计算

（3）最早完成时间的计算，如图 3-26 所示。

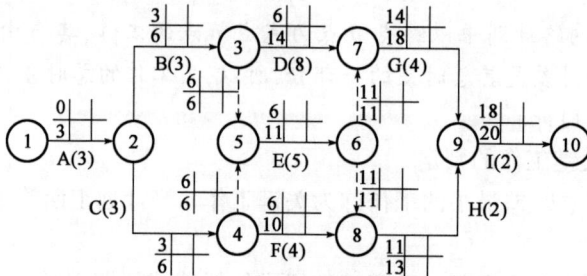

图 3-26　最早完成时间的计算

（4）最迟完成时间的计算，如图 3-27 所示。

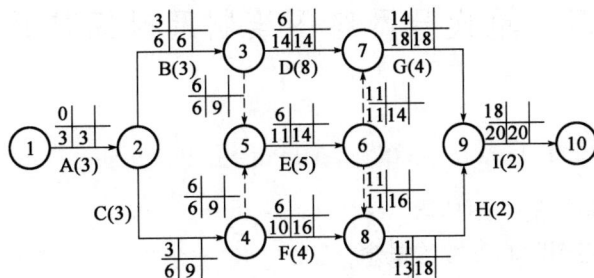

图 3-27　最迟完成时间的计算

（5）最迟开始时间的计算，如图 3-28 所示。

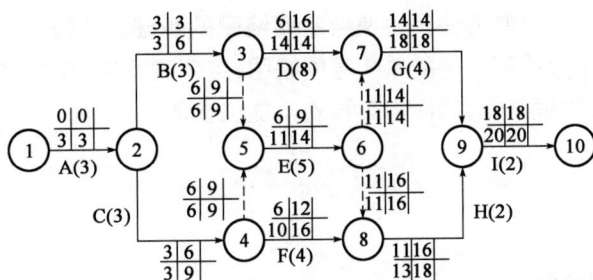

图 3-28　最迟开始时间的计算

（6）总时差的计算，如图 3-29 所示。

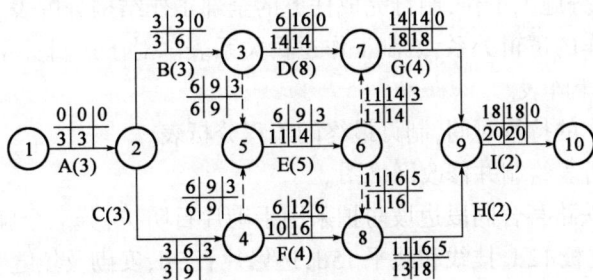

图 3-29　总时差的计算

（7）自由时差的计算，如图 3-30 所示。

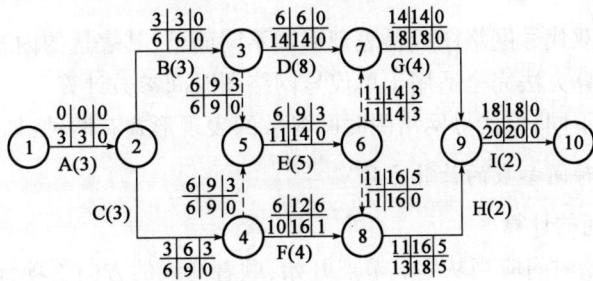

图 3-30　自由时差的计算

任务四　单代号网络图绘制及时间参数计算

学习目标

1. 掌握单代号网络图的绘图技巧；
2. 理解单代号网络图时间参数的概念；
3. 掌握单代号网络图时间参数的计算方法。

任务描述

掌握单代号网络图的绘制方法是快速绘制网络图的基础。通过本任务学习，学生应能根据给定的逻辑关系表快速绘制正确的单代号网络图，结合时间参数的计算，确定网络图的计算工期，找出关键线路和关键工作，从而为工程安排提供参考。

相关知识

一、单代号网路图绘制步骤

单代号网络图的绘制步骤与双代号网络图类似，在绘图过程中要把握绘图的基本规则、工作间的工艺顺序和组织顺序。对于一项具体的工程项目来说，单代号网络图的绘制步骤如下：

(1) 明确任务，划分施工工作，制订完成任务的全部工作结构分解表。

(2) 理清全部工作的逻辑关系，绘制工作逻辑关系表。对于逻辑关系比较复杂的任务，可以绘制工作逻辑关系矩阵表。

(3) 确定每一工作的持续时间，制订最终的工程分析表。

(4) 根据工程分析表绘制并修改网络图。

【例3-7】　高速铁路某合同段边坡防护采用干砌片石防护，分三个施工阶段，施工过程及其延续时间为：拆搭跳板12d，挂线和找平15d，选修片石9d，安砌及填缝12d，拟组织四个专业组进行施工，试绘制单代号网络图。

【解】　分析各工作间的逻辑关系，绘制单代号网络图，如图3-31所示。

二、单代号网络图时间参数的计算

单代号网络图与双代号网络图只是表现形式不同而已，其表达的内容完全一样，所以双代号网络图时间参数计算方法完全适用于单代号网络图时间参数计算。

根据节点形状的不同，单代号网络图时间参数的表现形式有两种，如图3-32所示。

1. 单代号网络图时间参数的计算方法

(1) 最早开始时间的计算

工作 i 的最早开始时间应当从起点节点开始，顺着箭线的方向逐项计算，直到终点节点为止。必须把紧前工作计算完，才能计算本工作。

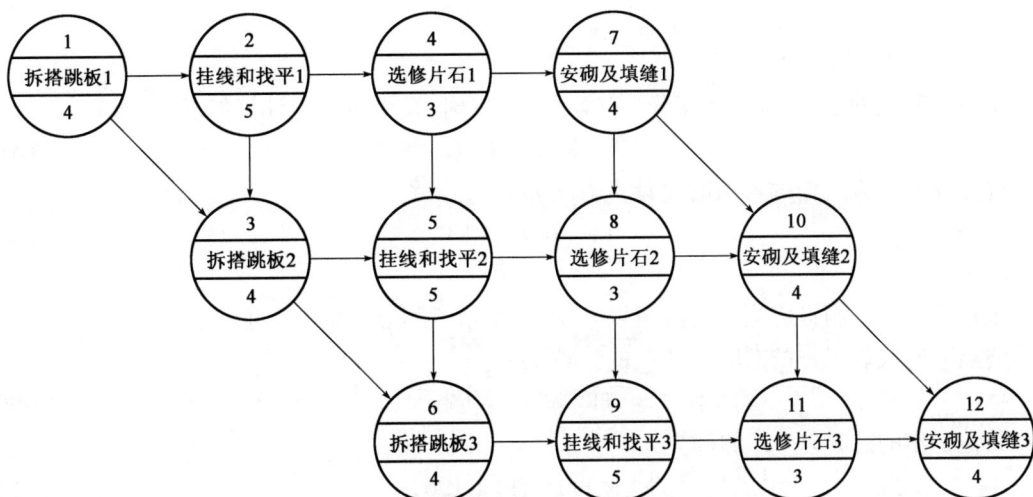

图 3-31　绘制的单代号网络图

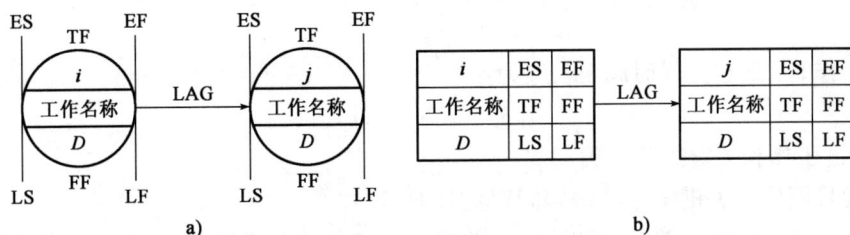

图 3-32　单代号网络图的时间参数

起点节点的最早开始时间如无规定时,其值等于零。

工作 i 的最早完成时间是其最早开始时间与持续时间之和。

具体的计算公式如下:

$$ES_1 = 0 \tag{3-11}$$

$$ES_j = \max\{ES_i + D_i\} \tag{3-12}$$

$$EF_j = \max\{ES_j + D_j\} \tag{3-13}$$

(2) 工期 T_C 的计算

指向终点节点所有工序最早完成时间的最大值即为网络计划的计算工期 T_C。

$$T_C = \max\{EF_{m-n}\} \tag{3-14}$$

当项目规定要求工期时,则有:

$$T_P \leq T_R \tag{3-15}$$

而当项目未规定计划工期时,可令计划工期等于计算工期,即 $T_P = T_C$。

(3) 相邻两项紧前、紧后工作时间间隔的计算

工作 i 的最早完成时间 EF_i,与其紧后工作 j 的最早开始时间 ES_j 的时间间隔 LAG_{i-j},等于工作 j 的最早开始时间 ES_j 与工作 i 的最早完成时间 EF_i 的差,具体表达如下:

$$LAG_{i-j} = ES_j - EF_i \tag{3-16}$$

当终点节点为虚拟节点时,其紧前工作 m 与虚拟工作 n 的时间间隔为:

$$LAG_{m,n} = T_P - EF_m \qquad (3\text{-}17)$$

（4）自由时差的计算

由自由时差的定义得出，当工作 i 有紧后工作 j 时，自由时差的计算如下：

$$FF_i = \max\{LAG_{i\text{-}j}\} \qquad (3\text{-}18)$$

终点 n 所代表工作的自由时差计算方法如下：

$$FF_n = T_P - EF_n \qquad (3\text{-}19)$$

（5）总时差的计算

工作总时差的制订应当从终点节点开始，逆着箭线的方向依次逐项进行。

终点 n 所代表工作的总时差 TF_n 的计算如下：

$$TF_n = T_P - EF_n \qquad (3\text{-}20)$$

其他工作的总时差 TF_i 的计算如下：

$$TF_i = \min\{TF_j + LAG_{i,j}\} \qquad (3\text{-}21)$$

（6）工作最迟开始时间和工作最迟完成时间的计算。终点节点 n 所代表工作的最迟完成时间 LF_n 应按网络计划的计划工期 T_P 确定，即

$$LF_n = T_P \qquad (3\text{-}22)$$

其他工作 i 的最迟完成时间 LF_i 应为：

$$LF_i = EF_i + TF_i \qquad (3\text{-}23)$$

（7）关键工作和关键线路的确定

①单代号网络图关键工作的确定同双代号网络图。

②利用关键工作确定关键线路。总时差最小的工作为关键工作。将这些关键工作相连，并保证相邻两项关键工作之间的时间间隔为零而构成的线路就是关键线路。

③利用相邻两项工作之间的时间间隔确定关键线路。从网络计划的终点节点开始，逆箭线方向依次找出的相邻两项工作之间时间间隔为零的线路就是关键线路。

2. 单代号网络图时间参数的计算顺序

单代号网络图时间参数计算顺序与双代号网络图时间参数计算顺序的区别在于增加了时间间隔 LAG 的计算。具体计算顺序如下：

（1）计算工作 i 的最早开始时间 ES 和最早完成时间 EF。

（2）确定网络计划的计算工期 T_C。

（3）计算工作 i 与其紧后工作 j 的时间间隔 $LAG_{i\text{-}j}$。

（4）计算工作 i 的自由时差 FF_i。

（5）计算工作 i 的总时差 TF_i。

（6）计算工作 i 的最早开始时间 LS_i、LF_i。

【例3-8】 已知某单代号网络图如图 3-33 所示，试计算其时间参数。

【解】 （1）计算 ES 和 EF。由起点节点开始，首先假定整个网络计划的开始时间为零，即 $ES_1 = 0$，然后按从左至右节点编号递增顺序，逐个计算 ES 和 EF，直到终点节点为止，并随时将计算结果填入图中的相应位置。

（2）计算 LF 和 LS。由终点节点开始，假定终点节点的最迟完成时间为 15，根据计算公式从右至左按节点编号逐渐顺序逐个计算，直到起点节点为止，并随时将计算结果填入图中的相应位置。

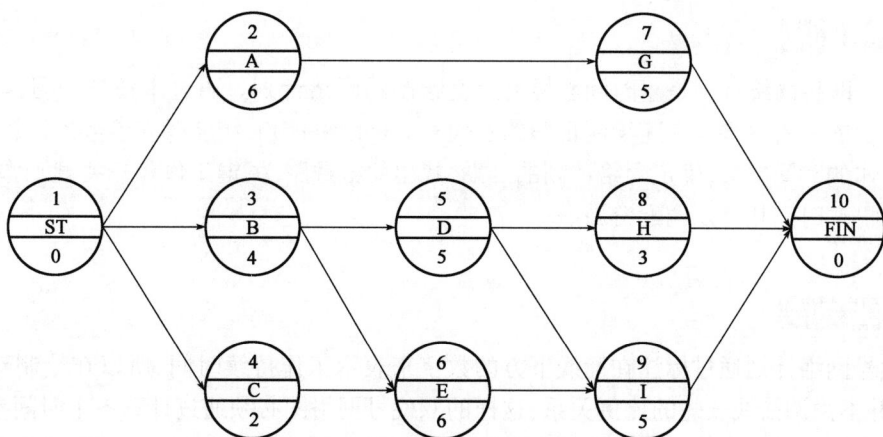

图 3-33 某单代号网络图

（3）计算 TF 和 FF。从起点节点开始，逐个工作进行计算，随时将计算结果填入图中的相应位置。

（4）判断关键工作和关键线路。根据 TF = 0 进行判断，找出关键线路，为 B、E、I。

（5）确定计划总工期。本例计划总工期为 15d，计算结果如图 3-34 所示。

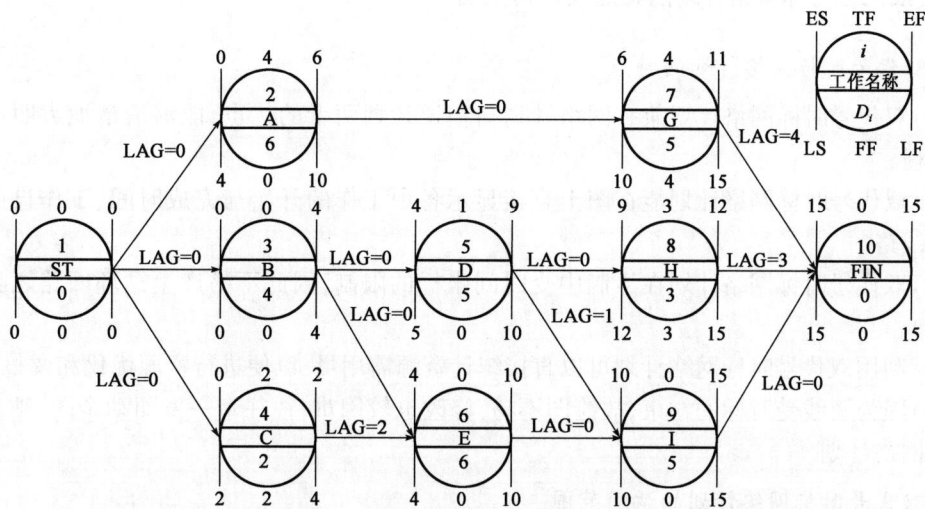

图 3-34 某单代号网络图时间参数的计算结果

任务五 双代号时标网络计划

学习目标

1. 掌握双代号时标网络计划的一般规定；

2. 掌握双代号时标网络计划的绘图方法；

3. 理解双代号时标网络计划关键线路和时间参数的判定。

任务描述

双代号时标网络计划是以时间坐标为尺度绘制的网络计划。通过本任务学习,学生应能够根据给定的逻辑关系表快速绘制正确的双代号时标网络计划,结合时间参数的计算公式,计算每项工作的时间参数,确定网络计划的工期,找出关键线路、关键工作和非关键工作,厘清哪些工作有机动时间和可以调配资源。

📖 **相关知识**

双代号网络计划通过标注在箭线下方的数字来表示工作持续时间,所以在绘制双代号网络图时,并不强调箭线长短的比例关系,这样的双代号网络图必须通过计算各个时间参数才能反映各个工作进展的具体时间情况。由于网络计划图中没有时间坐标,所以称其为非时标网络计划。如果将横道图中的时间坐标引入非时标网络计划,就可以很直观地从网络图中看出工作最早开始时间、自由时差及总工期等时间参数,它结合了横道图和网络图的优点,应用起来更加方便、直观。我们称这种以时间坐标为尺度编制的网络计划为双代号时标网络计划(简称时标网络计划)。

一、双代号时标网络计划的特点及适用范围

1. 双代号时标网络计划的特点

(1)双代号时标网络计划兼有网络计划与横道计划两者的优点,能够清楚地表明计划的时间进程。

(2)双代号时标网络计划能在图上直接显示各项工作的开始与完成时间、工作自由时差和关键线路。

(3)双代号时标网络计划在绘制中受时间坐标的限制,因此不易产生循环回路之类的逻辑错误。

(4)利用双代号时标网络计划可以直接统计资源需用量,以便进行资源优化和调整。

(5)因为箭线受时标的约束,故绘图不易,修改也较困难,往往牵一发而动全图,须重新绘制时标网络计划。

2. 双代号时标网络计划的适用范围

(1)工作项目较少,且工艺过程比较简单的施工计划。

(2)年、季、月等周期性网络计划。

(3)作业性网络计划。

(4)局部网络计划。

(5)使用实际进度前锋线进行进度控制的网络计划。

3. 双代号时标网络计划的一般规定

(1)双代号时标网络计划应以实箭线表示工作,以虚箭线表示虚工作,以波形线表示工作的自由时差。

(2)当工作中有自由时差时,按图 3-35 所示的方式表达,波形线紧接实箭线的末端;当虚工作有自由时差时,按图 3-36 所示的方式表达,不得在波形线之后画实线。

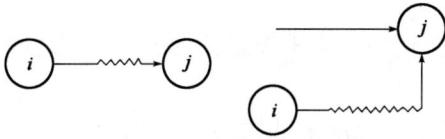

图 3-35　双代号时标网络计划的箭线画法　　　　　　图 3-36　虚工作含有时差时的表示方法

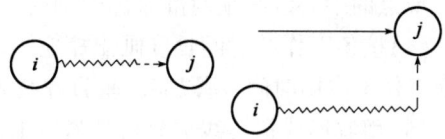

（3）双代号时标网络计划所有符号在时间坐标上的水平投影位置都必须与其时间参数相对应。

（4）节点中心必须对准相应的时标位置。为使图形表达清楚,且易读、易懂、易计算,在双代号时标网络计划中尽量不用斜箭线。

（5）双代号时标网络计划宜按最早开始时间编制,且在绘制时应使节点和虚工作尽量向左靠,但是不能出现逆向虚箭线。这样其时差出现在最早完成时间之后,给时差的应用带来灵活性,并使时差有实际应用的价值。

（6）绘制双代号时标网络计划之前,应先按已确定的时间单位绘制时标表。时标可标注在时标表的顶部或底部(为清楚起见,有时也可在时标表的上下同时标注)。必要时,可在顶部时标之上或底部时标之下加注日历的对应时间。其格式见表 3-10。

双代号时标网络计划　　　　　　　　　　　　　　表 3-10

日历															
（时间单位）	1	2	3	4	5	6	7	8	9	10	11	12	13	14	15	16
网络计划															
（时间单位）	1	2	3	4	5	6	7	8	9	10	11	12	13	14	15	16

日历坐标可明确表示整个工程的开工日期和完工日期以及各项工作的开始日期和完成日期,同时还可以考虑扣除节假日休息时间。

工作日坐标可明确表示各项工作在工程开工后第几天开始和在第几天完成,但不能表示工程的开工日期和完工日期以及各项工作的开始日期和完成日期。

二、双代号时标网络计划的绘制方法

双代号时标网络计划的绘制方法有间接绘制法和直接绘制法。

1. 间接绘制法

间接绘制法(或称先算后绘法),是先计算无时标网络计划草图的时间参数,然后再在时标网络计划表中进行绘制的方法。绘制时,应先将所有节点按其最早时间定位在时标网络计划表中的相应位置,然后用规定线形(实箭线和虚箭线)按比例绘出工作和虚工作。当某些工作箭线的长度不足以达到该工作的完成节点时,需用波形线补足,箭头应画在与该工作完成节点的连接处。

绘制步骤如下:

（1）先绘制网络计划草图。

（2）计算工作最早时间并标注在图上。

（3）在时标表上,按最早开始时间确定每项工作的开始节点位置(图形应尽量与草图一致),节点的中心线必须对准时标的刻度线。

(4)按各工作的时间长度画出相应工作的实线部分,使其水平投影长度等于工作时间;由于虚工作不占用时间,所以应以垂直虚线表示。

(5)用波形线把实线部分与其紧后工作的开始节点连接起来,以表示自由时差。

(6)检查各工作间的逻辑关系与绘图规则,均无误后形成双代号时标网络计划。

用间接法绘制的双代号时标网络计划,如图3-37所示。

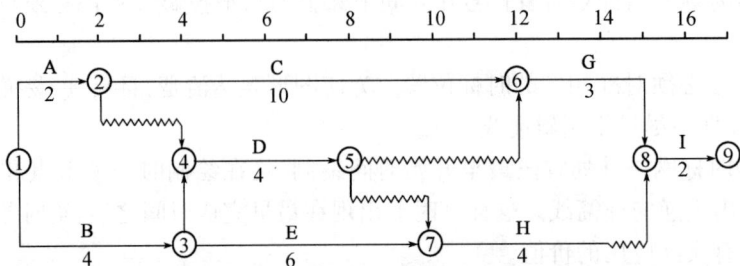

图3-37　用间接法绘制的双代号时标网络计划

2.直接绘制法

直接绘制法是指不经时间参数计算而直接按无时标网络计划草图绘制时标网络计划。

绘制步骤如下:

(1)将网络计划起点节点(第一天开始点)定位在时标表的起始刻度线上。

(2)按工作持续时间在时标表上绘制起点节点的外向箭线。

(3)工作的箭头节点必须在其所有内向箭线绘出以后,定位在这些箭线中完成最迟的实箭线箭头处。

(4)某些内向箭线长度不足以到达该节点时,用波形线补足,即为该工作的自由时差。

(5)用上述方法自左向右依次确定其他节点的位置,直至终点节点绘完为止。

需要注意的是:使用这一方法的关键是处理好虚箭线。首先,要把它等同于实箭线看待,但其持续时间为零;其次,虽然它本身没有时间,但可能存在时差,故要按规定画好波形线。在画波形线时,虚工作垂直部分应画虚线,箭头在波形线末端或其后存在虚箭线时应在虚箭线的末端。如上图中,虚工作⑤—⑦的画法。

【例3-9】 图3-38为双代号网络图,试绘制其双代号时标网络计划。

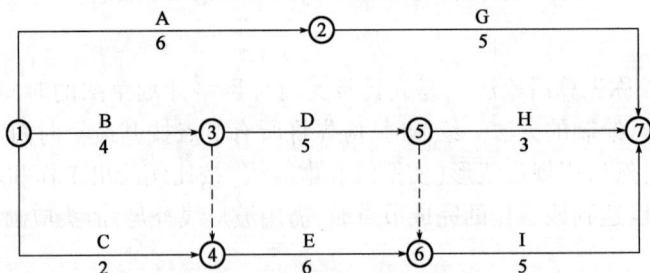

图3-38　双代号时标网络计划

【解】 (1)将网络计划起点节点定位在时标表的起始刻度线上。如图3-39所示,节点①定位在时标网络计划表的起始刻度线"0"位置上。

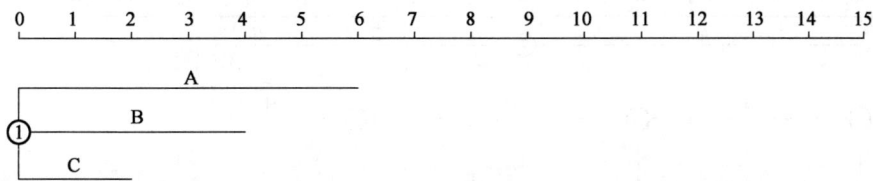

图 3-39　直接绘制法第一步

（2）按工作的持续时间绘制以网络计划起点节点为开始节点的工作箭线，如图 3-39 所示，分别绘制 A、B 和 C 工作箭线。

（3）除网络计划的起点节点外，其他节点必须在以该节点为起点节点，其所有完成节点的工作箭线均绘出后，定位在这些工作箭线中最迟的箭线末端。当某些工作箭线的长度不足以到达该节点时，需用波形线补足，箭头画在与该节点的连接处。节点②直接定位在工作箭线 A 的末端；节点③直接定位在工作箭线 B 的末端；节点④的位置需要在绘出虚箭线③—④之后，定位在工作箭线 C 和虚箭线③—④中最迟的箭线末端，即坐标"4"的位置上。此时，工作箭线 C 的长度不足以到达节点④，因而用波形线补足，如图 3-40 所示。

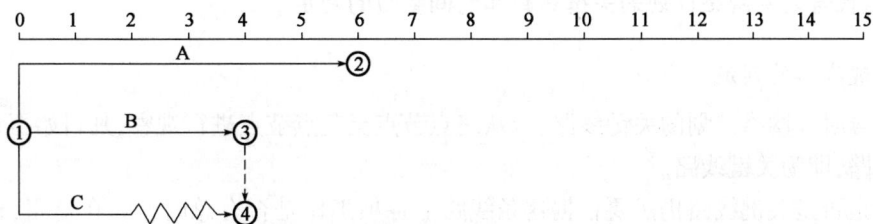

图 3-40　直接绘制法第二步

（4）当某个节点的位置确定之后，即可绘制以该节点为开始节点的工作箭线。在图 3-40 的基础上，可以分别以节点②、节点③和节点④为开始节点绘制工作箭线 G、工作箭线 D 和工作箭线 E，如图 3-41 所示。

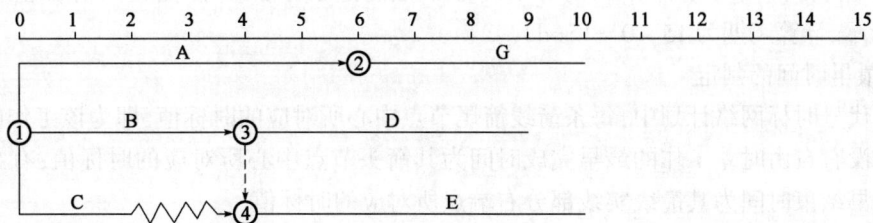

图 3-41　直接绘制法第三步

（5）利用上述方法从左到右依次确定其他各个节点的位置，直至绘出网络计划的终点节点。在图 3-41 的基础上，可以分别确定节点⑤和节点⑥的位置，并在它们之后分别绘制工作箭线 H 和工作箭线 I，如图 3-42 所示。

（6）根据工作箭线 G、工作箭线 H 和工作箭线 I 确定终点节点的位置，形成双代号时标网络计划，如图 3-43 所示，图中双箭线表示的线路为关键线路。

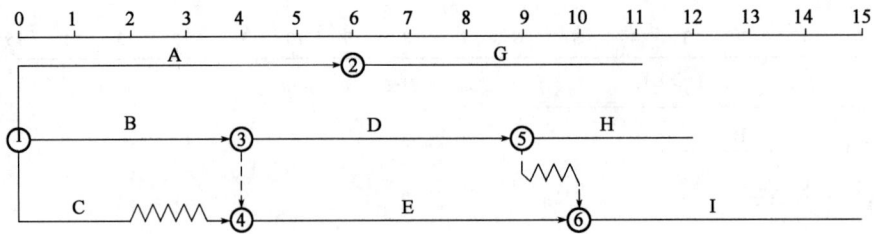
图 3-42　直接绘制法第四步

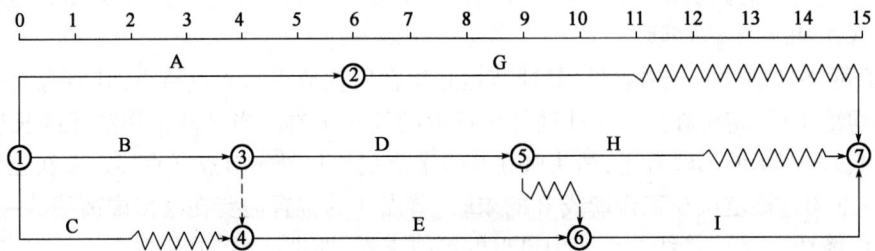
图 3-43　双代号时标网络计划

三、双代号时标网络计划的关键线路和时间参数的判定

1. 关键线路的判定

双代号时标网络计划的关键线路,应从终点节点至起点节点进行观察,凡自始至终没有波形线的线路,即为关键线路。

判别是否是关键线路仍然要根据这条线路上各项工作是否有总时差。在这里,根据是否有自由时差来判断是否有总时差。因为有自由时差的线路必有总时差,自由时差位于线路的末端。既然末端不出现自由时差,那么这条线路段上各工作也就没有总时差,这条线路必然就是关键线路。如图 3-43 所示,关键线路为 B、E、I。

2. 时间参数的判定

(1)计算工期的判定

双代号时标网络计划计算工期等于终点节点与起点节点所在位置的时标值之差。如图 3-43 所示,计算工期为 $15 - 0 = 15(d)$。

(2)最早时间的判定

在双代号时标网络计划中,每条箭线箭尾节点中心所对应的时标值,即为该工作的最早开始时间。没有自由时差工作的最早完成时间为其箭头节点中心所对应的时标值;有自由时差工作的最早结束时间为其箭线实线部分右端点所对应的时标值。

(3)自由时差的判定

工作自由时差值等于其波形线(或虚线)在坐标轴上的水平投影长度,其原因是:工作的自由时差等于其紧后工作的最早开始时间与本工作的最早结束时间之差。每条波形线的末端即该条波形线所在工作的紧后工作的最早开始时间,波形线的起点就是其所在工作的最早完成时间,波形线的水平投影就是这两个时间之差,也就是自由时差值。

注意:当本工作之后只紧接虚工作时,本工作箭线上不存在波形线,这样其紧接的虚箭线中波形线水平投影长度的最短者则为本工作的自由时差。如果本工作之后不只紧接虚工作,则该工作的自由时差为 0。

（4）工作总时差的判定

双代号时标网络计划中工作总时差不能直接观察，但可利用工作自由时差进行判定。工作总时差应自右向左逆箭线推算，因为只有其所有紧后工作的总时差被判定后，本工作的总时差才能判定。其值等于今后工作总时差加本工作与该今后工作之间时间间隔之和的最小值，即

$$TF_{i-j} = \min\{TF_{j-k} + LAG_{i-j-k}\} \tag{3-24}$$

式中：LAG_{i-j-k}——本工作的最早完成时间与其紧后工作最早开始时间之间的差值。

例如，图 3-43 中，关键工作④—⑥的总时差为 0，①—④与④—⑥的时间间隔为 2，故①—④的总时差为 0 + 2 = 2。工作③—⑤的紧后工作有两个：⑥—⑦和⑤—⑦。③—⑤与⑤—⑦和⑥—⑦的时间间隔分别为 0 和 1，而⑤—⑦的总时差为 3，⑥—⑦为关键工作，总时差为 0，故③—⑤的总时差为 $\min\{3+0,0+1\} = 1$。

（5）最迟开始时间的判定

有了工作总时差与最早开始时间，工作的最迟完成时间便可计算出来。

工作最迟开始时间等于本工作的最早开始时间与其总时差之和；工作最迟完成时间等于本工作的最早完成时间与其总时差之和，即

$$LS_{i-j} = ES_{i-j} + TF_{i-j} \tag{3-25}$$

$$LF_{i-j} = EF_{i-j} + TF_{i-j} \tag{3-26}$$

例如，图 3-43 中，关键工作③—⑤的最迟开始时间 $LS_{③-⑤} = ES_{③-⑤} + TF_{③-⑤} = 4 + 1 = 5$，其最迟完成时间 $LF_{③-⑤} = EF_{③-⑤} + TF_{③-⑤} = 9 + 1 = 10$。其他工作的最迟时间用类似方法计算。

任务六　网络计划的优化与控制

学习目标

1. 掌握网络计划优化的分类；
2. 理解工期优化、资源优化和费用优化的原理；
3. 掌握工期优化的方法与步骤；
4. 理解网络计划的调整方法。

任务描述

在铁路工程施工进度计划执行过程中，不可避免地需要进行网络计划的优化与调整。通过本任务的学习，学生应能按照工期、资源、费用等目标对网络计划进行不断调整和改进，寻求最优的网络计划，并执行网络计划，发现网络计划的偏差，及时纠偏，调整网络计划。

相关知识

网络计划的优化是指在一定的约束条件下，利用最优化原理，按照既定目标对网络计划进行不断改进，以寻求满意方案的过程。根据优化目标的不同，网络计划的优化主要分为工期优

化、费用优化和资源优化。

一、工期优化

工期优化是指网络计划的计算工期不满足要求工期时,通过压缩关键工序的持续时间达到满足工期目标的过程。

在压缩关键工序缩短工期的过程中要注意不能改变各项工作之间的逻辑关系,同时应该注意不能将关键工序压缩成非关键工序。若出现多条关键线路时,应注意将各条关键线路的总持续时间压缩成相同的值。

1. 工期优化的步骤

(1)确定初始网络计划的计算工期和关键线路。

(2)计算应压缩的时间 $\Delta T = T_C - T_R$。

(3)选择应缩短持续时间的关键工作。按下列因素选择应优先缩短持续时间的关键工作。

①缩短实施时间对质量和安全影响不大。

②资源充足。

③缩短持续时间所需增加的费用最少。

(4)将所需选定关键工作的持续时间压缩至最短,并重新计算工期和关键线路。如被压缩的工作变成了非关键工作,则应将其持续时间延长,使之成为关键工作。

(5)当计算工期仍超过要求工期时,重复上述步骤(2)~(4),直至计算工期满足要求工期或计算工期不能再缩短为止。

(6)当所有关键工作的持续时间都已达到最短持续时间而工期仍不能满足要求时,应对计划的原技术、组织方案进行调整或对工期要求进行重新审定。

2. 工期优化的方法

(1)采用技术措施,缩短关键工序的作业时间。

(2)采取措施改变施工组织方式。

(3)利用非关键工序的总时差。

(4)以最小成本赶工。

(5)增加工作班次。

(6)改变施工方法。

(7)组织流水施工。

(8)增加资源数量,包括将非关键工作上的资源调到关键工作上,或从网络计划外部调整资源。

3. 用标号法计算工期

由于在优化过程中,不一定需要全部时间参数值,只需寻求关键线路和次关键线路即可进行优化,故在这里只介绍关键线路的直接寻求法,次关键线路的寻求方法将在优化过程中介绍。

关键线路直接寻求法之一是标号法,即对每个节点用源节点和标号值进行标号,将节点都标号后,从网络计划终点节点开始,从右向左按源节点求出关键线路。网络计划终点节点标号值即为计算工期。

标号值的确定方法如下:

(1)设网络计划起始节点 1 的标号值为 0,即 $b_1 = 0$。

(2)其他节点的标号值等于该节点的紧前工作(以该节点为完成节点的工作)的开始节点标号值加该工作的持续时间,即

$$b_j = \max(b_i + D_{i-j}) \tag{3-27}$$

二、费用优化

工程网络计划一经确定(工期确定),其所包含的总费用也就确定下来。网络计划所涉及的总费用由直接费和间接费两部分组成。直接费由人工费、材料费和机械费组成,它随工期的缩短而增加;间接费属于管理费范畴,它随工期的缩短而减少。由于直接费随工期缩短而增加,间接费随工期缩短而减少,两者进行叠加,必有一个总费用最少的工期,这就是费用优化所要寻求的目标。

费用优化又称工期成本优化,是指寻求工程总成本最低时的工期安排,或按要求工期寻求最低成本的计划安排。

由图 3-44 和图 3-45 可看出,工作持续时间的缩短与所造成的直接费的增加存在一定的直线关系,即

$$\Delta C_{i-j} = \frac{CC_{i-j} - CN_{i-j}}{DN_{i-j} - DC_{i-j}} \tag{3-28}$$

式中: ΔC_{i-j} ——工作 $i-j$ 的直接费用率;

CC_{i-j} ——工作 $i-j$ 的持续时间缩短为最短持续时间后,完成该工作所需的直接费用;

CN_{i-j} ——在正常条件下,完成工作 $i-j$ 所需的直接费用;

DC_{i-j} ——工作 $i-j$ 的最短持续时间;

DN_{i-j} ——工作 $i-j$ 的正常持续时间。

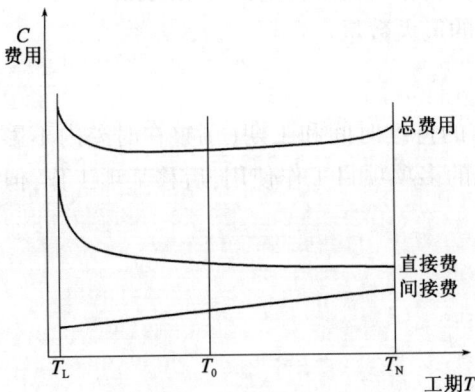

图 3-44 "费用-工期"曲线

T_L-最短工期;T_0-最优工期;T_N-正常工期

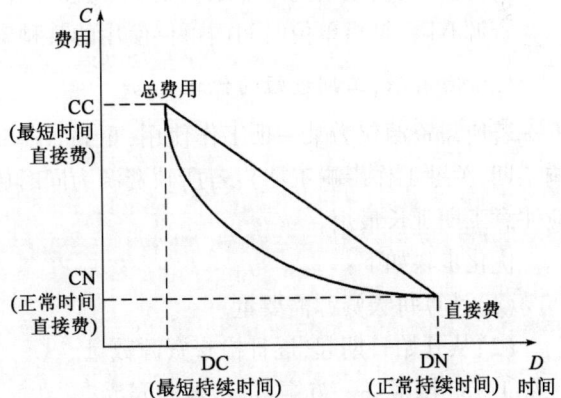

图 3-45 工作持续时间与直接费的关系

为了压缩工期而需压缩关键工作的持续时间时,应将直接费率最小的关键工作作为压缩对象。

费用优化的步骤如下:

(1)按节点标号法确定计算工期和关键线路。

（2）计算各项工作的直接费用率。

（3）找出直接费率（组合直接费率）最小的关键工作。

（4）比较直接费率（或组合直接费率）a 与工程间接费率 b 的大小。

①当 $a > b$ 时，压缩关键工作的持续时间会使工程总费用增加，此前方案即为最优方案。

②当 $a = b$ 时，压缩关键工作的持续时间不会使工程总费用增加，应压缩关键工作的持续时间。

③当 $a < b$ 时，压缩关键工作的持续时间会使工程总费用减少，应当压缩关键工作的持续时间。

（5）计算关键持续时间缩短后相应增加的总费用。

（6）重复步骤（3）～（5），直至计算工期满足要求或压缩对象的直接费率或组合费率大于工程间接费率为止。

（7）计算优化后的工程费用。

在缩短关键工序的持续时间时应注意以下两点：①缩短后工作的持续时间不能小于其最短持续时间；②缩短持续时间的工作不能变成非关键工作。

三、资源优化

资源是为完成任务所投入的人力、材料、机械设备、资金等的统称。完成一项工程任务所需的资源量基本上是不变的，不可能通过资源优化将其减少。资源优化的目的是改变工作的开始时间，使资源按时间的分布符合优化目标。资源优化是指在资源有限的情况下，使工期最短，或当工期一定时，使资源均衡。这就涉及资源优化的两个不同问题，即"资源有限，工期最短"和"工期固定，资源均衡"。

资源优化中几个常见术语解释如下：

资源强度，是指一项工作在单位时间内所需某种资源的数量。

资源需用量，是指网络计划在某一单位时间内各项工作所需某种资源数量之和。

资源有限，是指单位时间内可供使用的某种资源的最大数量。

1. 资源有限，工期最短的优化

若所需资源仅为某一项工作使用，重新计算工作的持续时间和工期（调整在时差内不影响工期，关键工作影响工期）；若所缺资源为同时施工的多项项目工作使用，后移某项工作，但应注意工期延长最短。

优化步骤如下：

（1）计算每天资源需要量。

（2）从开始日期起，逐日检查资源数量。

①未超限额——方案可行，编制完成；

②超出限额——方案需要进行调整。

（3）调整资源冲突。

①找出资源冲突时段的工作。

②调整工作的次序。

在调整时应注意先调整使工期延长时间最小的工作过程。

例如，有两项工作资源 $i—j$ 和 $m—n$ 发生冲突，如图 3-46 所示。

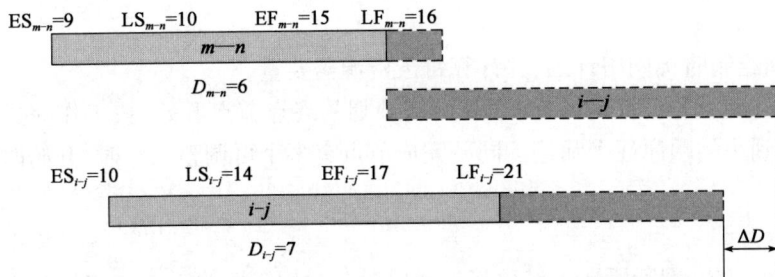

图 3-46 工作资源 $i-j$ 和 $m-n$ 冲突示意图

工期延长值：$\Delta T_{m-n,i-j} = \mathrm{EF}_{m-n} - \mathrm{LS}_{i-j}$

方案一：将 i—j 排到 m—n 之后，$\Delta T_{m-n,i-j} = \mathrm{EF}_{m-n} - \mathrm{LS}_{i-j} = 15 - 14 = 1$；

方案二：将 m—n 排到 i—j 之后，$\Delta T_{i-j,m-n} = \mathrm{EF}_{i-j} - \mathrm{LS}_{m-n} = 17 - 10 = 7$。

故选择方案一，将 i–j 排到 m—n 之后。

$\Delta T_{m-n,i-j}$ 为 0 或负值对工期没有影响，故应取该值最小的方案。

(4)绘制调整后的网络图。

重复(1)~(4)步骤，直到满足要求。

2. 工期固定,资源均衡的优化

工期固定,资源均衡的优化是在工期不变的情况下,使资源分布尽量均衡,即在资源需要量动态曲线上,尽可能不出现短时间的高峰或低谷。力求每天的资源需要量接近平均值。

资源均衡可以大大减少施工现场各种临时设施的规模,从而可以节省施工费用。

资源需求的不均衡量可以用方差 σ^2 来衡量,σ^2 越小说明资源需求越均衡。

设工期为 T,每天资源需要量为 $R(t)$,平均每天需要量为 R_m,得

$$\sigma^2 = \frac{1}{T}\sum_{t=1}^{T}\left[R(t) - R_m\right]^2 = \frac{1}{T}\sum_{t=1}^{T}R^2(t) - R_m^2$$

若要使 σ^2 最小,就要使 $\sum\limits_{t=1}^{T}R(t)^2$ 最小。

(1)方差最小法的基本思路

在满足关键工期不变的情况下,通过利用非关键工作的时差,调整工作的开始和结束时间,使资源需求在工期范围内尽可能得均衡。

【例 3-10】 设工作 i–j 在第 k 天开始,在第 l 天结束,若该工作右移 1 天,则从第 $(k+1)$ 天开始,在第 $(l+1)$ 天结束,则有

$$R'_k = R_k - r_{i-j}$$
$$R'_{l+1} = R_{l+1} + r_{i-j}$$

进而得

$$\Delta \sum R(t)^2 = \left[(R_{l+1} + r_{i-j})^2 - R_{l+1}^2\right] - \left[R_k^2 - (R_k - r_{i-j})^2\right]$$
$$= 2r_{i-j}\left[R_{l+1} - (R_k - r_{i-j})\right]$$

另

$$V_1 = R_{l+1} - (R_k - r_{i-j})$$

若计算 $V_1 < 0$,则工作 i–j 右移 1 天可使 $\sum R(t)^2$ 减小,有利于资源均衡,故可将工作右

移 1 天。

若 $V_1 \leqslant 0$，则工作 $i-j$ 不能右移 1 天，可考虑右移 2 天，计算 $V_2 = R_{l+2} - (R_{k+1} - r_{i-j})$。

若 $V_1 + V_2 < 0$，则工作可右移 2 天；反之不行。依此类推。

（2）优化的步骤

①按最早开始时间绘制时标网络计划，并计算每天资源需要量。

②确定及调整工作（也就是非关键工作）。从网络计划的终点节点开始，按工作完成节点的编号值，依次按从大到小的顺序逐个筛选。同一完成节点有多个可调整工作时，开始时间较迟的先进行调整。

③判断调整效果。

利用公式 $R_{l+1} + r_{i-1} < R_i$，判断所选工作后移 1 天后对资源均衡性的影响。如能改善则后移 1 天，并判断再后移 1 天。如此重复，直到不能后移或工作总时差用完。

④选定新的调整工作并进行调整，重复②～③的步骤，直到所有可调整的工作都调整完毕。

⑤再次调整。为使资源均衡最优，调整完成后，再从左到右进行一次调整；如此反复。

该种计算方法的缺点显而易见，工作的计算量比较大，工序每移动一次都需要对网络计划的工序进行调整，重新计算资源量，作图的工作量也比较大。

四、网络计划的控制

网络计划的控制主要包括网络计划的检查和调整。当网络计划检查结果与计划发生偏差时，应采取相应措施进行纠偏，使计划得以实现。采取措施仍不能纠偏时，应对网络计划进行调整。调整后形成新的网络计划，应按新计划执行。

1. 网络计划的检查

（1）进度检查的方法

①计划执行中的跟踪检查

在网络计划的执行过程中，必须建立相应的检查制度，定时定期地对计划的实际执行情况进行跟踪检查，收集反映实际进度的有关数据。

②收集数据的加工处理

收集反映实际进度的原始数据量大面广，必须对其进行整理、统计和分析，形成与计划进度具有可比性的数据，以便在网络图上进行记录。根据记录的结果可以分析判断进度的实际状况，及时发现进度偏差，为网络图的调整提供信息。

③实际进度检查记录的方式

当采用时标网络计划时，可采用实际进度前锋线记录计划实际执行状况，进行实际进度与计划进度的比较。实际进度前锋线是在原时标网络计划上，自上而下从计划检查时刻的时标点出发，用点画线依次连接各项工作实际进度达到的前锋点而形成的折线。根据实际进度前锋线与原进度计划中各工作箭线交点的位置，可以判断实际进度与计划进度的偏差。

当采用非时标网络计划时，可在图上直接用文字、数字、适当符号或列表记录计划的实际执行状况，进行实际进度与计划进度的比较。

（2）网络计划检查的主要内容

①关键工作进度

对关键工作的进度检查目的在于保证工期目标的实现，不使工期拖延。

66

②非关键工作进度及时差利用情况

对非关键工作进度及时差利用情况的检查与后续工作的进度有关,同时可以调动非关键工作的资源,支援关键工作。

③实际进度对各项工作之间逻辑关系的影响

对逻辑关系执行情况的检查,一是为了保证质量、不颠倒工序;二是为了做好各单位之间的协作工作。

(3)对检查结果进行分析判断

通过对网络计划执行情况检查的结果进行分析判断,可为计划的调整提供依据。一般应进行如下分析判断:

①对时标网络计划宜利用绘制的实际进度前锋线分析计划的执行情况及其发展趋势,对未来的进度作出预测、判断,找出偏离计划目标的原因及可供挖掘的潜力。

②对无时标网络计划,记录计划中未完成工作,并对其情况进行分析判断。

2.网络计划的调整

(1)网络计划调整的内容

①调整关键线路的长度。

②调整非关键工作的时差。

③增、减工作项目。

④调整逻辑关系。

⑤重新估计某些工作的持续时间。

⑥对资源的投入做相应调整。

(2)网络计划调整的方法

①调整关键线路的方法

当关键线路的实际进度比计划进度拖后时,应在尚未完成的关键工作中,选择资源强度小或费用低的工作缩短其持续时间,并重新计算未完成部分的时间参数,将其作为一个新计划实施。

当关键线路的实际进度比计划进度提前时,若不拟提前工期,应选用资源占用量大或者直接费用高的后续关键工作,适当延长其持续时间,以降低其资源强度或费用。当确定要提前完成计划时,应将计划尚未完成的部分作为一个新计划,重新确定关键工作的持续时间,按新计划实施。

②非关键工作时差的调整方法

非关键工作时差的调整应在其时差的范围内进行,以便更充分地利用资源、降低成本或满足施工的需要。每一次调整后都必须重新计算时间参数,观察该调整对计划全局的影响。可采用以下几种调整方法:

a.将工作在其最早开始时间与最迟完成时间范围内移动。

b.延长工作的持续时间。

c.缩短工作的持续时间。

③增、减工作项目时的调整方法

增、减工作项目时应符合下列规定:

a.不打乱原网络计划总的逻辑关系,只对局部逻辑关系进行调整。

b. 在增减工作后应重新计算时间参数,分析对原网络计划的影响。当对工期有影响时,应采取调整措施,以保证计划工期不变。

　　④调整逻辑关系

　　逻辑关系的调整只有当实际情况要求改变施工方法或组织方法时才可进行。调整时应避免影响原定计划工期和其他工作的顺利进行。

　　⑤调整工作的持续时间

　　当发现某些工作的原持续时间估计有误或实现条件不充分时,应重新估算其持续时间,并重新计算时间参数,尽量使原计划工期不受影响。

　　⑥调整资源的投入

　　当资源供应发生异常时,应采用资源优化方法对计划进行调整,或采取应急措施,使其对工期的影响最小。

　　网络计划的调整,可以定期进行,亦可根据计划检查的结果在必要时进行。

能力训练　优化网络计划

　　【能力训练1】　某工程双代号初始网络计划,如图 3-47 所示。图中箭线下方括号外数字为工作的正常持续时间,括号内数字为最短持续时间;箭线上方括号内数字为优选系数,该系数综合考虑质量、安全和费用增加情况而确定。选择关键工作压缩其持续时间时,应选择优选系数最小的关键工作。若需要同时压缩多个关键工作的持续时间时,则它们的优选系数之和(组合优选系数)最小者应优先作为压缩对象。现假设要求工期为15d,试进行工期优化。

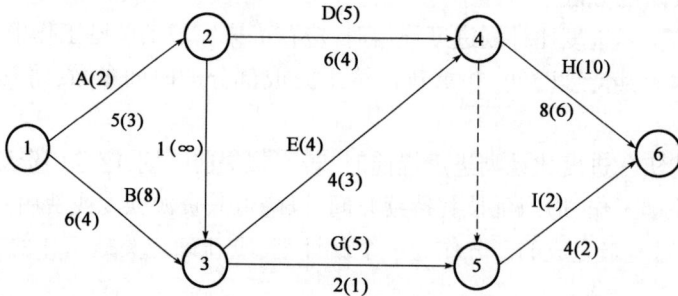

图 3-47　初始网络计划

　　【解】　(1)根据各项工作的正常持续时间,用标号法确定网络计划的计算工期和关键线路,如图 3-48 所示。此时关键线路为①—②—④—⑥。

　　(2)由于此时关键工作为工作 A、工作 D 和工作 H,而其中工作 A 的优选系数最小,故应将工作 A 作为优先压缩对象。

　　(3)将关键工作 A 的持续时间压缩至最短持续时间 3,利用标号法确定新的计算工期和关键线路,如图 3-49 所示。此时,关键工作 A 被压缩成非关键工作,故将其持续时间 3 延长为 4,使之成为关键工作。工作 A 恢复为关键工作之后,网络计划中出现两条关键线路,即①—②—④—⑥和①—③—④—⑥,如图 3-50 所示。

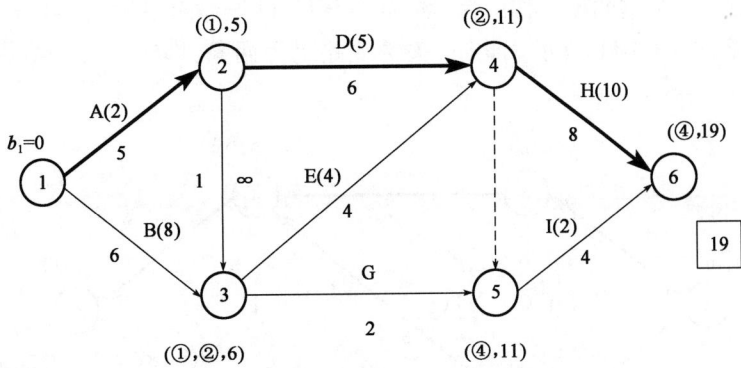

图 3-48　初始网络计划中的关键线路

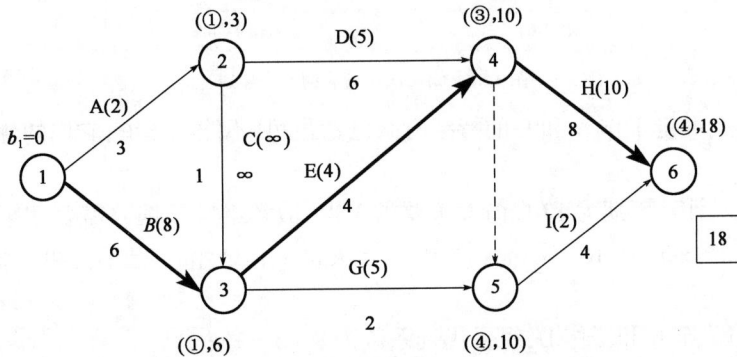

图 3-49　工作 A 压缩至最短时间时的关键线路

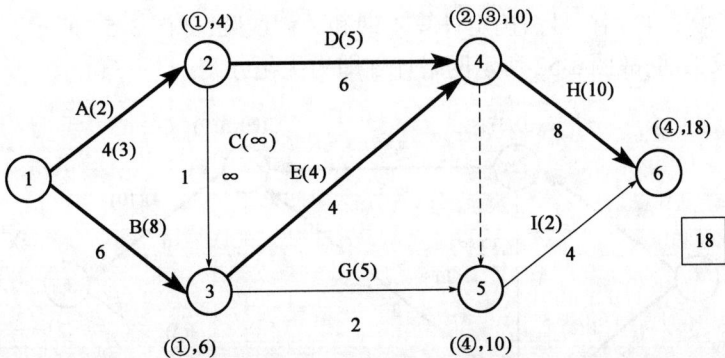

图 3-50　第一次压缩后的网络计划

（4）由于此时计算工期为 18d，仍大于要求工期，故需继续压缩。需要缩短的时间 $\Delta T_1 = 18 - 15 = 3d$。在图 3-50 所示网络计划中，有以下五种压缩方案：

①同时压缩工作 A 和工作 B，组合优选系数为 $2 + 8 = 10$；

②同时压缩工作 A 和工作 E，组合优选系数为 $2 + 4 = 6$；

③同时压缩工作 B 和工作 D，组合优选系数为 $8 + 5 = 13$；

④同时压缩工作 D 和工作 E，组合优选系数为 $5 + 4 = 9$；

⑤压缩工作 H，优选系数为 10。

在上述压缩方案中，由于工作 A 和工作 E 的组合优选系数最小，故应选择同时压缩工作

A 和工作 E 的方案。将这两项工作的持续时间各压缩 1(压缩至最短),再用标号法确定计算工期和关键线路,如图 3-51 所示。此时,关键线路仍为两条,即①—②—④—⑥和①—③—④—⑥。

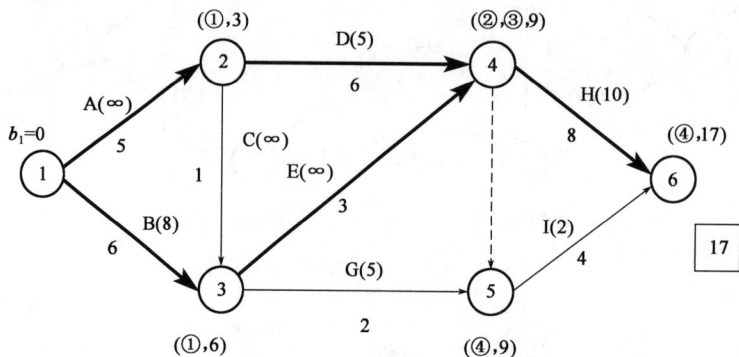

图 3-51　第二次压缩后的网络计划

在图 3-51 中,关键工作 A 和 E 的持续时间已达最短,不能再压缩,它们的优选系数变为无穷大。

(5)由于此时计算工期为 17d,仍大于要求工期,故须继续压缩。需要缩短的时间 $\Delta T_2 =$ 17 − 15 = 2d。在图 3-51 所示的网络计划中,由于关键工作 A 和 E 已不能再压缩,故此时只有两个压缩方案:

①同时压缩工作 B 和工作 D,组合优选系数为 8 + 5 = 13;

②压缩工作 H,优选系数为 10。

在上述压缩方案中,由于工作 H 的优选系数最小,故应选择压缩工作 H 的方案。将工作 H 的持续时间缩短 2,再用标号法确定计算工期和关键线路,如图 3-52 所示。此时,计算工期为 15d,等于要求工期,故图 3-52 所示网络计划即为优化方案。

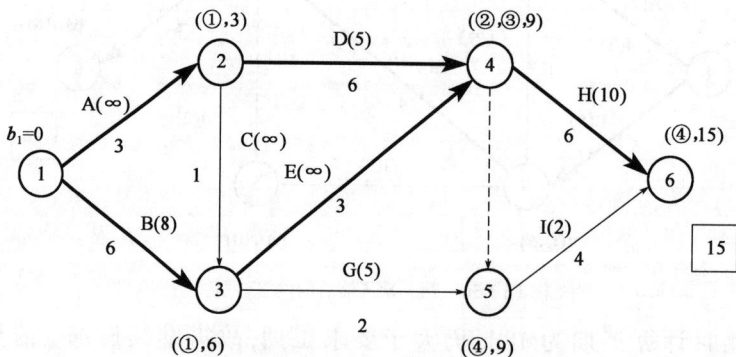

图 3-52　工期优化后的网络计划

【能力训练 2】　某工程双代号网络计划,如图 3-53 所示。图中箭线下方括号外数字为工作的正常时间,括号内数字为最短持续时间;箭线上方括号外数字为工作按正常持续时间完成时所需的直接费用,括号内数字为工作按最短持续时间完成时所需的直接费用。该工程的间接费用率为 0.8 万元/d,试对其进行费用优化。

(1)根据各项工作的正常持续时间,用标号法确定网络计划的计算工期和关键线路,如图 3-54 所示。计算工期为 19d,关键线路有两条,即①—③—④—⑥和①—③—④—⑤—⑥。

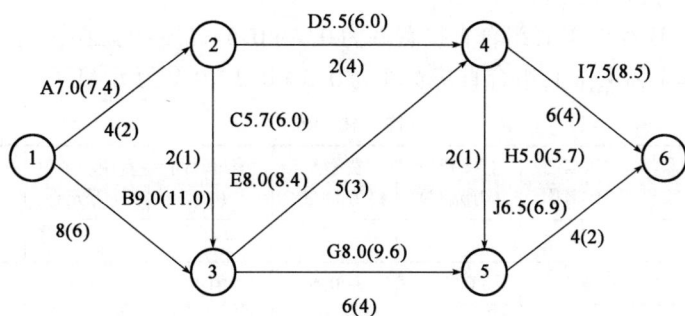

图 3-53　初始网络计划

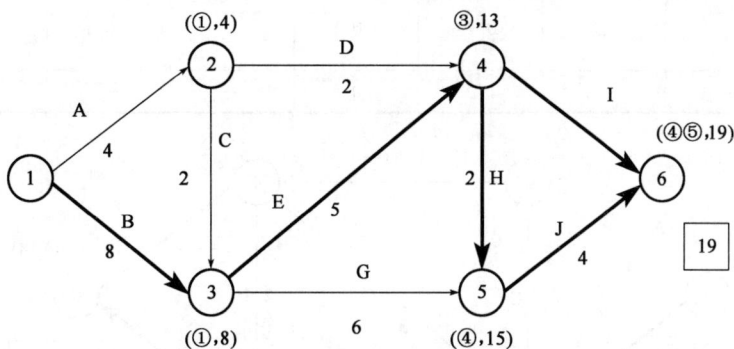

图 3-54　初始网络计划中的关键线路

（2）计算各项工作的直接费用率。

$\Delta C_{1-2} = (7.4 - 7.0)/(4 - 2) = 0.2(万元/d)$

$\Delta C_{1-3} = (11.0 - 9.0)/(8 - 6) = 1.0(万元/d)$

$\Delta C_{1-2} = (7.4 - 7.0)/(4 - 2) = 0.2(万元/d)$

$\Delta C_{2-3} = 0.3(万元/d)$

$\Delta C_{2-4} = 0.5(万元/d)$

$\Delta C_{3-4} = 0.2(万元/d)$

$\Delta C_{3-5} = 0.8(万元/d)$

$\Delta C_{4-5} = 0.7(万元/d)$

$\Delta C_{4-6} = 0.5(万元/d)$

$\Delta C_{5-6} = 0.2(万元/d)$

（3）计算工程总费用。

①直接费用总和：$C_d = 7.0 + 9.0 + 5.7 + 5.5 + 8.0 + 8.0 + 5.0 + 7.5 + 6.5 = 62.2(万元)$。

②间接费用总和：$C_i = 0.8 \times 19 = 15.2(万元)$。

③工程总费用：$C_t = C_d + C_i = 62.2 + 15.2 = 77.4(万元)$。

（4）通过压缩关键工作的持续时间进行费用优化（优化过程见表3-11）。

①第一次压缩。

从图3-55可知，该网络计划中有1条关键线路，为了压缩关键线路的总持续时间，有以下压缩方案：

压缩工作B，直接费率为1.0万元/d；

压缩工作 E,直接费率为 0.2 万元/d;

同时压缩工作 H 和工作 I,组合直接费率为 0.7 + 0.5 = 1.2 万元/d;

同时压缩工作 I 和工作 J,组合直接费率为 0.5 + 0.2 = 0.7 万元/d。

优 化 表

表 3-11

压缩次数	被压缩的工作代号	被压缩的工作名称	直接费率(万元/d)	费率差(万元/d)	缩短时间(d)	费用增加值(万元)	总工期(d)	总费用(万元)
0	—	—	—	—	—	—	19	77.4
1	③—④	E	0.2	-0.6	1	-0.6	18	76.8
2	③—④ ⑤—⑥	E、J	0.4	-0.4	1	-0.4	17	76.4
3	④—⑥ ⑤—⑥	I、J	0.7	-0.1	1	-0.1	16	76.3
4	①—③	B	1.0	+0.2	—	—	—	—

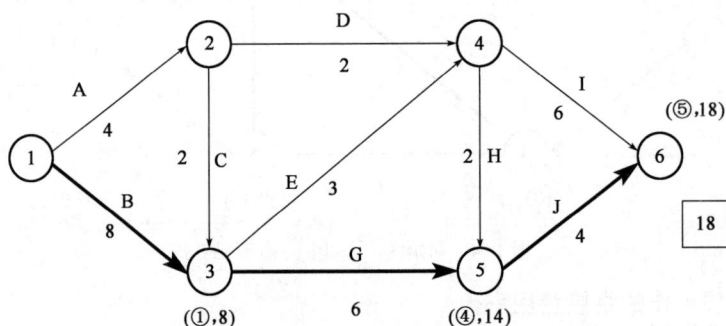

图 3-55　工作 E 压缩至最短时的关键线路

在上述压缩方案中,由于工作 E 的直接费率最小,故应选择工作 E 为压缩对象。工作 E 的直接费率 0.2 万元/d,小于间接费率 0.8 万元/d,说明压缩工作 E 可使工程总费用降低。将工作 E 的持续时间压缩至最短持续时间 3d,利用标号法重新确定计算工期和关键线路,如图 3-56 所示。此时,关键工作 E 被压缩成非关键工作,故将其持续时间延长为 4d,使成为关键工作。第一次压缩后的网络计划如图 3-56 所示。图中箭线上方括号内数字为工作的直接费用率。

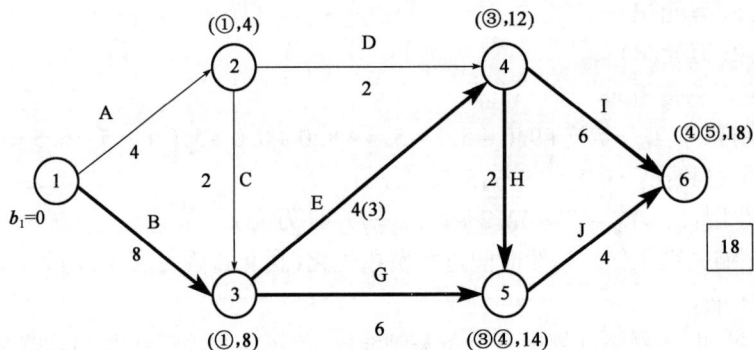

图 3-56　第一次压缩后的网络计划

②第二次压缩。

从图 3-56 可知,该网络计划中有三条关键线路,即①—③—④—⑥、①—③—④—⑤—⑥和①—③—⑤—⑥。为了同时缩短三条关键线路的总持续时间,有以下五个压缩方案:

a. 压缩工作 B,直接费率为 1.0 万元/d;

b. 同时压缩工作 E 和工作 G,组合直接费率为 0.2 + 0.8 = 1.0 万元/d;

c. 同时压缩工作 E 和工作 J,组合直接费率为 0.2 + 0.2 = 0.4 万元/d;

d. 同时压缩工作 G、工作 H 和工作 J,组合直接费率为 0.8 + 0.7 + 0.5 = 2.0 万元/d;

e. 同时压缩工作 I 和工作 J,组合直接费率为 0.5 + 0.2 = 0.7 万元/d。

在上述压缩方案中,由于工作 E 和工作 J 的组合直接费率最小,故应选择工作 E 和工作 J 作为压缩对象。工作 E 和工作 J 的组合直接费率 0.4 万元/d,小于间接费率 0.8 万元/d,说明同时压缩工作 E 和工作 J 可使工程总费用降低。由于工作 E 的持续时间只能压缩 1d,工作 J 的持续时间也只能随之压缩 1d。工作 E 和工作 J 的持续时间同时压缩 1d 后,利用标号法重新确定计算工期和关键线路。此时,关键线路由压缩前的三条变为两条,即①—③—④—⑥和①—③—⑤—⑥。原来的关键工作 H 未经压缩而被动地变成了非关键工作。第二次压缩后的网络计划如图 3-57 所示。此时,关键工作 E 的持续时间已达最短,不能再压缩,故其直接费用率变为无穷大。

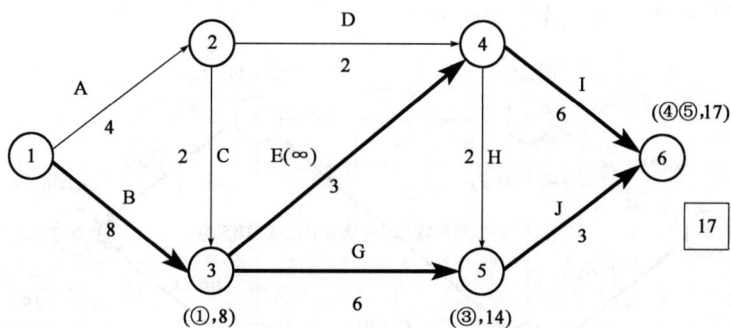

图 3-57 第二次压缩后的网络计划

③第三次压缩。

从图 3-57 可知,由于工作 E 不能再压缩,而为了同时缩短两条关键线路①—③—④—⑥和①—③—⑤—⑥的总持续时间,只有以下三个压缩方案:

a. 压缩工作 B,直接费用率为 1.0 万元/d;

b. 同时压缩工作 G 和工作 I,组合直接费用率为 0.8 + 0.5 = 1.3 万元/d;

c. 同时压缩工作 I 和工作 J,组合直接费用率为 0.5 + 0.2 = 0.7 万元/d。

在上述压缩方案中,由于工作 I 和工作 J 的组合直接费用率最小,故应选择工作 I 和工作 J 作为压缩对象。工作 I 和工作 J 的组合直接费用率 0.7 万元/d,小于间接费用率 0.8 万元/d,说明同时压缩工作 I 和工作 J 可使工程总费用降低。由于工作 J 的持续时间只能压缩 1d,工作 I 的持续时间也只能随之压缩 1d。工作 I 和工作 J 的持续时间同时压缩 1d 后,利用标号法重新确定计算工期和关键线路。此时,关键线路仍然为两条,即①—③—④—⑥和①—③—⑤—⑥。第三次压缩后的网络计划,如图 3-58 所示。此时,关键工作 E 的持续时间也已达最短,不能再压缩,故其直接费用率变为无穷大。

④第四次压缩。

从图 3-58 可知,由于工作 E 不能再压缩,而为了同时缩短两条关键线路①—③—④—⑥

和①—③—⑤—⑥的总持续时间,只有以下两个压缩方案:

　　a. 压缩工作 B,直接费率为 1.0 万元/d;

　　b. 同时压缩工作 G 和工作 I,组合直接费率为 0.8 + 0.5 = 1.3 万元/d。

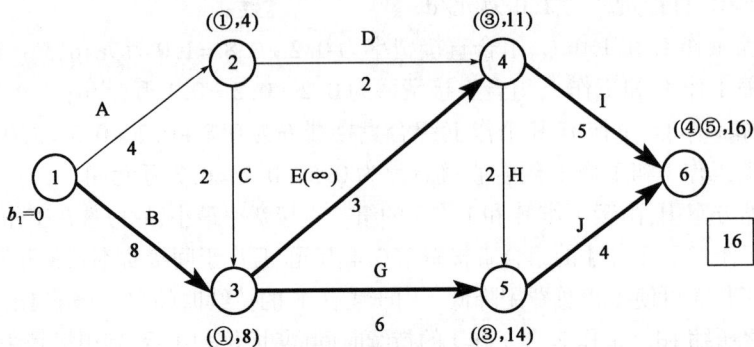

图 3-58　第三次压缩后的网络计划

　　在上述压缩方案中,由于工作 B 的直接费用率最小,故应选择工作 B 作为压缩对象。但是,由于工作 B 的直接费率 1.0 万元/d,大于间接费率 0.8 万元/d,说明压缩工作 B 会使工程总费用增加。因此,不需要压缩工作 B,优化方案已得到,优化后的网络计划如图 3-59 所示。图中箭线上方括号内数字为工作的直接费用。

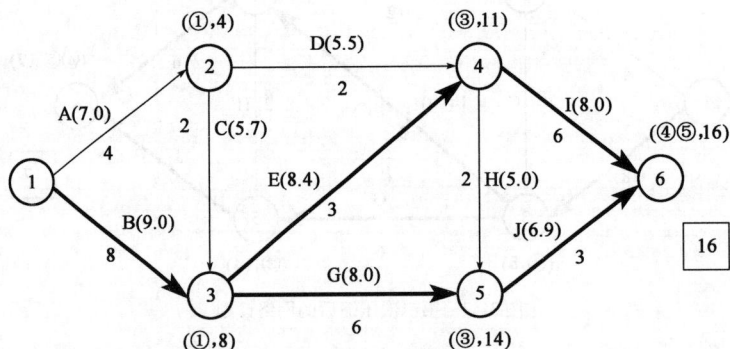

图 3-59　费用优化后的网络计划

　　(5)计算优化后的工程总费用。

　　①直接费用总和:$C_{d0} = 7.0 + 9.0 + 5.7 + 5.5 + 8.4 + 8.0 + 5.0 + 8.0 + 6.9 = 63.5$ 万元。

　　②间接费用总和:$C_{i0} = 0.8 \times 16 = 12.8$ 万元。

　　③工程总费用:$C_{t0} = C_{d0} + C_{i0} = 63.5 + 12.8 = 76.3$ 万元。

　　【能力训练3】　某工程双代号网络计划,如图 3-60 所示。图中箭线上方数字为工作的资源强度,箭线下方数字为工作的持续时间。假定资源限量 $R_a = 12$,试对其进行"资源有限,工期最短"的优化。

　　【解】　(1)计算网络计划每个时间单位的资源需用量,绘出资源需用量动态曲线,如图 3-61 下方曲线所示。

　　(2)从计划开始日期起,经检查发现第二个时段[3,4]存在资源冲突,即资源需用量超过资源限量,故应首先调整该时段。调整示意图如图 3-58 所示。

　　(3)在时段[3,4]有工作①—③和工作②—④两项工作平行作业,利用公式计算 ΔT 值,其结果,如表 3-12 所示。

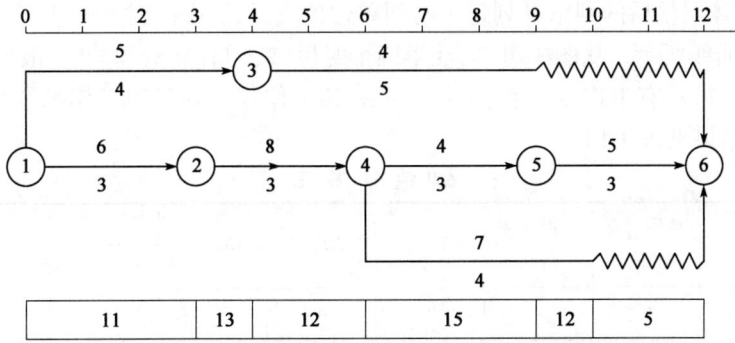

图 3-60　初始网络计划

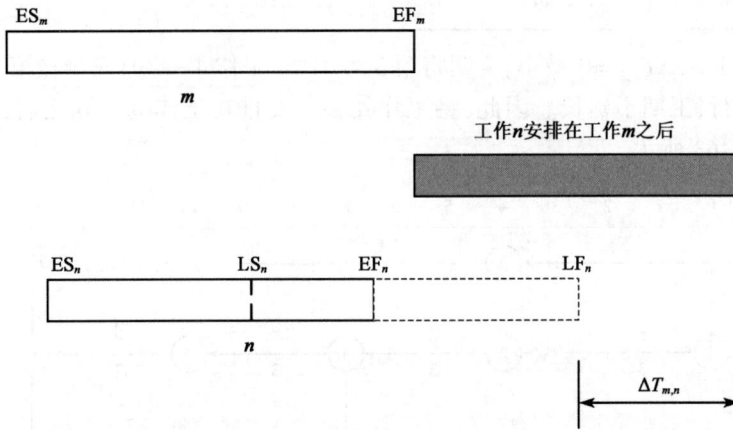

图 3-61　调整示意图

$$\Delta T_{m,n} = EF_m + D_n - LF_n = EF_m - (LF_n - D_n) = EF_m - LS_n$$

ΔT 值计算表　　　　　　　　　　　　　　　　　　　　　　　　　表 3-12

序　号	工 作 代 号	最早完成时间	最迟完成时间	$\Delta T_{1,2}$	$\Delta T_{2,1}$
1	①—③	4	3	1	—
2	②—④	6	3	—	3

由表 3-12 可知,$\Delta T_{1,2}=1$ 最小,说明将第 2 号工作(工作②—④)安排在第 1 号工作(工作①—③)之后进行,工期延长最短,只延长 1。因此,将工作②—④安排在工作①—③之后进行。调整后的网络计划如图 3-62 所示。

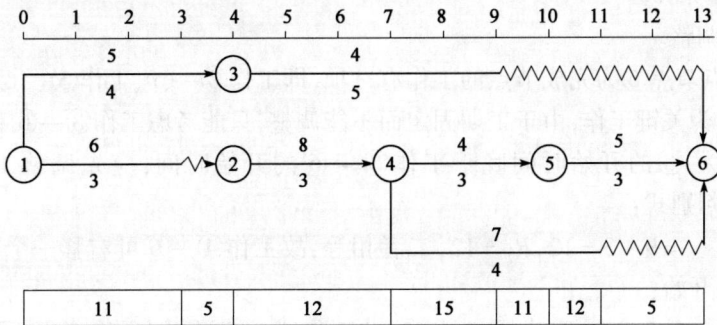

图 3-62　第一次调整后的网络计划

(4)重新计算调整后的网络计划每个时间单位的资源需用量,绘出资源需用量动态曲线,如图 3-62 下方曲线所示。从图中可知,在第四个时段[7,9]存在资源冲突,故应调整该时段。

(5)在时段[7,9]有工作③—⑥、工作④—⑤和工作④—⑥三项工作平行作业,利用公式计算 ΔT 值,其结果见表 3-13。

ΔT 值 计 算 表

表 3-13

序号	工作代号	最早完成时间	最迟完成时间	$\Delta T_{1,2}$	$\Delta T_{1,3}$	$\Delta T_{2,1}$	$\Delta T_{2,3}$	$\Delta T_{3,1}$	$\Delta T_{3,2}$
1	③—⑥	9	8	2	0				
2	④—⑤	10	7			2	1		
3	④—⑥	11	9					3	4

由表 3-13 可知, $\Delta T_{1,3}=0$ 最小,说明将第 3 号工作(工作④—⑥)安排在第 1 号工作(工作③—⑥)之后进行,工期不延长。因此,将工作④—⑥安排在工作③—⑥之后进行,调整后的网络计划如图 3-63 所示。

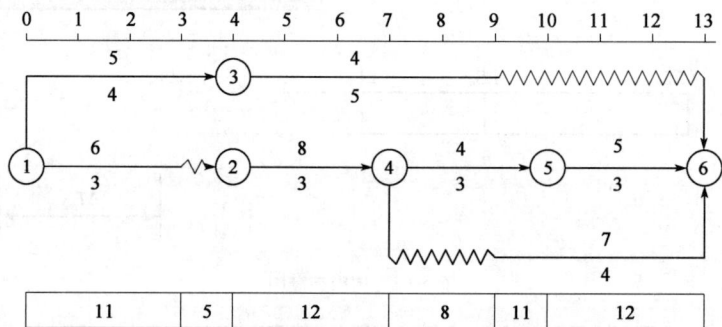

图 3-63 优化后的网络计划

(6)重新计算调整后的网络计划每个时间单位的资源需用量,绘出资源需用量动态曲线,如图 3-63 下方曲线所示。由于此时整个工期范围内的资源需用量均未超过资源限量,故图 3-63 所示方案即为最优方案,其最短工期为 13d。

【能力训练 4】 某工程双代号网络计划,如图 3-64 所示。图中箭线上方数字为工作的资源强度,箭线下方数字为工作的持续时间。试对其进行"工期固定,资源均衡"的优化。

【解】 (1)计算网络计划每个时间单位的资源需用量,绘出资源需用量动态曲线,如图 3-64 下方曲线所示。

(2)第一次调整。

首先,以终点节点⑥为完成节点的工作有三项,即工作③—⑥、工作⑤—⑥和工作④—⑥。其中工作⑤—⑥为关键工作,由于工期固定而不能调整,只能考虑工作③—⑥和工作④—⑥。

由于工作④—⑥的开始时间晚于工作③ – ⑥的开始时间,应先调整工作④—⑥。在图 3-64 中,按照判别式:

由于 $R_{11}+r_{4-6}=9+3=12$, $R_7=12$,二者相等,故工作④—⑥可右移一个时间单位,改为第 8 个时间单位开始;

由于 $R_{12}+r_{4-6}=5+3=8$,小于 $R_8=12$,故工作④—⑥可再右移一个时间单位,改为第 9 个时间单位开始;

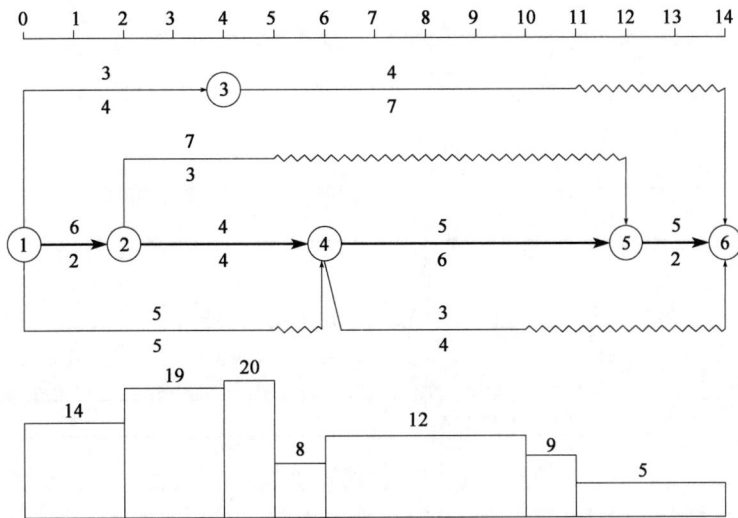

图 3-64　初始网络计划

由于 $R_{13} + r_{4-6} = 5 + 3 = 8$，小于 $R_9 = 12$，故工作④—⑥可再右移一个时间单位，改为第 10 个时间单位开始；

由于 $R_{14} + r_{4-6} = 5 + 3 = 8$，小于 $R_{10} = 12$；故工作④—⑥可再右移一个时间单位，改为第 11 个时间单位开始。

至此，工作④—⑥的总时差已全部用完，不能再右移。工作④—⑥调整后的网络计划，如图 3-65 所示。

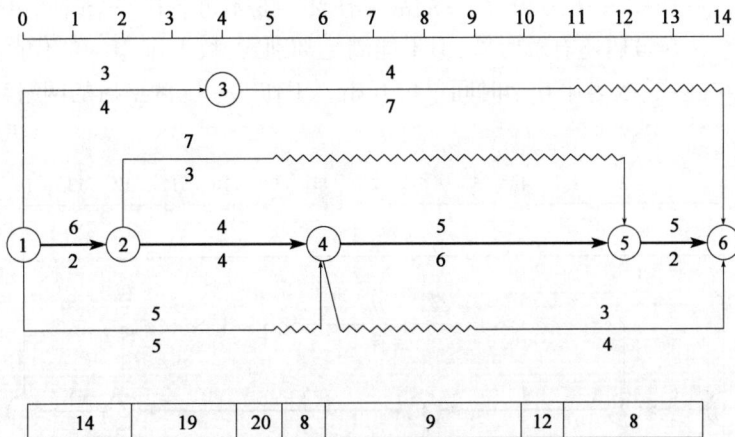

图 3-65　工作④—⑥调整后的网络计划

工作④—⑥调整后，就应对工作③—⑥进行调整。在图 3-65 中，按照判别式：

由于 $R_{12} + r_{3-6} = 8 + 4 = 12$，小于 $R_5 = 20$，故工作③—⑥可右移一个时间单位，改为第 6 个时间单位开始；

由于 $R_{13} + r_{3-6} = 8 + 4 = 12$，大于 $R_6 = 8$，故工作③—⑥不能右移一个时间单位；

由于 $R_{14} + r_{3-6} = 8 + 4 = 12$，大于 $R_7 = 9$，故工作③—⑥也不能右移两个时间单位。

由于工作③—⑥的总时差只有 3，故该工作此时只能右移一个时间单位，改为第 6 个时间单位开始。工作③—⑥调整后的网络计划，如图 3-66 所示。

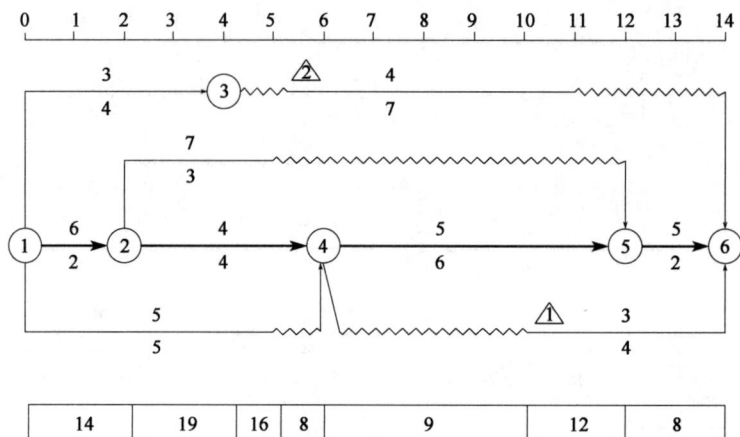

图 3-66 工作③—⑥调整后的网络计划

其次,以节点⑤为完成节点的工作有两项,即工作②—⑤和工作④—⑤。其中工作④—⑤为关键工作,不能移动。故只能调整工作②—⑤。在图 3-66 中,按照判别式:

由于 $R_6 + r_{2-5} = 8 + 7 = 15$,小于 $R_3 = 19$,故工作②—⑤可右移一个时间单位,改为第 4 个时间单位开始;

由于 $R_7 + r_{2-5} = 9 + 7 = 16$,小于 $R_4 = 19$,故工作②—⑤可再右移一个时间单位,改为第 5 个时间单位开始;

由于 $R_8 + r_{2-5} = 9 + 7 = 16$,$R_5 = 16$,二者相等,故工作②—⑤可再右移一个时间单位,改为第 6 个时间单位开始;

由于 $R_9 + r_{2-5} = 9 + 7 = 16$,大于 $R_6 = 8$,故工作②—⑤不可右移一个时间单位。

此时,工作②—⑤虽然还有总时差,但不能满足判别式,故工作②—⑤不能再右移。至此,工作②—⑤只能右移 3,改为第 6 个时间单位开始。工作②—⑤调整后的网络计划,如图 3-67 所示。

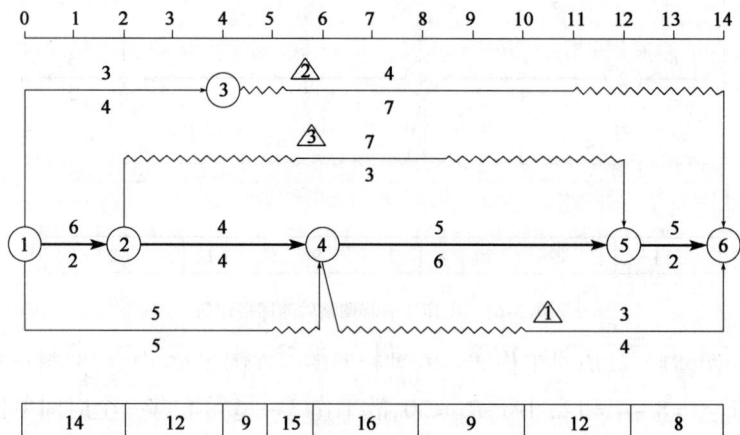

图 3-67 工作②—⑤调整后的网络计划

再次,以节点④为完成节点的工作有两项,即工作①—④和工作②—④。其中工作②—④为关键工作,不能移动,故只能考虑调整工作①—④。

在图 3-67 中,由于 $R_6 + r_{1-4} = 15 + 5 = 20$,大于 $R_1 = 14$,不满足判别式,故工作①—④不可

右移。

再次,以节点③为完成节点的工作只有工作①—③。在图 3-67 中,由于 $R_5 + r_{1-3} = 9 + 3 = 12$,小于 $R_1 = 14$,故工作①—③可右移一个时间单位。工作①—③调整后的网络计划,如图 3-68 所示。

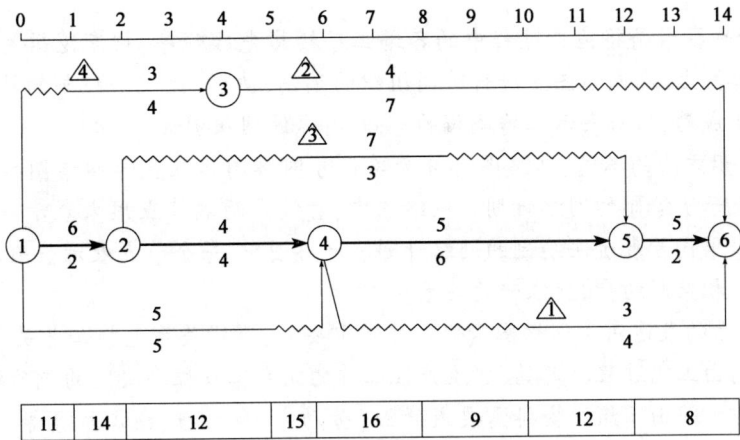

图 3-68　工作①—③调整后的网络计划

最后,以节点②为完成节点的工作只有工作①—②,由于该工作为关键工作,故不能移动。至此,第一次调整结束。

(3)第二次调整

从图 3-68 可知,在以终点节点⑥为完成节点的工作中,只有工作③—⑥有机动时间,有可能右移。按照判别式:

由于 $R_{13} + r_{3-6} = 8 + 4 = 12$,小于 $R_6 = 15$,故工作③—⑥可右移一个时间单位,改为第 7 个时间单位开始;

由于 $R_{14} + r_{3-6} = 8 + 4 = 12$,小于 $R_7 = 16$,故工作③—⑥可再右移一个时间单位,改为第 8 个时间单位开始。

至此,工作③—⑥的总时差已全部用完,不能再右移。工作③—⑥调整后的网络计划,如图 3-69 所示。

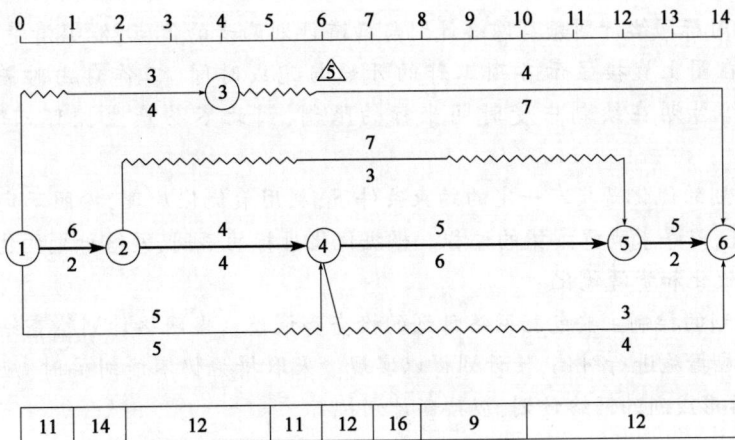

图 3-69　优化后的网络计划

从图 3-69 可知，此时所有工作右移或左移均不能使资源需用量更加均衡。因此，图 3-69 所示网络计划即为最优方案。

项目小结

（1）网络计划技术是将施工过程中的各道工序按其先后顺序、相互逻辑关系及所需要的时间绘制在网络图上，在网络图上进行时间组织的编制、协调、优化和控制的技术。网络图是由箭线和节点组成的，用来表示工作流程的有向、有序的网状图形。

（2）根据表示方法的不同，网络图可分为单代号网络图和双代号网络图。双代号网络计划是以双代号表示法绘制的网络计划。网络图中，箭线和两端节点用来表示一项工作。单代号网络计划是以单代号表示法绘制的网络计划。网络图中，每个节点表示一项工作，箭线仅用来表示各工作间相互制约、相互依赖的关系。

（3）逻辑关系的表达对于网络图来说是非常重要的，逻辑关系包括工艺关系和组织关系。生产性工作之间由工艺过程决定的、非生产性工作之间由工作程序决定的先后顺序关系，称为工艺关系。工作之间由于组织安排需要或资源（劳动力、原材料、施工机具等）调配需要而规定的先后顺序关系，称为组织关系。

（4）双代号网络图的绘图规则：必须表达已定工作间的逻辑关系；严禁出现循环回路；严禁出现无箭头箭线和双箭头箭线；严禁出现没有箭头节点的箭线或没有箭尾节点的箭线；严禁在箭线上引入或引出箭线；当双代号网络图的某节点有多条外向箭线或有多条内向箭线时，为使绘图简洁，可采用母线法绘图，允许多条箭线经一条共用母线引入或引出节点；尽量避免箭线交叉，当交叉不可避免时，要采用过桥法或指向法；只能有一个起点节点，在不分期完成任务的网络图中也应该只有一个终点节点，其他所有节点都是中间节点；任意两个节点之间只能有一条唯一的箭线。

（5）最早时间参数受紧前工作的约束，只有紧前工作完成后本项工作才能进行；从总体上来说，其又受起点节点的制约。因此最早时间参数应该从起点节点开始顺着箭线的方向逐项进行。而最迟时间参数受紧后工作的约束，若本工作没有在紧后工作的最迟开始时间之前完成，就会影响整个任务的按期完成，而对整个网络计划而言，它又受终点节点的制约，因此应当从终点节点开始，逆着箭线方向逐项进行。

（6）双代号时标网络计划兼有网络计划与横道计划两者的优点，能够清楚地表明计划的时间进程。能在图上直接显示各项工作的开始与完成时间，工作自由时差和关键线路。双代号时标网络计划在绘制中受时间坐标的限制，因此不易产生循环回路之类的逻辑错误。

（7）网络计划的优化是指在一定的约束条件下，利用最优化原理，按照既定目标对网络计划进行不断改进，以寻求满意方案的过程。根据优化目标的不同，网络计划的优化主要分类为工期优化、费用优化和资源优化。

（8）网络计划的控制主要包括网络计划的检查和调整。当网络计划检查结果与计划发生偏差，应采取相应措施进行纠偏，使计划得以实现。采取措施仍不能纠偏时，应对网络计划进行调整。调整后形成新的网络计划，应按新计划执行。

一、填空题

1. 网络图是由_____和_____组成的、用来表示工作流程的有向、有序的网状图形。

2. 在网络计划的应用程序中,_____是为了不断积累经验,提高计划管理水平,在网络计划完成后,及时进行总结分析,形成制度。

3. 根据表示方法的不同,网络图可以分为_____和_____。

4. 网络图中的逻辑关系主要有_____和_____两种。

5. _____是指在各项紧前工作 $i-j$ 全部完成后,工作 $i-j$ 有可能开始的最早时刻。

6. 双代号网络图中的时差主要有_____和_____。

7. 根据优化目标的不同,网络计划的优化分为_____、_____和_____。

8. 以时间坐标为尺度编制的网络计划称为_____。

二、选择题

1. 在网络计划中,关键工作是指( )。
   A. 总时差最小的工作　　　　　B. 自由时差最小的工作
   C. 时标网络计划中无波形线的工作　D. 持续时间最长的工作

2. 下列关于网络计划的说法,正确的是( )。
   A. 一个网络计划只有一条关键线路
   B. 一个网络计划可能有多条关键线路
   C. 非关键线路指全部由非关键工作组成的线路
   D. 网络计划中允许存在循环回路

3. 已知工作 E 有一个紧后工作 G。G 工作的最迟完成时间为第 14d,持续时间为 3d,总时差为 2d。E 工作的最早开始时间为第 6d,持续时间为 1d,则 E 工作的自由时差为( )。
   A. 1d　　　　　　　　　　　B. 2d
   C. 3d　　　　　　　　　　　D. 4d

4. 关于双代号网络计划的说法,下列正确的有( )。
   A. 可能没有关键线路
   B. 至少有一条关键线路
   C. 在网络计划执行工程中,关键线路不能转移
   D. 关键工作一定在关键线路上

5. 在双代号网络计划中,关键工作是指( )的工作。
   A. 最迟完成时间与最早完成时间相差最小
   B. 持续时间最长
   C. 两端节点均为关键节点
   D. 自由时差最小

6. 在工期优化、选择优选系数时不须考虑( )。
   A. 压缩时间对质量和安全影响较小

B. 有充足的备用资源

C. 压缩时间所需增加的费用较少

D. 压缩时间对质量、安全影响较大

7. 网络计划优化内容不包括(　　)。

A. 时间优化 　　　　　　　　　　B. 时间—费用优化

C. 资源优化 　　　　　　　　　　D. 施工管理组织优化

8. 关于进度计划调整的说法,正确的是(　　)。

A. 网络计划中某项工作进度超前,不需要进行计划的调整

B. 非关键线路上的工作不需进行调整

C. 当某项工作实际进度拖延的时间超过其总时差时,只需考虑总工期的限制条件

D. 根据计划检查的结果在必要时进行计划的调整

三、判断题

1. 绘制网络图是网络计划技术的基础工作。　　　　　　　　　　　　　　(　　)

2. 根据表示方法的不同,网络图可分为单代号网络图和双代号网络图。　(　　)

3. 双代号网络图的关键线路只有一条。　　　　　　　　　　　　　　　　(　　)

4. 双代号网络图最早时间参数是逆箭线计算的。　　　　　　　　　　　　(　　)

5. 双代号时标网络图是按最晚时间绘制的。　　　　　　　　　　　　　　(　　)

6. 双代号时标网络计划中波形线表示的是自由时差。　　　　　　　　　　(　　)

7. 网络计划的优化主要有工期优化、费用优化和资源优化三种。　　　　　(　　)

8. 网络计划的控制主要包括网络计划的检查和调整。当网络计划检查结果与计划发生偏差,应采取相应措施进行纠偏,使计划得以实现。　　　　　　　　　　　　(　　)

9. 单代号网络图时间参数与双代号网络图时间参数的计算思路一致。　　(　　)

10. 单代号网络图中只有一个起始节点和一个终点节点。　　　　　　　　(　　)

四、简答题

1. 简述横道图与网络图的特点。

2. 简述网络图的逻辑关系。

3. 简述双代号网络图的组成,并分析组成要素特点。

4. 双代号网络图和单代号网络图在表达上有什么不同?

5. 试述网络图的绘图原则。

6. 网络计划有哪些时间参数?含义分别是什么?

7. 关键工作和关键线路有什么特征?

8. 什么是双代号时标网络计划,其与双代号网络计划有哪些不同?

9. 什么是网络计划的优化?网络计划优化的目标有哪几种?

10. 简述工期优化的步骤与方法。

五、绘图题

1. 表3-14为各项工作的逻辑关系,试绘制双代号网络图,进行时间参数的计算,并确定关键线路、关键工作和工期。

施工过程	A	B	C	D	E	F	G	H	I	J	K
紧前工作	—	A	A	B	B	E	A	C、D	E	F、G、H	I、J
持续时间	3	5	5	3	4	5	3	4	3	5	4

2. 按表3-15所示各项工作的逻辑关系,绘制双代号网络图,进行时间参数的计算,确定关键线路、关键工作和工期,并绘制双代号时标网络计划。

工作逻辑关系表　表3-15

施工过程	A	B	C	D	E	F	G	H	I
紧前工作	—	—	—	B	B	A、D	A、D	A、C、D	E、F
持续时间	3	5	5	3	4	5	3	4	3

3. 按表3-16所示各项工作的逻辑关系,绘制双代号网络图,进行时间参数的计算,确定关键线路、关键工作和工期,并绘制双代号时标网络计划。

工作逻辑关系表　表3-16

施工过程	A	B	C	D	E	F	G	H
紧前工作	—	A	B	B	B	C、D	C、E	F、G
持续时间	3	3	1	6	2	4	2	1

4. 根据表3-14～表3-16所列逻辑关系,绘制单代号网络图。

5. 某时标网络计划,如图3-70所示。试确定关键线路,并计算出各非关键工作的自由时差、总时差以及最迟开始时间和最迟完成时间。

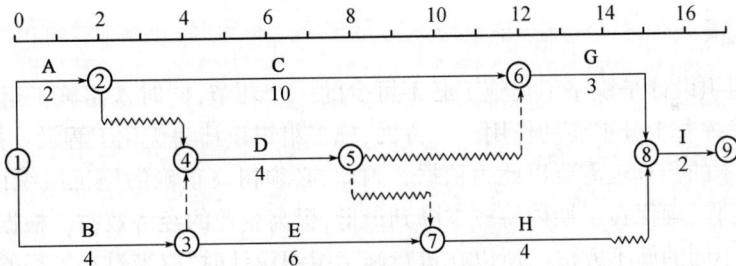

图3-70　某时标网络计划

项目四 铁路工程施工组织设计

任务一 认识铁路施工组织设计

学习目标

1. 掌握铁路施工组织设计的特点、分类和内容;
2. 掌握铁路施工组织设计的基本任务;
3. 掌握铁路施工组织设计的编制依据、编制原则和编制内容。

任务描述

铁路施工组织设计主要是针对施工安装过程中的复杂性和特殊性等,对拟建工程的各个阶段、各个环节以及所需各种资源进行合理安排和优化的一种计划管理活动。因此,根据不同工程的特点进行相应的施工组织设计成为施工安装过程中的一个重要环节。通过本任务学习,学生应掌握铁路施工组织设计的特点、分类和内容。

相关知识

铁路施工组织设计是铁路工程施工必不可少的一个环节,同时铁路施工组织设计在铁路工程施工中也发挥着十分重要的作用。一方面,施工组织设计为优化工程设计提供了基础;另一方面,项目成本的预算也需要以此为依据。因此,必须树立正确的施工组织设计意识,做好施工组织设计工作,确保在工期内将成本降到最低,提高企业的经济效益。根据铁路工程项目的不同,可采用不同的施工方法。所以在进行施工组织设计时,应当对本工程的情况进行充分调查和研究,在遵循施工工艺的前提下对施工过程进行合理安排。对于各种资源要做到物尽其用,同时还要协调好各单位、各部门间的关系,确保工程施工顺利进行。

铁路施工组织设计的主要目的是通过科学、经济、合理的规划安排,充分利用人力、物力和财力,以达到建设项目施工能够连续、均衡、协调地进行,同时满足建设项目对工期、质量及投资方面的要求。

一、铁路施工组织设计的特点

1. 施工组织设计的概念

施工组织设计是指对建筑工程产品(包括建设项目或其单项单位工程、分部分项工程等)施工过程中各要素进行合理组织,即根据拟建工程项目的特点,从人力、资金、材料、机械和施工方法等多方面进行科学合理的安排,使之在一定的时间和空间内,得以有组织、有计划、均衡地施工,以使整个项目在施工中达到技术先进、经济合理、质量优良的目的,并根据施工安装过程的复杂性和具体施工项目的特殊性,尽量保持施工生产的连续性、均衡性和协调性,以实现生产活动的最佳经济效益。施工组织文件是指导工程设计、招标、投标、施工准备和正常施工的基本技术经济文件。

施工组织设计除了用于计划、安排和指导施工外,还是体现设计意图、督促检查工作及编制概(预)算的依据。因此,施工组织设计必须具备下列特征:

(1)合理性。要满足确定的原则和事项既符合当前施工队伍的技术水平和装备能力,又具备一定的先进性,并且通过合理的组织完全可以完成任务。

(2)实践性。施工组织编制的原则和依据不是一成不变的,应贯彻从实际出发,认真调查研究的工作方法。施工组织设计应随着工人熟练程度及劳动生产率的提高,施工方法的改善,新工具、新设备的出现而不断改变,它与长期不变的结构设计是不同的。

(3)严肃性。任何一项铁路施工组织设计一经鉴定或审批成立,即具有法定效力,必须严格执行,不得任意违背。如遇特殊情况必须变更时,须提出理由报请原批准单位审查批准。

2.施工组织的任务

施工组织设计的基本任务是:根据业主对建设项目的各项具体要求,选择最经济、最合理、最有效的施工方案;确定最佳可行的施工进度;拟定有效的技术组织措施;采用最佳的劳动组织,确定施工中劳动力、材料、机械设备等需求量;合理布置施工现场的空间,按照连续生产、均衡生产和协调生产的要求组织,以确保全面高效地完成最终建筑产品。具体体现在以下几个方面:

(1)在具体的工程项目施工中,应按照招标文件的实质性要求和条件,执行国家的法令和政策,遵守施工有关规程、规范和细则。

(2)从施工全局出发,全面规划,确定施工方案,合理安排施工程序,做好施工计划,确定施工进度,选择施工机具,使各环节、各工序互相衔接、协调配合。

(3)合理、科学地计算各项物资、资源和劳动力的需要量,安排好使用的先后次序,以便有效组织和及时供应。

(4)对施工项目必备的材料厂、砂石场、轨排场、桥梁场等进行合理布置,以适应施工作业的需要。

(5)切实、有效地采取施工技术组织措施,做好开工前的各项准备工作。

(6)对重点、难点、控制工期的工程以及施工中可能遇到的问题,分析、构想对策,做到心中有数。

(7)严格制订防护措施,充分做好施工的安全保护、环境保护以及相关的安全防护工作。

3.施工组织的作用

铁路施工组织设计在不同阶段、不同进程、不同部门都有不同作用,主要是发挥规划、组织、协调、指导作用及作为概(预)算编制依据。具体表现在以下几个方面:

(1)指导工程各项施工准备工作。

(2)实现业主需求,进一步验证设计方案的合理性与可行性。

(3)统一规划并协调复杂的施工活动。

(4)对拟建工程实施全方位、全过程的科学管理和监控。

(5)编制铁路施工组织设计,有利于充分考虑施工中可能遇到的困难与障碍,主动调整施工中的薄弱环节,事先予以解决或排除,从而提高对施工风险的预见性,减少施工的盲目性。

铁路施工组织是各阶段进行投资测算的依据,对施工企业的施工计划起决定性和控制性作用,也是统筹安排施工企业生产投入与产出过程的关键和依据。

二、铁路施工组织设计的分类

铁路施工组织设计是一个总概念,因为建设项目的类别、工程规模、编制阶段、编制对象和范围各不相同,因而使得铁路施工组织设计在编制的深度和广度上亦有所不同。另外,国家也没有制定统一的标准。因此,对于铁路施工组织设计,应结合本行业的特点和惯例进行分类。

1.按编制单位的不同分类

(1)设计单位的施工组织设计。

(2)招标单位的施工组织设计。

(3)施工单位的施工组织设计。

(4)监理单位的施工组织设计。

2.按编制对象范围的不同分类

(1)施工组织总设计

施工组织总设计是以某地区中标的某一个合同段或同时中标的多个合同段、一个建筑群或一个建设项目为编制对象,指导施工全过程各项活动的技术、经济等综合性文件。它是整个编制单元所有项目施工的战略部署文件,其涉及范围较广,内容比较概括,是单位工程施工组织设计的编制依据。

(2)单位工程施工组织设计

单位工程施工组织设计是以一个单位工程为编制对象,用以指导其施工全过程的各项施工活动的综合性技术经济文件。它是施工单位编制季度、月份和分部分项工程作业设计的依据。在同时承担几个施工项目,且工程量较小时,可合编一个施工组织设计,有利于综合组织人力、物力的投入和使用。对于单项施工项目,如工期较短,且无特殊要求或配合的单项施工项目,也可采取"技术交底书"的形式,以简化施工组织编制的程序和内容。

(3)分部分项工程施工组织设计

分部分项工程施工组织设计是以分部(分项)工程为编制对象,用以具体实施其分部(分项)工程施工全过程的各项施工活动的技术、经济和组织的综合性文件;是以施工难度较大或技术较复杂的分部、分项工程(如地质情况复杂的基础工程、特大构件的吊装工程、大量土石方的平整场地工程等)为编制对象,指导施工活动的技术、经济文件;是专项工程的具体施工文件,可以结合施工单位的月、旬作业计划,把单位工程施工组织设计进一步具体化。

施工组织总设计、单位工程施工组织设计和分部分项工程施工组织设计,是同一建设项目,不同广度、深度和作用的三个层次。

3.按施工组织深度不同分类

(1)指导性施工组织设计

通常情况下,所有的标前施工组织设计(包括设计单位、招标单位及施工单位的投标施工组织设计)均为方案性施工组织设计,即指导性施工组织设计。另外,习惯上常将上级单位下达给基层单位的施工组织设计统称为指导性施工组织设计。

(2)实施性施工组织设计

工程招标完成后,由中标施工单位编制的施工组织设计,尤其是项目基层编制的施工组织设计均应视为实施性施工组织设计。另外,由于基层单位编制的施工组织设计往往以施工难度较大或技术较复杂的单项、单位,或分部、分项工程为编制对象,所以施工单位编制的单位工程施工组织设计或分部(分项)工程施工组织设计常被视为实施性施工组织设计。

4. 按项目实施阶段不同分类

施工组织设计既是指导施工的战略性部署文件,也是测算概(预)算费用的基础,因此,工程项目进行的每一个阶段都应该有相应的施工组织设计,只是编制时的侧重点不同而已。目前,工程上常用的做法,见表4-1。

铁路施工组织设计分类   表4-1

项 目 阶 段		施 工 组 织 关 系
决策阶段	预可行性研究	概略施工组织方案意见
	可行性研究	施工组织方案意见
设计阶段	初步设计	施工组织设计意见
	施工图设计	施工组织实施意见
招标阶段		指导性施工组织设计
投标阶段		投标施工组织设计
施工阶段(实施性施工组织)		施工组织总设计
		单项或单位工程施工组织设计
		分部或分项工程施工组织设计
		附属工程施工组织设计

对于跨年度的建设项目,因投资或施工环境及所需的人力、物力发生变化,为适应建设单位和施工生产的需求,有时还应编制年度施工组织设计。

三、铁路施工组织设计的内容

1. 铁路施工组织作业的工作内容

铁路基本建设作业的工作内容,主要包括整个建设项目施工过程中的所有环节,由准备作业、辅助作业及基本作业三部分组成。它们之间既有联系,又有区别,因此,一定要将工作内容把握准确,不能混淆。

(1)准备作业

准备作业是指线路施工必要的准备工作,即通常所说的施工准备。施工前为了保证整个工程能按计划顺利实施,必须做好各项必要的准备工作,它是施工程序中重要的环节,应保证其在基本作业施工之前全部完成。

准备作业的基本任务是调查研究各种相关工程施工的原始资料、施工条件以及业主要求等,全面合理地部署施工力量,从计划、技术、物资、资金、人力、设备、组织、现场以及外部施工环境等方面,为拟建工程的顺利施工建立一切必要的条件,并对施工中可能发生的各种变化做好应变准备。因此,不管是整个的建设项目、单项工程,还是其中的任何一个单位工程,亦或是单位工程中的分部、分项工程,在开工之前,都必须进行施工准备。施工准备工作是施工阶段的一个重要环节,也是施工管理的重要内容。

按照工程规模的范围不同,准备作业可以分为施工总准备、单位工程施工条件准备和分部(分项)工程作业条件准备三大类;按照施工阶段不同,准备作业可以划分为项目开工前施工准备及各分部、分项工程施工前的准备两大类。

施工准备的工作内容通常包括技术准备、物资准备、劳动组织准备、施工现场准备、临时工程、辅助作业等。根据工程施工对象的性质、规模不同,施工准备工作的内容和组成也不尽相同。施工准备工作的基本内容主要有两个方面:一是抓规划,编制施工组织设计;二是在施工组织设计的指导下,抓施工条件的落实。一般工程必须的准备工作主要包括组织准备、技术准备、物质准备及现场准备(主要是做好"三通一平"工作,即通水、通电、通路及平整场地)四项主要内容。准备作业的实施工作主要包括编制计划、明确责任以及适时检查等。

(2)辅助作业

辅助作业主要是为铁路工程建设施工而修建的临时工程,辅助作业的一部分应于基本作业开工前完成,而另一部分则可与基本作业同时进行。在施工前应进行现场调查,现场调查工作完成后,应整理好资料,并由调查组负责写出施工调查报告。由于全部辅助作业所占投资比重较大,因此,在保证基本作业施工的同时,应合理安排辅助作业,尽量减少其种类和数量。

铁路工程辅助作业的主要内容,按其使用性质不同可分为大型临时设施和过渡工程、临时房屋及小型临时设施两大类。临时工程的修建主要包括以下几类:

①临时房屋。临时房屋通常由生产房屋和生活房屋两部分组成。生产房屋主要包括机械电力房、工作车间、材料库房、车辆棚等,生活房屋主要包括办公用房、职工宿舍、文化福利建筑等。临时房屋的建筑面积可以根据工程的实际情况,参考铁路相关文件(指标)进行建设。

②临时道路。临时道路包括公路干线和支线,干线和通往重点工程的支线属于"大临"范畴,通往非重点工程及生产、生活居地的支线则属于"小临"范畴。

③铁路便线、岔线。铁路便线与岔线可分为临时通车便线、临时运料便线和临时岔线。修建时标准不需要很高,但必须确保行车安全。便线的最大坡度为15‰(困难地段18‰),坡段最小长度为200m(困难地段为100m),最小曲线半径为300m(困难地段为200m),竖曲线半径为5000m,土质路基宽度为4.9m。轨道标准应尽量与既有铁路相同。

④临时给水。临时工程给水用量包括生活用水、生产用水和消防用水。水的来源主要来自地表水和地下水两种。工程用水量的计算可参照国家相关规定。

⑤临时供电。临时供电负荷的计算有综合用电指标法和综合系数法。工程用电及费用可参照国家规定。

(3)基本作业

凡是为构成铁路工程建筑物(构筑物)的施工作业,亦即建成后作为固定资产移交的项目,均为基本作业。铁路工程由于其管理的特殊性,所以,它的基本作业大体可分为两大类:一类为相互关联的基本作业,即必须按一定顺序或交叉进行施工,如修筑路基、桥梁、隧道、铺砟及路基加固等;另一类为彼此不互相关联或关联较少的基本作业,如房屋建筑、给水、通信设备的修建等。前者称为站前工程,后者称为站后工程。具体的组成和划分如下:

①站前工程。站前工程主要包括路基(及其支挡结构)、桥梁、涵洞、隧道及明洞、轨道、站场建筑设备等。

②站后工程。站后工程主要包括通信及信号、电力、电力牵引供电、房屋、运营生产设备及建筑物等。

2.铁路工程施工组织设计的主要内容

(1)铁路施工组织设计的组成

铁路工程施工组织设计一般由以下三部分组成。

①必要的文字说明,如编制依据、工程概况、现场施工组织及进度、主要项目施工方法、重点项目施工方法、创优规划、各项保证措施(质量保证措施、技术保证措施、冬雨季施工保证措施、工期保证措施、安全保证措施、环境保护措施、廉政保证措施)等。

②必要的图纸,包括施工平面布置图、施工进度示意图、辅助工程的辅助设施设计图、现场组织机构图、网络计划图等。

③相关计划表,如临时用地计划表、临时用电计划表、主要施工机械表、试验及检测设备表、主要材料计划表、进度计划表等。

不同的铁路工程施工组织设计有不同的内容,具体取决于它的任务和作用,因此,必须根据不同的工程项目特点和要求以及现有的施工条件等,从实际出发,决定各种生产要素的结合方式。所以,每个铁路工程施工组织设计的具体内容,都会因工程项目的不同而有所差异。

(2)决策单位的施工组织设计

决策单位的施工组织设计主要包括预可行性研究、可行性研究以及施工组织设计方案比选等内容。通常情况下,为了简化设计时间,一般工程会将预可行性研究、可行性研究合并在一起进行。

预可行性研究主要是制订施工组织的方案意见等内容。主要包括:施工总工期,分段、分期施工安排的意见;施工区段(合同段)划分意见;征地拆迁和移民安置意见;主要工程(指重点土石方、特大桥、高桥、长隧道、铺轨、铺砟等工程)和控制工程的施工方法、顺序、进度、工期及施工关键问题的措施意见;改建铁路解决施工与行车相互干扰的措施意见,包括改变运输组织的意见(如调整运行图、货物分流等)及安全措施;材料供应计划及运输方案;大型临时设施和过渡工程的设置意见及规模、标准和数量;主要工程数量,主要人工、材料、施工机械台班数量;等等。

施工组织方案比选的内容主要包括:施工总工期,分段、分期施工安排的意见;铺轨及控制工程的施工进度与措施;改建铁路解决施工与行车相互干扰的过渡方案;材料供应计划及运输方案;大型临时设施的设置,工程数量及费用;分年度完成的主要工程数量及投资划分;分年度主要人工、材料(三大材、轨料、梁);等等。

(3)设计单位的施工组织设计

随着招投标制度的不断完善,设计单位的施工组织设计主要集中在初步设计阶段编制较为详细的施工组织设计或施工组织计划。在施工图阶段,进行施工图预算或进行投资检算时,往往采用施工组织计划的相关成果,只对部分需要进行更改的内容进行局部调理,而不另行编制完整的施工组织设计。当然,也可以将修改部分纳入施工组织设计而形成新的施工组织设计或施工组织计划。其编制的主要内容如下:

①施工总工期,分期、分段、分区间施工安排(包括施工顺序及进度)。

②施工区段(合同段)划分意见。

③征地拆迁和移民安置意见。

④控制工程和施工条件困难与特别复杂的工程所采取的措施。

⑤主要工程的施工方法、顺序、进度、工期及措施(包括土石方调配意见、重点土石方施工方法及重点取土场地点的选择),施工准备工作(施工准备、砂石备料、临时设施等),与主要工

程配合的措施,以及收尾配套工程的安排意见。

⑥材料供应计划及运输方法。

a.外来材料(厂发料、直发料)来源、运输方法及供应范围。

b.当地材料的来源、生产规模、计划产量、运输方法及供应范围。

⑦大型临时设施和过渡工程。

a.铁路便线、便桥、岔线等的修建地点,标准及工程数量。

b.大型临时辅助设施(包括材料厂、成品厂、轨节拼装场、存梁场、制梁场、路基填料集中拌和场、混凝土拌和站、换装站、施工单位自采砂石场等)的设置地点、进度、规模及工程数量。

c.临时电力、临时给水、临时通信、运输便道(包括渡口、码头、浮桥等)的修建方案、修建地点、标准及工程数量(实地调查和进行必要的设计)。

d.正式工程和临时工程的结合意见。

e.改建铁路解决施工与行车相互干扰和维持通过能力的各项过渡措施意见,过渡工程的修建规模、标准及数量。

f.影响通航、公路交通等的工程,解决施工干扰的过渡措施意见,过渡工程的修建规模、标准及数量。

⑧主要工程数量和主要人工、材料、施工机械台班数量。

⑨分年度施工的主要工程数量及所需主要人工、材料、施工机械台班数量,分年度投资划分。

⑩单项工程施工组织设计主要内容包括施工场地的布置,材料供应方案,分部工程的施工顺序、进度、施工方法、措施意见及有关注意事项等。

(4)施工单位的施工组织设计

①施工单位施工组织的特点。

施工单位各阶段编制的施工组织设计与设计单位、招标单位编制的施工组织设计的最大不同点是实施性,即使在投标施工组织设计中所提出的方案,也须考虑中标后付诸实施。另外,此阶段编制施工组织设计时各种外界因素(如图纸、工期、施工资源、征地拆迁等)已基本确定。因此,施工单位施工组织设计的特点可以用"现实、具体、深入、可行"来描述。

②编制分工与审批权限。

a.投标施工组织设计由各级经营计划部门(投标小组)编制,经主管经营的领导、决策人审批后,作为技标标书的主要内容之一。

b.施工组织总设计,由总承包单位总经理或总工程师组织有关部门编制与审查。批准成立后,上报下达,并指导中标工程总体施工。

c.单项单位工程施工组织设计,由总经理部、项目经理部或项目工程队分管生产的项目经理或总工程师组织有关部门编制与审查,经批准成立后,上报下达,并指导本项工程施工。

d.当工程太大或太复杂,涉及几个单位施工时,由上一级领导负责指定编制单位和参加编制单位,经负责编制单位组织会审,工程项目负责人批准成立后,上报下达,作为施工指导文件。分部分项工程施工组织设计由项目工程队编制,报上一级经理部门审批。

e.路外工程或由经理部独立投标取得的工程,由承揽单位自行编制,重大工程的施工组织经主管经理或总工程师审查批准后,报上级单位备案。

f.凡通过邀标、议标承揽的工程项目的施工组织设计,在本单位批准决定成立的同时,还应根据招标文件要求提交甲方或监理批准。

③实施与修正。

a.施工组织设计一经审查批准成立,各执行单位,应维护施工组织的严肃性,保证其顺利实施。各执行单位要分年度向上级报告执行情况、存在的问题等,编制单位要对实施情况进行定期检查。

b.如因投资、劳力、材料、设备及其他原因,情况发生变化,无法继续执行原施工组织设计时,可由编制单位调整修改。当国家或业主计划改变,对工期、投资有较大变动时,由编制单位全面调整,分管生产的领导审查批准后,上报下达有关单位执行。

c.施工组织设计是编制月旬作业计划的依据。在实施过程中,如有变化,可通过作业计划调整,但当基本条件有原则变化时,应由编制单位全面调整修改,经上级领导审查后执行。

d.由两个以上单位配合施工的工程,其中一个单位要求调整修改施工组织设计时,仍由原编制单位主持修改,有关单位应积极配合。修改施工组织设计按审批程序成立后,上报下达有关单位执行。

虽然施工组织设计有不同的种类,不同的施工组织设计功能也有较大的差异,但其内容组成却极为相似,只是在编制时根据不同的需要,其侧重点不同,深浅程度不一,所描述的对象不同。施工单位的施工组织设计文件主要内容,见表4-2。

施工单位施工组织设计文件组成内容 表4-2

编号	主 要 内 容	施工组织设计类别			
		投标	指导性(总体设计)	实施性	单项或单位
一	编制依据与编制范围	√	√	√	
1	编制依据	√	√	√	√
2	编制范围	√	√	√	
二	工程概况	√	√	√	
1	线路概况(附地理位置图)	√	√	√	
2	主要技术标准	√	√	√	
3	主要工程项目及数量	√	√	√	√
4	自然特征(地形地貌、地质、水温、气象等)	√	√	√	
5	施工条件(交通、水、电、建材等)	√	√	√	√
6	工程特点	√	√	√	
7	其他(民风民俗等)			√	
三	总体施工组织安排	√	√	√	
1	建设总体目标(工期、质量、安全、环保等)	√	√	√	√
2	建设组织机构和任务划分	√	√		
3	施工组织机构、队伍部署和任务划分			√	
4	总体铺架方案	√	√	√	
5	控制工程	√	√	√	
6	征地拆迁和建设协调方案		√	√	
7	总平面布置图和线路纵断面缩图	√	√	√	
四	临时工程和过渡工程	√	√	√	
1	临时工程	√	√	√	
(1)	铺轨基地(存砟场)	√	√	√	

编号	主 要 内 容	施工组织设计类别			
		投标	指导性（总体设计）	实施性	单项或单位
(2)	制(存)梁场	√	√	√	
(3)	轨道板(双块式轨枕)预制场	√	√	√	
(4)	铁路岔线、便线、便桥	√	√	√	
(5)	临时渡口、码头、栈桥	√	√	√	
(6)	混凝土集中拌和站	√	√	√	
(7)	路基填料拌和站	√	√	√	
(8)	汽车运输便道	√	√	√	
(9)	临时电力、给水、通信	√	√	√	
(10)	大型材料厂	√	√	√	
(11)	钢梁拼装厂	√	√	√	
(12)	其他	√	√	√	
2	过渡工程	√	√	√	
五	工程进度计划安排	√	√	√	√
1	开竣工日期及总工期	√	√	√	√
2	施工进度计划安排依据、原则	√	√	√	√
3	主要阶段工程	√	√	√	√
4	各专业工程施工工期	√	√		
5	分项工程施工进度计划			√	√
6	工程形象进度图、横道图及控制网络图	√	√	√	√
六	施工方案	√	√	√	√
1	路基工程				
2	桥涵工程				
3	隧道工程				
4	枢纽和站场工程				
5	轨道工程				
6	通信工程				
7	信号工程				
8	信息工程				
9	电气工程				
10	电气化工程				
11	房屋工程				
12	其他站后工程				
13	改移道路工程				
14	其他(高性能混凝土等)				
15	联调联试				

编号	主 要 内 容	施工组织设计类别			
		投标	指导性（总体设计）	实施性	单项或单位
16	试运行				
七	控制工程和重难点工程（包括高风险工程）施工方案	√	√	√	√
1	×××重点土石方				
2	×××桥梁				
3	×××隧道				
八	资源配置方案	√	√	√	√
1	主要工程材料设备采购供应方案	√	√	√	
2	分年度主要材料设备计划	√	√	√	
3	关键施工装备的数量及进场计划	√	√	√	
4	劳动力计划	√	√	√	
5	投资计划		√	√	
6	临时用地与施工用电计划			√	
九	建设与施工管理措施	√	√	√	
1	施工组织设计与施工方案管理措施				
2	质量管理措施				
3	安全管理措施				
4	工期控制措施				
5	投资控制措施				
6	环境保护措施				
7	水土保持措施				
8	文物保护措施				
9	文明施工措施				
10	节约用地措施				
11	冬季施工措施				
12	雨季施工措施				
13	路基、桥梁沉降控制及观测措施				
14	预警机制和应急预案				
15	其他措施				
十	引用的设计文件与施工规范		√	√	
1	设计文件				
2	施工规范				
十一	进一步研究解决的问题及建议			√	√
十二	施工组织图表	√	√	√	√
1	附表	√	√	√	√
2	附图	√	√	√	√
3	附件			√	

除了以上表中所列的主要内容外,也可以附加下列一些特殊的施工组织内容:

(1)新技术、新工艺、新材料和新设备应用。含"四新"技术的名称和简介、应用部位和范围、注意事项及采取的措施、社会效益和经济效益等。

(2)成本控制。含成本控制目标、降低成本的措施。

(3)施工风险防范。含项目施工风险、风险管理重点、风险防范措施、风险管理责任。

(4)总承包管理与协调。含总承包管理工作内容、管理计划、对各分包单位的管理措施与协调配合措施。

(5)工程创优计划及保障措施。含工程创优计划、创优组织机构、创优保证措施等。

任务二　铁路工程施工组织设计的编制

学习目标

1. 掌握铁路工程施工组织设计的编制依据、编制原则、核心内容;
2. 掌握铁路工程施工组织设计的编制程序和方法;
3. 掌握铁路工程施工方案的选择、施工方法的确定;
4. 掌握铁路工程施工机具的选择、施工顺序的安排;
5. 掌握铁路工程施工进度计划的编制方法;
6. 会计算资源需求量;
7. 能绘制施工平面图。

任务描述

铁路工程施工组织设计的编制内容比较广,需要选择合理的施工方案、计算资源需求配置、绘制施工平面图等,对专业知识和文件的编辑能力要求都较高。通过本任务的学习,学生应掌握铁路工程施工组织设计的编制内容及方法。

相关知识

2018 年中国铁路总公司发布《铁路工程施工组织设计规范》(Q/CR 9004—2018),提出施工组织设计编制目的为"以工程质量和安全为前提,以工期和投资效益为目标,按照依法合规的建设要求,结合工程实际,以施工技术和资源优化为核心,对工程建设进行'全项目、全过程、全要素、全目标'规划与组织"。施工组织的作用不再只是指导施工,施工组织设计已从施工技术文件转变为项目策划和管理文件。

铁路工程投标施工组织设计编制资料是否齐全关系到设计编制内容的好坏,将直接影响投标结果。因此要重视投标施工组织设计的编制。在现阶段铁路工程投标工作中,施工组织设计是投标书中必不可少的内容,是招标方评标的依据之一,是投标工作中的一个重要部分。

铁路工程投标施工组织设计是铁路项目投标的重要文件,它反映了投标单位根据招标文件及设计资料对投标工程在施工生产方面的组织与技术的全面安排,是企业能力和竞争实力的体现。但是在实际的招标工作中,很多施工单位施工组织设计的编制存在大量的疏忽和失误,导致投标工作的失利,因此编制铁路工程投标施工组织设计是铁路施工企业一项重要工作。

一、铁路工程施工组织设计编制依据与方法

1. 铁路工程施工组织设计的编制依据

不同的施工组织设计有着不同的编制依据,但其共同点是必须尽可能地收集编制有关的所有文件与资料,主要包括:建设要求文件、设计文件,建设地区的资料调查,国家或业主对工程工期的要求,上级批准施工组织设计及鉴定意见,现行的有关定额、指标以及施工总结等,施工单位的生产能力,有关技术标准、施工规范、操作规程等,相关协议、决定、合同、纪要及上级文件等资料。

2. 铁路工程施工组织设计的编制原则

随着铁路工程管理理论的不断发展及管理水平的不断提高,施工组织设计内容、内涵及外延的涉及范围越来越广,涉及内容越来越多,相应地对编制者的专业水平、文字水平、计算机水平甚至美学水平的要求也越来越高。同时,我国的建设工程投资规模越来越大,结构也越来越复杂,这更增加了施工组织设计的编制难度。进行施工组织设计一般应遵循以下原则:严格执行基本建设程序;科学安排施工顺序;厉行节约、降低成本;尽量采用先进的施工方法和施工工艺,积极而慎重地采用新技术、新结构、新材料、新设备;采用网络计划技术组织连续、均衡而有节奏地施工,保证人力、物力充分发挥作用;大力推行工厂、机械法施工;落实季节性施工措施,实现常年不间断施工;深入实际、深入群众,认真调查研究,做好施工方案比选;因地制宜、就地取材;支援工农业生产、节约用地,注意水土保持与环境保护。

3. 铁路工程施工组织设计的核心内容

施工方案、进度计划、资源需求及平面布置是施工组织的核心内容,其表现形式通常是通过"三图两表"来表达。其中"三图",即施工平面布置图、施工进度计划图和网络计划图,主要表达平面布置和进度计划;"两表",是指材料计划表、机械设备配备表,主要表达资源需求计划与安排。因此,必须高度重视施工组织设计核心内容的编写,以确保施工组织设计文件质量。

(1)施工方案

施工方案是指工、料、机等生产要素的有效结合方式。确定一个合理的结合方式,也就是从若干方案中选择出一个切实可行的施工方案来,是编制施工组织设计首先要确定的问题,也是决定其他内容的基础。施工方案的优劣,在很大程度上决定了施工组织设计的质量和施工任务完成的好坏。

(2)施工进度计划

施工进度计划是施工组织设计在时间上的体现。进度计划是组织与控制整个工程进展的依据,是施工组织设计中的关键内容。因此,施工进度计划的编制要采用先进的组织方法(如立体交叉流水施工)、计划理论(如网络计划、横道图计划等)以及计算方法(如各项参数、资源量、评价指标计算等),综合平衡进度计划,规定施工的步骤和时间,以期达到各项资源在时间、空间上的合理利用,并满足既定的目标。施工进度计划包括划分施工过程、计算工程量、计算劳动量、确定工作天数和工人人数或机械台班数,编排进度计划表及检查与调整等项工作。另外,为了确保进度计划的实现,还必须编制与其适应的各项

资源需要量计划。

（3）施工现场平面布置

施工现场平面布置是根据拟建项目各类工程的分布情况，对项目施工全过程所投入的各项资源（材料、构件、机械、运输、劳力等）和工人的生产、生活活动场地作出统筹安排。通过施工现场平面布置图或总布置图的形式表达出来，它是铁路工程施工组织设计在空间上的体现。因为施工场地是施工生产的必要条件，合理安排施工现场，绘制施工现场平面布置图应遵循方便、经济、高效、安全的原则，以确保施工顺利进行。

（4）资源需要量及其供应

资源需要量是指项目施工过程中所必须消耗的各类资源的计划用量，包括劳动力、建筑材料、机械设备及施工用水、电、动力、运输、仓储设施等的需要量。各类资源是施工生产的物质基础，所以，必须根据施工进度计划，按质量、品种、工种、型号等有条不紊地准备和供应。

4.铁路工程施工组织设计的主要环节

铁路工程施工组织设计的环节根据工程类型的不同而有所差异，但其主要环节基本都包括以下几个方面：

（1）计算工程量，拟定工程量清单。

（2）选定重点或难点工程，确定施工方案。

（3）计算资源需求，排定施工进度。

（4）进行平面设计，平衡劳动力。

5.铁路工程施工组织设计的程序与方法

不同的施工组织设计因编制对象不同、深浅度不同，其编制程序也略有差异，不论何种施工组织设计，在具体的编制过程中都没有严格的程序可遵循，也不可能通过某一固定程序完成施工组织设计，所以就需要在编制时互为条件、互为补充、互相对比、互相完善，这是一个较为复杂的系统过程。

（1）概略施工组织方案意见的编制方法

根据沿线自然条件、经济状况、近期及远期发展规划和国家有关政策，参考类似建设项目情况，结合全线工程量分布和踏勘资料进行编制。

（2）施工组织方案意见的编制步骤与方法

根据初测阶段施工组织调查资料，按国家或业主的修建计划、工期要求、投资安排，结合建设项目的特点，从技术可行性和经济合理性等方面进行全面研究、分析，均衡分配劳动力、物资、机械设备的投入，拟订最佳施工组织方案。

（3）施工组织计划编制方法

参照可行性研究阶段编制施工组织方案意见的方法，在批准的施工组织方案意见基础上，依据定测施工组织调查资料，优化、细化施工组织方案，对施工总工期进行必要调整，主要侧重以下内容：

①施工区段的划分，应考虑地形、工程量分布、控制工程的位置等因素后合理确定。

②控制工程、施工条件困难和特别复杂的工程，应提出切实可行的措施和意见。

③主要工程应按路基、桥涵、隧道（包括明洞、棚洞）、铺架（包括铺轨、铺渣、架梁）、房屋、通信、信号、电力、电力牵引供电和其他运营生产设备及建筑物，逐项提出施工方法、顺序、进度、工期及措施。

④材料供应计划,主要确定材料来源、运输方法及供应范围。

⑤大型临时设施和过渡工程。

⑥根据分年度安排的工程数量,计算分年度人工、材料、施工机械台班数量及分年度投资划分。

⑦施工组织进度示意图和施工总平面布置示意图,应根据定测资料和初步设计有关数据绘制。对单项工程施工组织设计工点,应绘制单项工程施工组织进度示意图。

6. 实施性铁路工程施工组织设计编制方法

铁路工程施工单位的各种实施性施工组织设计,与设计单位施工组织计划的编制方法相类似,只是此时各种不可知因素均已明确,因而编制依据更为翔实,针对性更强,故施工组织设计更为现实,更为具体,更为深入,强调的是实施性和可行性。

二、施工总体部署

施工总体部署包括的内容很多,概括起来主要有以下几项内容:

(1)施工方案的比选。

(2)施工方法的确定。

(3)施工机具的选择。

(4)施工顺序的安排。

(5)施工任务(管段)的划分。

其中,前三项属于施工方案中的技术问题,后两项属于施工方案中的组织问题,需要注意的是,机械的选择中也含有组织问题,如机械的配套等;在施工方法中也有顺序问题,它是技术要求不可轻易改变的顺序,而施工顺序则专指可以灵活安排的施工顺序。技术方面是施工方案的基础,但它同时又必须满足组织方面的要求。施工的组织影响施工的技术,同时也会将整个施工方案同进度计划联系起来,从而反映进度计划对施工方案的指导作用,这两方面是互相联系而又互相制约的。另外,为把各项内容的关系更好地协调起来,使之更趋完善,为其实现并创造更好的条件,施工技术组织措施也就成为施工方案各项内容的必不可少的延续和补充,也成为施工方案的有机组成部分。

1. 施工方案的选择

施工方案的选择是施工组织设计中最重要的环节之一,它是决定整个工程全局的关键。因为施工方案一经决定,整个工程施工的进程、人力、机械的需要和布置、工程质量及施工安全、工程成本、现场状况等也就随之明确。施工组织的各个方面都无一不因与施工方案发生联系而受到重大影响。施工方案的优劣,在很大程度上决定了施工组织设计的质量和施工任务完成的好坏。

施工方案的基本要求是切实可行、满足工期,确保质量与安全,施工费用最低。

2. 施工方法的确定

各个施工过程均可以采用不同的方法进行施工,而每一种方法都有其各自的优点和缺点,因此,确定施工方法的主要任务在于从多个能够实施的施工方法中,选择适合本工程的最先进、最合理、最经济的施工方法,从而达到降低工程成本和提高劳动生产率的效果。

施工方法的确定取决于工程特点、工期要求、施工条件等因素,所以各种不同类型工程的施工方法有很大差异。对于同一种工程,其施工作业方法也有多种可供选择,所以必须进行多种方案比选。

(1)方案比选应遵守的主要原则包括:

①统筹兼顾、全面安排,突出重点、照顾一般,解决需要与可能的矛盾;

②合理利用顺序、平行、流水施工作业的优点,运用网络计划进行方案优化;

③合理调配劳动力、材料及机具设备,做到综合平衡、均衡生产;

④集中力量打歼灭战,做到修一段、通一段、用一段;

⑤采用有效措施,做到常年不间断施工,避免因劳动力大上、大下、停工、窝工等造成损失。

(2)方案比选的内容,不必包括铁路的全部工程,而只需将路基土石方、桥隧建筑物、铁路正线铺轨和铺砟等主要工程作为对象进行方案比选即可。方案比选一般应包括以下内容:

①施工总期限及分期、分段施工安排的期限;

②重点工程及控制工期工程的施工进度与措施;

③改建工程中,解决施工与行车相互干扰的方案;

④大型临时设施或过渡工程数量和费用;

⑤材料供应运输方案及运输费用;

⑥所需劳动力、材料、成品、施工机具的数量;

⑦工程造价是否经济合理和技术上是否可行的意见;等等。

3.施工机具的选择

施工方法一经确定,其机具的选择就应以满足它的需求为基本条件。但是,在现代化施工条件下,许多时候是以选择施工机具为主来确定施工方法的,所以施工机具的选择往往成为主要问题。因此,在选择施工机具时,应注意以下几点:

(1)只能在现有的或可能获得的机械中进行选择。

(2)所选择的机具必须满足施工的需要,但又要避免大机小用。

(3)选择机具时,要考虑互相配套,充分发挥主机的作用。

(4)在选择施工机具时,必须从全局出发,不仅要考虑在本工程或某分部工程施工中使用,还要考虑同一现场上其他工程或其他分部分项工程是否也可以使用。

4.施工顺序的安排

施工顺序通常多种多样,但它也有一定的规律可循,我们要紧紧抓住决定施工顺序的基本因素,仔细分析各种不同施工顺序的前提条件和实施效果,作出最佳的施工顺序安排。

(1)安排施工顺序的原则

①必须符合工艺要求;

②必须使施工顺序与施工方法、施工机具相协调;

③必须考虑施工的质量要求;

④必须考虑水文、地质、气候等的影响;

⑤必须考虑影响全局关键工程的合理施工顺序;

⑥必须遵从合理组织施工过程的基本原则;

⑦必须考虑安全生产的要求;

⑧应能使工期最短。

(2)一般施工顺序原则要求

在安排施工顺序时,要先考虑施工队伍劳动力及主要机具、设备的转用、均衡生产、分期投资等因素。因此,应在总工期许可的范围内,分期分批施工。首先安排好重点工程(重点土石方、特大桥,复杂大桥、高桥、长隧道等)施工顺序,然后再考虑一般工程。凡控制全线总工期的重点工程应先开工,必要时提前准备、提前开工。铁路邻近铺轨起点的工程也应首先开工,以保证铺轨循序向前推进。

①施工准备

施工准备是为施工创造条件,争取早日开展施工的一项重要工作,应从思想、组织、技术、物资、现场全面规划,配备足够的力量,留有足够的时间,与基本工程配合分批进行。施工准备应做到运输道路、电力、通信线路尽快贯通。临时房屋、施工供水及工作场地等修建齐备,起到密切配合施工需要的作用,施工准备的时间一般为 $2 \sim 4$ 个月。

②路基工程

包括路基、路堤及与其有关的附属、加固、挡土墙等工程。每一施工区段准备工作完成后即可开工,亦可与小桥、涵洞同时开工,但竣工应落后于桥涵工程,并在铺轨前 $10 \sim 15d$ 完成,以便复核水平、复测定线、整修路基面及边坡,以及在正线上铺底砟。土石方工程与各项工程的施工都有关联,因此,必须相互配合、相互利用、减少干扰、降低费用,以保证施工质量。如路基填方,除应充分利用路堑挖方进行移挖作填外,应尽量利用隧道弃砟,改河、改沟、改移道路、修建运输道路等方式弃方。桥涵等基础的大量挖方回填后有剩余者,也应考虑加以利用。同时路基的大量弃方,亦可用作便线、便道、桥涵缺口、岔线等工程的填料。一般在隧道口的路堑应尽量提前施工,为隧道施工提前进洞创造有利条件。路堤配合隧道施工,最好与隧道统一管理。桥群地段土石方如爆破开挖对建筑物有影响时,最好提前施工。站场范围内的土石方工程如数量过大,须火车运土,采用大型机械施工。对工程列车或临时运营没有影响时,亦可考虑于铺轨后完成。

③桥涵工程

在土石方开竣工期限确定的基础上,根据基础类型、洪水季节以及机具转用、材料运输等问题,安排桥梁工程的开竣工期限及流水作业。一般应在路基土石方完工前 $0.5 \sim 1.5$ 个月完工,以便有充分的时间,做好锥体护坡填土、桥头填土及涵洞顶部填土等工作。同时考虑混凝土及砌筑圬工的强度达到能承受上部荷载所需要的时间,特殊情况尚须具体计算后确定。小桥涵的开工一般应安排在路基土石方之前,也可同时开工,必须在洪水期施工的桥梁工程,应采取一定措施保证施工安全顺利开展。

桥、隧相连地段,应结合具体情况研究路基、桥梁、隧道施工顺序,注意石方爆破、隧道弃砟的干扰、石方的利用、施工场地安排等因素。一般可先安排桥,待其挖基及圬工砌出地面后,再进行路基施工。砌好的墩台,应避免受爆破的影响,必要时可覆盖防护。有时因地形陡峻,施工场地布置困难,桥头、洞口的路基可先施工,以便堆置料具及开辟施工场地。但路堑弃砟应避免堆置于桥墩台基础附近,以免影响基础施工。导流堤应在可能被水淹没地带的路堤填筑前修建或同时修建。

④隧道工程

长大隧道或隧道群地段,应提前施工并与隧道口的桥涵工程密切配合。一般应在桥基或涵洞完工后开工,在铺轨前 $2 \sim 3$ 个月完工,以便有充分的时间检查整修,进行整体道床施工、场地清理等工作。一端洞口地形险陡,便道引入困难,另一端路基填土借土困难,在工期允许的条件下,可以考虑单口施工,一端出渣。短隧道有时为了配合长隧道的出砟和解决路基的填料问题,可以考虑提前打通,作为运输通道使用,解决施工困难问题。

⑤轨道工程

应在土石方完工后半个月开始铺轨。一般正、站线铺轨可分别进行,但在正线铺轨时尚应考虑包括站线的一股道及两副道岔,以方便铺轨及运料列车的利用,而其他站线则可利用架桥间隙铺设。

⑥铺砟工程

应事先落实砟源及运输方案。若控制工期,则须采取措施,优先安排铺砟进度线,然后再考虑铺轨方案。铺第一层道砟后,必须通过充分的碾压后才能铺设第二层道砟,一般必须通过50对列车的碾压。

⑦铁路站后工程

站后工程施工安排,应配合通车需要或铺轨进度逐步完成,并在交付使用前1~2个月全部完成。

⑧结束工作

结束工作主要是指最后一层面砟铺完到正式交付使用的收尾工作,包括线路沉落整修、交接验收工作等,一般应有1~2个月时间。

(3)铁路铺轨方案

①铺轨方案与各类工程施工的关系

铺轨必须控制在总工期内进行。全线铺通后,要预留一段时间,进行站后配套工程施工和验收交接工作。一次建成的电气化铁路工程,应安排集中时间进行电气化工程施工。确定铺轨时,首先要考虑控制工期的工程和关键部位,要集中人力、物力和机械,以确保工程按期完工。在不能连续铺轨时,可先铺轨到关键工程附近,待完成关键工程后再继续铺轨。也可采取便线绕行,待关键工程完工后,再转入正线铺轨。一般路基、桥涵、隧道工程,应在铺轨前完工。房建、给排水以及电气化预埋构件等部分站后工程,可与线下工程同时施工。

②铺轨方案的确定

对于新建铁路干线,因线路较长,多采用分期施工、分段铺轨。铺轨的起始点,要考虑铺架基地和接轨站的位置,而终点一般安排在编组站或区段站,便于机车作业。如果由接轨站向终点站单向铺架时,既要考虑满足总工期和分段工期的要求,又要考虑铺架基地的位置和规模。另外,当两端均与既有线接轨或在线路中间有现有线接轨时,可采用从两端或多头铺轨的方法,但应考虑轨料供应、储存及轨节拼装场等各方面的条件。

5. 管段(标段)的划分

(1)划分的范围

对于设计单位施工组织设计,应根据施工期限、施工进度、流水作业的需要适当划分施工段落,此外不必进行较细的区段划分,但须按业主要求提出"标段"划分建议。对于招标单位施工组织设计,则必须对标段进行明确划分或对既定的标段进行均衡检算;而对于施工单位的施工组织设计,因标段已定,主要是内部不同项目施工队之间进行区段或管段的划分。

标段划分,不仅是概算编制单元的主要依据,同时也涉及招标投标的系列工作、区段或管段划分以及施工单位的施工计划与任务安排。因此,施工区段(标段)划分必须审慎、全面地进行调查研究和分析。

(2)划分的原则

①根据沿线工程分布、工程量大小,结合施工单位劳动力、机具配备情况来考虑。

②最好与地方行政区划分相结合,考虑省、自治区、市、县所辖范围。

③控制工期的重点工程及地段,可单独划为一个区段。

④从全线及总工期全面考虑,各标(区)段的工作任务要平衡,工程量要饱满。

⑤考虑不同地区的划分,以方便概算的编制与调整、成本分析、指标统计。

(3)划分时应注意的事项

①应考虑土石方调配中利用和取弃土位置以及隧道出砟的利用。

②对长大干线和既有线技术改造,应考虑铁路局的管辖范围。

③在线路展线中还应考虑相互之间施工干扰的因素。

④一般不应在桥隧建筑物中间、车站内、高填方中间及曲线上分界,最好在直线地段填挖交界处划分。

⑤通常以独立施工的单位工程为界。

⑥具体划分时,应考虑各项目作业队伍的工作平衡、施工中的总体性、管理上的合理性等因素,不可硬性划分。

三、铁路工程施工进度安排

1.铁路工程施工进度计划的作用

施工进度计划是指根据施工部署,对整个工地上的各项工程要作出时间上的安排,它是控制工程施工进度和工程竣工期限等各项施工活动的依据,施工组织工作中的其他有关问题都要服从进度计划的要求。如计划部门提出月、旬作业计划,平衡劳动力计划,材料部门调配材料、构件,设备部门安排施工机具的调度,财务部门制订用款计划,等等,均须以施工进度为基础。

施工进度计划不仅反映工程从施工准备工作开始直到工程竣工为止的全部施工过程,同时也反映了工程建筑与安装的配合关系,分部工程及工序之间的衔接关系。所以,施工进度计划有利于管理部门抓住关键,统筹全局,合理布置人力、物力、财力,正确指导施工生产活动;有利于工人群众明确目标,更好地发挥主动精神;有利于施工企业内部及时配合、协同作战。

2.铁路工程施工进度图的形式

施工进度图通常是以图表的形式来表示的,其主要形式有横道图和网络图两种。

(1)横道图

横道图主要由两大部分组成,其左面是项目内容,右面是进度指示图表,用横向线条形象地表示子项目的施工进度,线的长短表示施工期限,线的位置表示施工过程。这种表示方法比较简单、直观、易懂,容易编制,但有以下缺点:各子项目的相互关系不明确;施工日期和施工地点无法表示,只能用文字说明;工程数量实际分布情况不具体,仅反映平均施工强度。它适用于绘制集中性工程进度图、材料供应计划图,或作为辅助性的图示附在说明书内用来向施工单位下达任务。

(2)网络图

用网络图来表示施工进度,不但能反映施工进度,更能清楚地反映各个工序、各个施工项目之间错综复杂、相互联系、相互制约的生产和协作关系。不论是集中性工程,还是线型工程,都可以用网络图表示工程进度,因此,这是一种比较先进的工程进度表示形式,施工现场已大力推广使用。

3.铁路工程进度计划的编制步骤

施工进度计划通常是根据工程的全部施工图纸及有关资料、上级或合同规定的开竣工日期、主要工程的施工方案、劳动定额和机械使用定额、劳动力及机械设备供应情况等编制的。其具体编制程序如下：

(1)划分施工项目,确定施工方法

在编制单位工程施工进度计划时,首先要划分施工项目的细目,即划分为若干种工序、操作,并填入相应的栏内。划分时应注意：

①划分施工项目应与施工方法相一致,使进度计划能够完全符合施工实际进展情况,真正起到指导施工的作用。

②划分施工项目的粗细程度一般要按施工定额(施工图阶段按预算定额)的细目和子目来填列,这样既简明清晰,又便于查定额计算。

③施工项目在进度计划表内填写时,应按工程的施工顺序排列(指横道图),而且应首先安排好主导工程。

④施工项目的划分一定要结合工程结构特点仔细分项填列,切不可漏填,以免影响进度计划的准确性。

选择施工方法首先要考虑工程的特点和机具的性能。其次,要考虑施工单位所具有的机具条件和技术状况。最后,还要考虑技术操作上的合理性。另外,确定施工方法后,还应根据具体条件选择最先进合理的施工组织方法。

(2)计算工程量与劳动量

根据编制对象的全部项目内容拟定工程数量清单,或核算已有工程量清单的工程量。子项目划分的粗细,应根据施工组织的种类来决定,一般较施工组织设计对象深,但不宜太深、太细,可按确定的工程项目的开展程序排列,应突出主要项目,一些附属、辅助工程、小型工程及临时建筑物可以合并。计算各子项目工程量的目的是为了正确选择施工方案和主要的施工、运输、安装机械,计算各项资源的需要量。因此工程量计算只需粗略计算,可按初步(或扩大初步)设计图纸并根据各种定额手册进行计算。常用的定额、资料有以下几种：

①概算指标和扩大结构定额。这两种定额分别按建筑物结构类型、跨度、层数、高度等分类,给出相应的劳动力和主要材料消耗指标。

②每万元、每十万元投资工程量、劳动力及材料消耗扩大指标。这种定额规定了某一种结构类型建筑、每万元或十万元投资中劳动力、主要材料等消耗数量。

③标准设计或已建的同类型建筑物、构筑物资料。在缺乏上述几种定额手册的情况下,可根据标准设计或已建成的类似工程实际所消耗的劳动力及材料,加以类推,按比例估算。但是,由于与在建工程完全相同的已建工程是没有的,因此在采用已建工程资料时,一般都要进行换算调整。这种消耗指标都是各单位多年积累的经验数字,实际工作中常用这种方法估算。

(3)确定各建筑物或构筑物的施工期限

建筑物或构筑物的施工期限,应根据合同工期、施工单位的施工技术力量、管理水平、施工项目的建筑结构特征、建筑面积或体积大小、现场施工条件、资金与材料供应等情况综合确定。确定时,还应参考工期定额。工期定额是根据我国各部门多年来的施工经验,在调查统计的基础上,经分析对比后制定的。

①确定各建筑物或构筑物的开竣工时间和相互衔接关系

在施工部署中已确定了总的施工期限、总的展开程序,再通过对各建筑物或构筑物施工期限(工期)进行分析确定后,就可以进一步安排各建筑物或构筑物的开竣工时间和相互搭接关系及时间。在安排各项工程搭接施工时间和开竣工时间时,应考虑下列因素:

a.同一时间进行的项目不宜过多,以避免人力、物力分散。

b.安排施工进度时,应尽量使各工种施工人员、施工机械在全工地内连续施工,尽量组织流水施工,从而实现人力、材料和施工机械的综合平衡。

c.要考虑冬雨等季节影响,以减少施工措施费。如一般大规模土方和深基础施工应避开雨季,水中桥墩要避开洪水季节,大批量的现浇混凝土工程应避开冬季。

d.结合网络图和进度垂直图进行,以使施工连续均衡。

②安排施工进度

施工总进度计划可以用横道图表达,也可以用网络图表达。由于施工总进度计划只起控制性作用,因此不应过细。若把计划编得过细,由于在实施过程中情况复杂多变,调整计划反而不便。当用横道图表达总进度计划时,项目的排列可按施工总体方案所确定的工程开展程序排列。横道图上应表达出各施工项目的开竣工时间及其施工持续时间。施工总进度计划表绘制完后,应对其进行检查。

(4)施工进度图的绘制

在绘制施工进度示意图时,要特别注意以下几个问题:

①严格遵守施工期限,合理安排、留有余地。

②分清工程主次,统筹兼顾,保证主体工程和关键工程按期完成。其他工程要为关键工程创造有利条件,并同步完成。

③按施工方案确定施工顺序,均衡地安排好辅助工程的施工时间,做到人力、物力、财力合理利用,求取最大经济效益。

④重视各项准备工作,使施工进度建立在可行的基础上。

⑤尽可能使各项工程在有利的条件下进行,避免冬季、雨季、夏季产生的不利于施工的影响因素,并采取措施全天作业。

四、资源需求计算

准确地进行资源需求计算,是高水平施工组织设计的基本要求,因为它是使施工方案和进度计划合理恰当的依据,一般应满足下列原则:

(1)资源估测要最大限度地接近企业当时当地承揽工程的实际需要;

(2)可通过网络计划进行资源分配与平衡;

(3)要考虑本企业当时既有的机械化程度;

(4)参照企业历年的工作效率水平、工人的基本素质和最大可能发挥的操作水平;

(5)考虑工程自身的难易程度、工期要求、工程特点等;

(6)注重主要工程、关键工序,确保重点,兼顾一般;

(7)准确计算主要资源,合理估测一般资源;

(8)尽可能采用企业定额,尤其是企业施工定额。

1.劳动力计算

（1）劳动力数量

劳动力数量，是安排施工、绘制施工进度图、计算工人数、估算临时房屋、检算施工组织安排合理性的关键指标。要正确计算劳动力数量，可从下列三个方面来考虑。

一是现场施工人员的组成。我国基建工程正推行项目法管理，而项目法管理又有许多模式，如项目总承包、施工总承包、单项或阶段性项目管理。不同的管理模式，其现场人员不仅组成不一样，而且所占比例也各不相同。但施工总承包单位通常都是由生产工人、管理人员、服务人员、其他（如病、事假）人员、临时劳动力等组成的。

二是定额手册劳动定额包含的内容。劳动定额也可以称为人工定额、工时定额或工日定额，它反映了建筑安装工人劳动生产率的平均先进水平，不仅体现了劳动与产品之间的相互关系，而且还体现了劳动配备与组织之间的关系，是计算完成单位合格产品或单位工程量所需人工的依据。但它仅指直接从事建筑安装工程施工（包括附属企业）的生产工人，不包括材料采购及保障人员、材料到达工地以前的搬运及装卸工人、施工机械驾驶人员及运输工人、由管理费支付工资的人员等。

三是正确处理定额的水平。定额水平是对定额的高低、松紧程度的描述，它是一个部门或一个企业在一定时期内，在一定的物质技术条件下，对管理水平、生产技术水平、劳动生产率水平和职工思想觉悟水平的综合反映。要正确估测劳动力需求，就要正确处理定额水平的高低。因此，在使用定额时应注意下列问题：定额不同，水平不一；时间不同，水平不同；单位不同，水平有别。

（2）劳动力计算过程

通过以上分析，在计算劳动力时，我们所依据的依然是定额，但要对所计算的结果进行校正、分析和处理，而最基本的是先计算各分部分项工程的基本劳动力。

①计算分部分项工程劳动力

分部分项工程劳动力是完成基本工程所需的劳动力（包括工地搬运及备料、运输等劳动力），除备料运输劳动力须另行计算外，其余均可根据定额计算，无论当时当地采用何种定额，都能较为准确地计算出劳动力，但应注意正确处理相关系数。

人力施工劳动力的需要量可按下式计算：

$$P = \frac{W_r \times q}{T_Z} \times S_1 \times S_2 \times S_3 \times S_4 \tag{4-1}$$

式中：P ——相关工程劳动力（人）；

W_r——工程数量；

q ——工程劳动定额；

S_1 ——不同定额之间的幅度差；

S_2 ——不同时间的定额幅度差；

S_3 ——企业定额与统一定额的幅度差；

S_4 ——不可预见因素的修正系数；

T_Z——日历施工期内的实际工作天数（按 8h 计），等于日历天数 T_e 乘以工作日系数 0.7（0.6），再乘以气候影响系数 K、出勤率 c 及作业班次 n，即

$$T_Z = T_e \times 0.7(0.6) \times K \times c \times n$$

②计算定额未包括人员

定额未包括人员主要有：材料采购及保管人员，材料到达工地以前的搬运、装卸工人等人

员;施工机械、运输工具的驾驶员及养护维修人员等;由管理费支付工资的人员。另外,由于推行项目法管理以及施工队伍向知识密集型发展,涉及相关人员的计算可简化,具体方法如下:

a. 施工干扰增加劳动力。根据有干扰的工程及不同行车对数的劳动定额增加百分比,可以把增加的劳动定额放到单项定额内计算,也可以使用统一定额计算后,另计增加部分。

b. 机械台班中的劳动力。该项劳动力及驾驶员人数,随机械化程度而变化。可按各类机械台班总量乘以台班劳动定额求得,也可以按机械配备数量,根据各种机械特点,配备驾驶员。根据以往经验和资料,该项劳动力占基本劳动力的4%~7%。

c. 备料、运输劳动力。此项劳动力,随圬工数量的多少而变化,并随着机械化、工厂化水平不断发展而减小。为了简化计算工作,各企业应自己统计历史约占基本工程劳动力百分比(如20%~30%),或根据项目特点,对外发包。

d. 管理及服务人员。由项目经理统一组织,也可按项目定员估算,一般可按基本劳动力的15%~25%估算,项目越大,比例越小。

(3)绘制时标网络计划,统计劳动力数量

当分部分项工程劳动力求出后,对其分析统计,得出相应单位或单项工程的劳动力数量,进而再分析统计工程项目所需劳动力数量。方法是根据施工组织设计所拟订的方案绘制时标网络计划,并按"工期一定、资源均衡"的原则进行优化与调整。即在工期不变的情况下,使劳动力分配尽量均衡,力求每天的劳动力需求量基本接近平均值。只有按这种方法对劳动力进行配备,才不会造成现场的劳动力短缺,也不会形成窝工现象。

(4)综合估算

直接参加施工的劳动力工天数(包括施工单位开采砂、石,工地预制成品、半成品所需的劳动力和临时工程所用的劳动力),可按定额或综合指标估算。编制施工组织总设计,时间紧或要求不高时,也可采用劳动力指标进行估算,劳动力指标可在平时的施工组织设计中自行总结积累,也可根据定额计算后综合扩大,再结合本企业实践进行编写。

2. 主要材料计算

(1)主要材料内容

包括各类工程(施工准备、基本工程、辅助工程等)的主要材料、成品、半成品等。

(2)计算方法

①主要材料和特种材料

材料的计算可用定额估算,部分材料也可直接通过图纸进行统计。显然,计算工程所需材料,最准确的方法就是用设计图纸逐项进行计算。所以施工组织设计中有条件用设计图纸时,尽量通过图纸计算。至少三种主要材料(钢材、水泥、砂石料)和特种材料(如防水剂、铁路道砟等)不宜用定额估算,需要通过图纸计算得出。方法如下:

a. 钢材。数量大,单价高,是材料的特点,可根据设计图纸所提供的数据逐项分类进行统计,至分类总数量得出后,再根据损耗定额计算损耗量。净用量加损耗量,即为所需数量。

b. 水泥。可先按不同圬工统计圬工量,再按基本定额计算水泥用量。

c. 砂石料。一方面将已统计的圬工方中所需砂石算出,再统计非圬工方所用砂石数量,二者相加即为所求。

d. 特种材料。据设计图统计或计算相加即得。

e. 工地成品厂预制的成品、半成品,应计列原材料数量。价购的成品、半成品,则仅统计其不同品种的数量。

f. 利用本建设项目拆除或开挖出来的材料,另行列表,注明来源、数量。

g. 大型临时设施和过渡工程的用料,应考虑周转倒用等情况计列数量,并加以说明。

②一般通用材料

当无法按图计算材料时,或对于资源计算中一般通用性材料(如木材、火工品、工具用料等)的计算,只能根据定额或综合指标计算,分别汇总。另外,因材料项目繁多,不必逐一计列,仅列其主要者即可。但应注意下列各点:

a. 工地成品厂预制的成品、半成品,应计列原材料数量,并注明预制品的品名、数量。价购的成品、半成品,则仅统计其品名、数量即可。

b. 利用本建设项目内拆除或开挖出来的材料,另行列表,并注明来源及数量。

c. 周转料(如脚手架、模型板等),按定额计算。

d. 大型临时辅助建筑物和过渡工程的用料,应考虑周转调用、折旧等情况计列数量,并应加注说明。

e. 临时房屋及小型临时设施,可按临时房屋及小型临时设施的概算总额以"万元"计算。

f. 采用定额时,同样要考虑不同定额、不同时间、不同企业的幅度差问题。方法与劳动力计算相似。

3. 施工机具数量计算

在施工组织设计中,机具数量的计算许多人往往依赖定额,而实践证明,运用定额计算施工机械远较计算劳动力困难。因为工程机械并不都是处于满负荷工作状态,其用途也很专一。同时,机械的工作效率还取决于操作人员,因此,主要施工机具需要量的计算可由下列几种方法综合完成。

(1)按项目法管理定作业队

现在的工程施工,大多以项目法施工为主,而机械设备的管理往往以作业队为单位配备,不同工种的作业队有其不同的配备,同样作业队因其任务不同,配备也有所不同,在具体计算时,可按流水作业线安排相应作业队并计算其队数,然后对各种作业队的各个项目进行机械配备。

(2)以工程项目定机械种类

当作业队及各作业队所承担的工程项目确定之后,便可根据工程项目确定相应的机械类型,这时的机械配备还只是进行种类的配备,例如路基土石方需要推土机、挖掘机、自卸汽车、铲运机等,桥涵施工需要拌和机、捣固机、抽水机、卷扬机、电焊机等,隧道施工需要空压机、锻钎机、装砟机、电瓶车等。这些机械设备的配备由施工方案确定,但配备情况反过来又制约施工方案。因为机械的配备除考虑工程需要外,还要考虑本单位既有情况,即尽可能用既有机械解决工程问题,确实需要时才考虑新购。

(3)以工程数量定机械数量

机械数量的确定一般通过下列两种方法完成,但施工机具全线汇总后,为了考虑专业队间的相互调拨、拆装、运转等因素,一般可考虑增加10%以上的备用量。

①按使用需要配备:有的施工机械按定额计算需要量很少,但施工工艺要求或局部工点需要。

②可用定额计算的机械(如路基土石方作业机械、混凝土机械等),用定额计算数量。

4. 资源的表达方式

当资源需求计算完成后,需要通过适当的方式在施工组织设计中表达,以便阅读。通常人工数量可通过文字叙述、列表明确,或在进度图的劳动力曲线中表达;而机械设备表及材料表是施工组织设计"三图两表"中的主要内容,要求按照不同的用途、不同的型号、不同的来源列表表达清楚。

五、平面图设计与绘制

1. 绘制目的及作用

施工平面图设计是施工过程空间组织的具体成果。根据施工过程空间组织的原则,对施工过程所需工艺路线、施工设备、原材料堆放、动力供应、场内运输、半成品生产、仓库、料场、生活设施等,进行空间特别是平面的科学规划与设计,并以平面图的形式加以表达的工作叫作,施工平面图设计。

施工平面布置图将线路通过地区或工点附近范围内的施工现场情况及研究确定的主要施工布置反映在图纸上,便于了解线路地区内的工程分布、材料产地、交通运输情况,拟修建便道、便线、施工基地、厂矿企业位置,供水、供电方案以及施工区段、行政区段划分等情况,并为施工组织设计、材料供应计划提供资料,便于企业领导及相关工程技术人员有效地安排和指导施工。

2. 绘制依据、原则和步骤

(1)施工平面图设计的依据

①工程平面图。

②施工进度计划和主要施工方案。

③各种材料、半成品的供应计划和运输方式。

④各类临时设施的性质、形式、面积和尺寸。

⑤各加工车间、场地规模和设备数量。

⑥水源、电源资料。

⑦其他有关的设计资料。

(2)施工平面图规划设计原则

施工平面布置是一项综合性的规划工程,在很大程度上取决于施工现场的具体条件。它涉及的因素很广,不可能轻易获得令人满意的结果,必须通过方案的比较和必要的计算与分析才能决定。一般施工平面图规划设计应遵循下列原则:

①在保证施工顺利的前提下,少占农田并考虑洪水、风向等自然因素的影响。所有临时性建筑和运输线路的布置,必须便于为基本工作服务,并不得妨碍地面和地下建筑物的施工。

②求出材料直达工地、减少二次搬运和场内搬运的距离,并将笨重和大型的预制件或材料设置在使用点附近。所有货物的运输量和起重量必须减至最小。

③工厂等附属企业基地应尽可能设在原料产地或运输集汇点(如车站、码头)。

④企业内部的布置应以生产工艺流程为依据,并有利于生产的连续性。

⑤要符合保安和消防的要求,慎重选择、采用避免自然灾害(如洪水、泥石流、山崩)的措施。

⑥管理机构的位置必须有利于全面指挥,生活设施要考虑工人的休息和文化生活。

⑦工地布置应与施工进度、施工方法、工艺流程和机械设备相适应。

⑧场地准备工作的投资最经济。

⑨绘制之前,根据线路走向和地区交通网,先布置一个总的轮廓,使图表位置安排均匀适当。

⑩图幅大小随线路长度及包括内容而定。以清晰匀称为度,一般长度不宜超过1.0m。

(3)施工平面图的设计步骤

①分析有关调查资料。

②合理确定起重、吊装及运输机械的布置(它直接影响仓库料场半成品制备场的位置和水、电线路以及道路的布置)。

③确定混凝土、沥青混凝土搅拌站的位置。

④考虑各种材料、半成品的合理堆放。

⑤布置水、电线路。

⑥确定各临时设施的布置和尺寸。

⑦决定临时道路位置、长度和标准。

3.绘制类型及主要内容

(1)施工总平面图

施工总平面图是以整个工程为对象的施工平面布置方案,通常应包括以下内容:

①原有河流、居民点、交通路线(公路、铁路、大车道等)、车站、码头、通信、运输点及工地附近与施工有关的建筑物。拟修便线、便道、便桥等的位置及各种交通线路。

②线路平面缩略图及主要城镇位置(包括指北针)。

③施工用地范围,重点工程位置及其中心里程、长度、孔跨,以及重点取、弃土现场的位置;车站位置及其中心里程;公路沿路线里程的大中桥、隧道、渡口、交叉口、集中土石方等的位置;道班房、加油站等运输管理服务建筑物位置。

④将施工组织设计的成果,如采料场、附属工厂和基地、仓库、临时动力站(如抽水站、发电所、供热站等)、电源线路、变压器位置以及大型机械设备的停放,维修厂直接标注在图上。

⑤其他与施工有关的内容,如地质不良地段、国家测量标志、气象台、水文站、防洪、防风、防火、安全设施等需要表示的内容。

⑥施工区段划分及施工管理机构,如工程局、工程处、施工队及工程指挥系统的驻地。

⑦省、县界位置。

⑧既有实现技术改造和增建第二线的项目,应标明设计线与既有线的关系。

⑨复杂的展线地段及站场改建,可附放大的平面示意图。

⑩图例、附注等。

(2)单项工程、分部分项工程施工平面图

该类平面图的布置有两种情况,一种是在施工总平面图的控制下进行布置,一种是以施工总平面图为依据,即基本上按照施工总平面有关内容进行布置,但不论哪一种都应比施工总平面图更加深入、更加具体。

①重点工程施工场地布置图。一般来说,大桥、隧道、立交枢纽等都是重点工程,其施工场地布置图应在有等高线的地形图上按比例绘制。图上应详细给出施工现场、辅助生产生活等区域的布置情况,给出原有地物情况。

②其他单项局部平面布置图。对于大型项目,因施工周期长,管理工作量大,附属、辅助企业多,必要时应绘制其他的平面布置图。这类图主要有以下几种:

a. 沿线砂石料场平面布置图;

b. 大型附属企业如沥青混合料拌和厂、预制构件厂、主要材料加工厂(木工厂、机修厂)等平面布置图;

c. 临时供水、供电、供热基地及管线分布平面图;

d. 主要施工管理机构平面布置图等。

任务三　铁路单项工程施工组织设计及管理

学习目标

1. 掌握路基、桥涵、隧道等主要单项工程的施工组织设计内容;
2. 掌握铁路工程施工组织设计编制过程中的注意事项;
3. 掌握铁路工程施工组织设计贯彻、检查和调整的工作内容。

任务描述

单项工程施工组织设计是铁路工程施工组织总体设计的具体化展现。通过对本任务的学习,学生应掌握编制路基、桥涵、隧道等主要单项工程施工组织设计的内容和注意事项。

相关知识

单项工程施工组织设计是以单体工程(一个建筑物或一个构筑物)为施工对象而编制的,是指导单体工程施工全过程的组织、技术经济的综合性文件。主要内容有:工程概况及其特点分析,施工方案选择,单体工程进度计划,施工准备工作计划,资源需要量计划(劳动力、材料、构件、机具),单位工程施工平面图,质量、安全施工、降低成本技术组织措施,技术经济指标,结束语。铁路工程施工组织总体设计是编制单项工程施工组织设计的重要依据,后者是前者的具体化。

单项工程施工组织设计内容中最主要的部分是施工方案、施工进度计划表和施工平面图,简称"一案、一表、一图"。对于施工单位比较熟悉的简单工程,可编制"施工简要",其内容包括工程特点,主要施工方法,施工进度计划,劳动力、材料计划表,施工平面简图。

一、铁路单项工程施工组织设计

1. 路基工程施工组织设计

路基是以土石材料为主建造的一种建筑物,它与桥涵、隧道、轨道或路面等组成铁路的整体。在铁路工程建设中,路基土石方工程所占比重较大,必须合理组织。主要要做好如下工作:

(1)合理确定工期

路基工程施工的工期,应按照全线指导性施工组织及承发包合同规定的工期完成,以便在铺轨前给路基填土留一个自然沉落的过程。

（2）精心安排土石方调配

《铁路工程施工组织设计规范》规定："路基土石方调配，应移挖作填，减少施工方，节约用地。"具体的调配原则包括施工方最少、节约用地、保护环境、技术经济保障等。

（3）计算施工机械用量及有关人员数量

根据施工地点的实际情况，确定净工作日，即施工工期要除去法定节假日、预计雨雪天和严寒季节影响的天数。

（4）安排路基附属工程的施工

天沟要在路堑开挖之前施工。路肩挡墙，要配合土石方工程的进度平行作业，路堑支挡工程要视地质条件而定。地质条件好的可安排在土石方工程基本完工后施工；地质条件差的要避开雨季，随挖随砌。属抗滑桩建筑物，要安排在土石方工程之前施工。侧沟要安排在土石方工程完成后施工。植树种草要安排在土石方工程完工后适时种植。

（5）土石方工程的排水

填方地段，应先做正式排水工程施工。如时间紧迫来不及修正式排水工程，可以考虑做临时排水工程过渡。挖方地段，属路基工程应先做天沟、半路堤半路堑工程或借土填方。应统筹兼顾，合理布置。站场路基工程中的小桥涵，应提前施工，并考虑临时排水措施。

2.桥涵工程施工组织设计

（1）桥涵工程施工的特点

①桥涵工程类型多。从桥跨方面说，有简支梁桥、连续梁桥、斜腿刚构桥、斜拉桥、框架桥、拱桥、悬桥、组合体系桥等。桥跨结构又分钢筋混凝土梁、预应力钢筋混凝土梁、钢板梁、钢桁梁、系杆拱、石砌拱等。桥梁基础有明挖、挖井、挖孔桩、钻孔桩、沉井、管柱基础等。涵渠有明渠、圆涵、盖板涵、矩形涵、拱涵、渡槽、倒虹吸等。随着科技的进步，机械化程度的提高，将不断设计出新的桥梁、涵渠。不同类型的桥涵，施工方法各不相同。

②施工技术复杂。一方面桥涵类型多，另一方面桥涵工程属野外施工，易受地形、地质、水文、气候的制约，使得施工复杂、难度大，特别是深水桥基础的施工，常会遇到不良地质，给施工带来很大困难。另外，架梁采用悬拼、悬浇、顶推等新方法，施工技术都比较复杂。

③施工人员和机械集中，工作面狭小。由于桥涵工程（特别是大桥、特大桥、高桥和大型涵渠），从基础开始到工程全部完工，需要各类人员参与施工，涉及专业多、工种多、工序多，而且相互交叉，立体作业，同时因施工场地受限于峡谷、水流以及高空作业等条件，在狭小施工场地上要聚集相当数量的人力、建材和机具设备，因此更需要精心组织和合理设置。

（2）桥涵工程施工顺序安排应注意的事项

①首先要研究确定桥涵工程总体施工方案，才能具体安排各分部分项工程施工顺序。

②应结合季节、气候、水文条件安排施工顺序。

③要遵守施工程序和操作工艺的客观规律。这种客观规律是结构本身所必需的，是不能随意改变的。

④要根据施工方法和采用的机械设备确定施工顺序。

⑤施工顺序的安排要确保施工安全和工程质量。

⑥要合理选择工作面。

⑦桥涵工程施工时间和施工顺序的安排应考虑与桥涵附近其他建筑物施工的协调配合。

3.隧道工程施工组织设计

隧道工程施工特点如下：

（1）由于隧道是深埋地表之下的建筑物，工程集中，易受地质和水文地质条件的制约，因而施工环境差、难度大、技术复杂、要求高。

（2）隧道工程是一种多工序、多工程联合的地下作业，工作面狭窄，出砟，进料运输量多，施工干扰大，为加快施工进度，须以横洞、斜井、竖井、平行导坑增加工作面，施工复杂而艰巨。因此，必须全面规划，科学地组织施工，编制切实可行的实施性施工组织设计。

（3）隧道工程大部分地处深山峻岭之中，场地狭小，要使用多种机械设备，需要相当数量的洞外设施来保证洞内施工，而洞外往往受地形限制，场地布置比较困难。

（4）由于工作环境差，劳动条件恶劣，常发生明塌、涌水、瓦斯爆炸等诸多不安全因素，因此，要制订切实可行的安全技术组织措施。

（5）由于地质、水文地质及围岩压力复杂多变，在施工过程中往往需要改变施工方法，同时也要求隧道施工须不间断连续进行。

（6）开工前，隧道本身及其辅助导坑中线和高程无法预先贯通，永久结构又要紧跟开挖工序及时灌注，因此要求测量工作万无一失。

（7）长大隧道和桥隧相连地段以及复杂地区，往往工作量大，工期紧，难度也大，临时工程多，因此须周密安排、合理部署。

4. 既有线改建工程施工组织设计

铁路既有线改建工程的内容比较广泛，包括增建第二线，原线增建双线插入段，改建、扩建站场，改建桥涵，既有线改建电气化铁路，改造轨道等工程。

（1）既有线改建工程施工组织设计的特点

①既有线改建工程的施工作业，是在正常运营的条件下进行的，运营对施工作业有干扰时，施工则影响着运输能力及行车安全。

②在施工方案和施工顺序的安排上，必须会同设计部门和运营部门的运输、工务、电务、机务、车站、水电等单位，即设计、运营、施工三方共同协商研究。

③编制各类既有线改建工程施工组织设计，无论是按区段，还是按站场及单位工程设计，在编制程序、编制方法、编制内容上，都与新建铁路工程 施工组织设计基本相同，不同之处在于既有线改建工程施工必须充分考虑运营行车和施工的关系，要统筹兼顾，综合安排。因此，既有线改建工程施工组织设计编制后，在报送上级审批的同时，还应报送有关铁路局。

（2）既有线改建工程施工组织设计的原则

①在确保运输安全的前提下，优先安排可以迅速提高区段和站场通过能力的改建工程。

②优先安排有助于提高运输能力的区段、区间及站场改建工程，站场内应先安排道岔咽喉区，后安排股道。区间内应先安排桥涵，后安排土石方；先安排与行车有关的工程，后安排其他附属工程。

③站场工程完工交付的同时，工务、电务、生活等站前站后有关工程和设施，必须配套同时完成。

④制订施工方案时，应尽量减少过渡工程，缩短过渡时间，减少对运营行车的干扰，并尽早恢复和提高运输能力。

⑤充分利用既有线的运输优势，为工程运输提供条件，减少公路与其他方式的运输，以节省时间、降低成本。

⑥车站过渡施工时，要求按运营要求确保必要的股道数量，至少有三股道确保三交会。

（3）既有线各类改建工程施工组织设计的重点要求

①增建第二线工程施工组织设计的铺轨方案，根据铺轨里程长短和换边的位置，选择便于作业和运输的轨排场及轨料堆放地。采用机械铺轨时，为尽量减少对既有线行车的干扰，应避免换边或减少换边次数，增建第二线工程铺轨作业。为了保证既有线的正常停车，零星改道应分期、分步骤安排，利用列车间隔和少量"天窗"时间进行。

②既有线站场改建工程。站场改建工程施工，应满足运营部门对列车进路、客货运业务、行车安全的要求。实行过渡方案时，应充分利用既有线的有关设备和新增线路设备，也可安排一些对既有站场干扰不大的工程，代替既有设备，以便对既有设备进行改建施工。对于局部、小量的改进工程施工，应开天窗进行施工，必要时短时间封闭既有设备。对于改建工程量大、工程复杂且须中断运营方能进行改建施工的既有线，由上级主管部门会同运营主管部门协商决定，一经同意，施工单位必须严格组织、精心部署、集中优势，抓紧一切有效时间，突击施工。加强与工务、电务单位的配合，共同研制过渡方案，尽量减少过渡方案的废弃工程。站场改建工程量大，工程材料需用量多时，在不妨碍站场作业的条件下，应为施工单位修建临时站线以便卸料。

③既有线桥涵改建工程。既有线桥涵改建工程，施工比较复杂，并制定确保原有建筑物安全和行车安全的施工方案。既有线桥涵改建施工组织设计应明确工程结构的特征、施工方法、施工程序、施工时间、对正常运输干扰程度、保证行车的安全措施、施工防护办法等，并要经交通运输部同意。在既有线正常行车条件下施工，可采取限速运行、开天窗封锁线路等施工方法。必要时也可限载限高、将复线改为单线行车，利用便线、便桥临时通车。

二、铁路施工组织设计管理

1. 编制施工组织设计的注意事项

随着我国建设事业的发展，施工组织设计已得到各建设有关部门和单位的普遍重视。为了使施工组织设计更好地起组织和指导施工的作用，在编制施工组织设计时要注意以下几个问题：

（1）编制时，必须对与施工有关的技术经济条件进行广泛和充分的调查研究，收集各方面的原始资料，必须广泛地征求有关单位群众的意见。

（2）施工单位中标后，必须编制实施性的施工组织设计。

（3）对结构复杂、施工难度大及采用新工艺和新技术的工程项目，要进行专业性研究，必要时组织专门会议，邀请有经验的专业工程技术人员参加，挖掘群众的智慧，以便为施工组织设计的编制和实施打下坚实的群众基础。

（4）在施工组织设计编制过程中，要充分发挥各职能部门的作用，吸收他们参加编制和审定；充分利用施工企业的技术力量和管理能力，统筹安排、扬长避短，发挥施工企业的优势，合理安排各工序间的立体交叉配合施工顺序。

（5）施工组织设计的初稿完成后，要组织参加编制的人员及单位进行讨论，逐项逐条地研究修改，最终形成正式文件，送有关部门审批。

2. 施工组织设计的贯彻、检查和调整

（1）施工组织设计的贯彻

编制施工组织设计，是为了在实施过程中提供一个技术指导性文件，但如何将纸上的施工

意图变为客观实践,以及施工组织设计的经济效果如何,必须通过实践验证。为了更好地指导施工实践活动,必须重视施工组织设计的贯彻与执行。在贯彻中要做好以下几个方面的工作:

①做好施工组织设计的技术交底;

②制定各项管理制度;

③实行技术经济承包责任制;

④搞好施工的统筹安排和综合平衡,组织连续施工;

⑤切实做好施工准备工作。

(2)施工组织设计的检查

施工组织设计的检查主要包括对以下方面的检查:

①任务落实及准备情况;

②完成各项主要指标情况;

③施工现场布置合理性检查;

④安全、环保等措施及相关制度执行检查等。

(3)施工组织设计的调整

施工组织设计的调整就是针对检查中发现的问题及时进行调整和处理,通过分析其原因,拟定改进措施和修订方案。对实际进度偏离计划进度的情况,在分析其影响工期和后续工作的基础上,调整原计划以保证工期;对施工平面图中不合理的地方进行修正。通过调整和检查,施工组织设计将更切合实际,从而实现在新的施工条件下,达到施工组织设计的最优化目标。

能力训练　编制某桥梁工程实施性施工组织设计

一、工程背景

某中桥为1-36m及2-24m预应力混凝土直线梁桥。全长95m,中心里程DKl58+476。为耳墙式桥台,矩形收坡桥墩,钻孔桩基础,每个墩、台有直径1.25m钻孔桩4根。桥址处地质大部分为砂黏土,较深层及中间间隔有卵石土和砾石土层。地下水位较深,旱季河道无水,只有下雨才有流水,每年七八月份雨量较多,冬季最低气温在-4℃左右。

该桥下部建筑及附属工程由某项目部施工,上部建筑由铺架队施工。因架梁随同全线铺轨工程进行,故只编制本桥下部建筑和附属工程实施性施工组织设计。

二、编制依据

(1)某中桥设计图(全桥立面及平面图)、二桥4063-19标准图及工程数量,如图4-1所示,见表4-3。

(2)某线路某合同段指导性施工组织设计。

(3)定额。《铁路工程预算定额　第二册　桥涵工程》(TZJ 2103—2018)、《铁路工程预算定额　第一册　路基工程》(TZJ 2102—2018)。

(4)施工规范。《铁路桥涵工程施工质量验收标准》(TB 10415—2018)、《铁路混凝土工程施工技术规程》(QCR 09207—2017)、《铁路路基工程施工质量验收标准》(TB 10414—2018)。

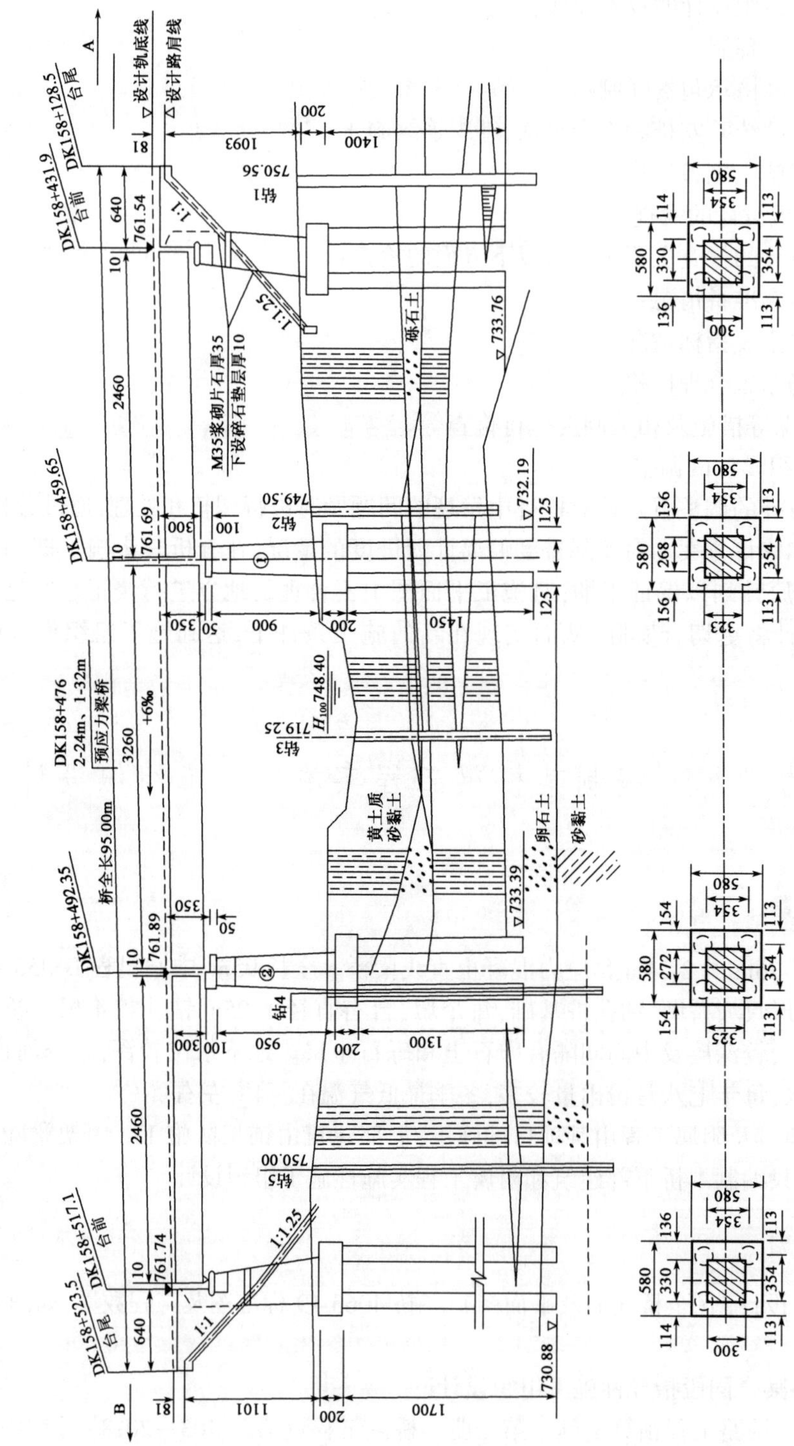

图 4-1 某中桥立面及平面图(尺寸单位：cm)

工程项目			单位	A台	1号墩	2号墩	B台	1号墩
上部建筑工程	梁	预应力混凝土梁24m,32m	孔					2,1
		预应力混凝土梁支座(摇轴支座)	孔					3
	桥面工程	梁上及台上钢栏杆、钢立柱	延米					95
		人行道(宽1.3m)	延米					95
		护轮轨	m					115
		弯轨	全桥					1
		围栏(桥墩)	每墩		1	1		2
		吊栏	每测	1	1	1	1	4
		检查梯	个	1	1	1	1	4
		避车台(待检查梯、钢立柱、钢栏杆)	个		1	1		2
		桥上通信支架乙式,距墩帽边缘3.4m	套					2
		电力信号支架单片式	套					2
		地震区防止落梁措施跨度24m,32m	孔					2,1
下部建筑工程	墩台身工程	C30钢筋混凝土桩身	m³	90.14	93.33	83.76	122.04	389.27
		桩身HPB235钢筋φ>10mm	kg	1883.5	564.5	564.5	1883.5	4796
		桩身HPB235钢筋φ≤10mm	kg	375.6	178.3	178.3	375.6	1107.8
		钻孔桩设计长(黏性土层)	m	36.0	32.0	30.0	62.0	160.0
		钻孔桩设计长(卵石土层)	m	20.0	26.0	22.0	6.0	74.0
		钻机钻孔总深度(从地面算起)	m	67.2	65.6	62.44	86.2	281.44
		凿除桩头混凝土	m³	2.56	2.56	2.56	2.56	10.24
		C20钢筋混凝土承台	m³	67.3	67.3	67.3	67.3	369.2
		承台挖基,0~3m,无水,不设挡板	m³	170	170	160	160	662
		C20钢筋混凝土墩台帽	m³	5.7	11.7	11.7	5.7	34.8
		C20钢筋混凝土耳墙	m³	14.5			14.5	29
		C20混凝土墩台身及托盘	m³	46.0	17.6	17.6	46.0	127.2
		C15混凝土墩台身	m³	50.4	55.6	60.1	50.4	216.5
		防水层,涂两层沥青	m³	54.5			54.5	109
		防护层,涂沥青砂胶一层,厚10mm	m³	9.1			9.1	18.2
		回填土	m³	95	100	90	90	375

工 程 项 目		单位	A 台	1 号墩	2 号墩	B 台	1 号墩
附属工程	M5 浆砌片石	m³	218.4			218.4	436.8
	碎石垫层	m³	50			50	100
	锥体护坡 夯填土	m³	1320			1320	2640
	锥体基础挖基,0 ~ 3m,无水、无挡板	m³	140			150	290
	锥体及缺口填土	m³	2680			4770	7450
	台后排水沟 黏土(耳墙后排水措施)	m³	21.9			21.9	43.8
	碎石(耳墙后排水措施)	m³	15.9			15.9	31.8
	M10 浆砌片石台阶(路基检查梯)	m³	7.9			8.2	16.1

三、工期

根据全线指导性施工组织设计要求,该桥下部建筑和附属工程施工期限为 2018 年 3 月至同年 8 月 13 日。

四、施工方案

1. 施工顺序

本桥施工顺序为 A 台、B 台、2 号墩、1 号墩及附属工程。

2. 施工方法与机械设备

(1)钻孔桩基础施工

①护筒制作与埋设

护筒采用 4mm 钢板焊接成高 2m、内径 1.4m 整节式钢护筒,焊接要牢固不漏水。护筒顶端留有高 400mm、宽 200mm 的出浆口。全桥制作 4 个护筒倒用。

埋设时,护筒顶面要高出地面 0.3m,采用挖孔埋设,即在桩位处开挖直径比护筒大 40cm (1.8m)的圆孔,坑底深与护筒底面持平,坑底加以夯平。然后埋设护筒,四周回填黏土,并分层对称夯实。

②设置泥浆循环系统

钻孔前,需在 1 号墩与 2 号墩之间的地面上开挖沉淀池、泥浆池及泥浆流槽。沉淀池底应比泥浆池底低 1m 左右,以利沉淀存渣,流槽要用水泥砂浆抹面。

泥浆由离心式泥浆泵从泥浆池输进钻杆内腔后,经钻头的出浆口射出,带同钻渣沿钻孔上升到孔口,溢进泥浆槽,返回沉淀池中净化,流入泥浆池再供使用。

③钻孔

采用一台 KQ150 型钻机,进行正循环旋转钻孔。

泥浆由良好的制浆黏土(塑性指数大于 17)与水拌和而成。泥浆相对密度为 1.1 ~ 1.3,黏度为 16 ~ 22s,新制泥浆含砂率不得超过 4%,胶体率不小于 95%。循环泥浆含砂率不得超过 8%。泥浆 pH 值大于 6.5。

当发现坍孔时,应立即加大泥浆相对密度。

钻孔操作质量和安全注意事项：

钻孔桩施工中必须严格按照质量和安全操作规程进行,预防钻孔事故发生,确保施工质量和安全。

a. 钻机钻架的位置要安装正确,使转盘、底座平整,起重滑车缘与固定钻杆的卡孔和护筒中心三者应在一根竖直线上,不得倾斜,并经常检查校正。

b. 开始钻孔时,应稍提钻杆,在护筒内旋转造浆。开动泥浆泵进行循环,待泥浆均匀后以低挡慢速开始钻进,使护筒脚处有牢固的泥皮护壁。钻至护筒脚下1m后,方可按正常速度钻进。

c. 在钻进过程中,应注意地层变化。在黏性土中钻进,选用尖底钻头,中等转速、大泵量、稀泥浆,进尺不得太快;在砂土或软土层中钻进,选用平底钻头,控制进尺,以轻压、低挡慢速、大泵量、稠泥浆钻进;在土夹砾(卵石)层中钻进,低挡慢速,选用优质泥浆,大泵量,因土质太硬,可分两级钻进,第一级钻头直径可为桩径的0.7倍。

d. 起落钻头要避免撞击孔壁。在接(卸)钻杆时,严防钻头脱落。对钻杆接头应逐个检查,及时调整,钻杆弯曲要用千斤顶调直。

e. 一般情况下,钻孔过程中不能停钻。必须停钻时,应将钻头提出孔外,并将钻孔加盖。

f. 每进尺5~8m,应检查钻孔直径一次,做好每根钻孔过程的施工记录。对每段土质都应取样。

g. 在倾斜的软硬地层钻进时,应吊住钻杆,控制进尺,低速钻进,或回填片、卵石,冲平后再钻进。

h. 同一墩或台相邻两孔不得同时施工,须待一个孔灌注的混凝土强度达到设计强度的50%后,方可开始施工邻孔,以避免相邻孔壁坍塌或影响邻孔已灌混凝土的凝结。当一个孔施工完毕后,再施工对角钻孔桩。

在钻进中要多测量、多观察,及时发现钻进中的异常现象。如发生钻孔事故,首先应弄清事故的原因,并采取措施加以处理。

④清孔

钻孔达到设计高程,经终孔检查后,应进行清孔,其目的在于使沉淀层尽可能减薄,提高孔底承载力,确保灌注混凝土质量。

可采用换浆法进行清孔,即正循环旋转钻孔在终孔后,将钻头提离孔底10~20cm空转,保持泥浆正常循环,以中速压入符合规定指标的泥浆,把孔内密度大的泥浆换出,使含砂率逐步减少,直至稳定状态为止。换浆时间一般为4~5h。在灌注水下混凝土前,孔底沉渣厚度不能大于30cm。

清孔时应注意的事项:

a. 不得用加深孔深来代替清孔,必须认真操作。

b. 清孔时,应及时向孔内注入清水或纯泥浆,保持孔内水头,避免坍孔。

c. 清孔后,及时用活底吊桶将缓凝砂浆置于孔底,厚度约为60cm。该砂浆具有密度轻、凝固慢的特点,缓凝时间为12h,并具有与桩身混凝土相等的强度。用与桩径相同的搅拌板,在孔底以慢速度旋转20次,将孔底少量沉渣与砂浆混合在一起,随即安装钢筋笼和导管。灌注水下混凝土时,孔底缓凝砂浆被混凝土冲击,悬浮在混凝土之上,消除桩底软垫层,保证桩基有足够的承载力。

⑤钢筋笼制作与吊装

钢筋笼应根据设计图纸用卡板成型法或箍筋成型法制作。由于吊装高度的限制,可制成两节,在吊装过程中再焊接成整体,以便一次整体吊装安设就位。焊接时,主筋内缘应光滑,钢筋接头不得侵入主筋内净空。钢筋笼下端应整齐,用加强箍筋全部封住不露头,使混凝土导管及吸泥管能顺利升降,防止与钢筋笼卡挂。

钢筋笼吊装就位:

a. 为使钢筋笼与孔壁保持设计保护层距离,可在其上下端及中部每隔 2m 于同一断面上对称设置四个 +10 ~ 12mm 钢筋"耳环"。

b. 在清孔后,用 8t 汽车起重机安设钢筋笼。起吊时,吊点位置应恰当,以保证钢筋笼起吊不变形。

c. 吊入钢筋笼时,应对准孔位轻放、慢放。若遇阻碍,可徐起徐落、正反旋转使之下放,防止碰撞孔壁而引起坍塌。下放过程中,要注意孔内水位变化。如发生异样,应马上停止吊放,检查是否坍孔。

d. 钢筋笼入孔后,要注意钢筋笼轴线上下一致,并牢固就位,使钢筋笼底部处于悬吊状态。防止灌注水下混凝土过程中钢筋笼下落或被混凝土顶托上升。灌注完毕,待桩上部混凝土初凝后,即解除钢筋笼的固定措施,以便钢筋笼随同混凝土收缩,避免黏结力损失。

⑥搭设灌注支架,安置串筒、漏斗及导管

灌注支架采用移动支架时,应事先拼装好,用时移至孔口,以悬挂串筒、漏斗及导管。导管内径为 250mm,内壁要平顺光滑,每节长 2m,最下节导管长 4m。组装后须用球塞、检查锤做通过试验,并自下而上标示尺度,编上号码。导管入孔要对准钢筋笼中心,以防卡在钢筋笼上。灌注前,导管下端距孔底沉渣 0.3 ~ 0.5m。

⑦灌注水下混凝土

a. 灌注前,应再次核对钢筋笼高程,检查导管下端距孔底尺寸、孔深、泥浆沉淀厚度及孔壁有无坍塌现象。如不符合要求,应经处理后方可开始灌注。灌注工作应迅速,防止坍孔和泥浆沉淀。灌注所需混凝土数量,约为设计桩径体积的 1.3 倍左右。

b. 灌注水下混凝土时,导管上的漏斗(或储料斗)一定要装足够数量(初存量)混凝土。一旦放下时,应保证首批混凝土压出管内之水且导管埋入混凝土的深度不小于 0.8m。

c. 随灌注随提升导管,注意提管速度不得过快或过慢。过快容易引起漏水,过慢将使导管埋入混凝土内过多,造成提升导管困难,且易断桩。在任何时候,导管埋入混凝土深度不得小于 1m,一般控制在 2 ~ 4m。

d. 为防止钢筋笼被混凝土顶托上升,在灌注下段混凝土时,应尽量加快灌注速度。当孔内混凝土面接近钢筋笼时,应保持较深的埋管,放慢灌注速度。当混凝土面上升入钢筋笼 1 ~ 2m 时,应减少导管埋入深度。

e. 在灌注过程中,要用测绳吊着重锤进行水下混凝土面的位置测量。混凝土灌注高程要高出桩顶设计高程 0.5m,以便清除浮浆和消除测量误差,保证桩顶设计高程。

f. 水下混凝土的坍落度应为 18 ~ 22cm,并有一定的流动度,保持坍落度降低至 15cm 的时间应在 1h 以上。混凝土拌和时间应比一般混凝土延长 1.5 倍。一经开始灌注,应连续进行直至完成。每根桩应尽量在 8h 内灌注完毕。中途因任何原因中断灌注,均不得超过 30min,否则应采取补救措施或重钻。

g. 在钻进和水下混凝土灌注过程中,应将检查证与记录表填写齐全。

h. 当第一根桩施工完毕后,要总结经验,找出不足,再进行其他桩的施工。

i. 待混凝土强度达到 2.5MPa 后,可凿除桩头 0.4m,保证每根桩伸入承台 0.1m。

（2）承台施工

①承台基坑开挖

当墩或台钻孔桩施工完毕后，可开挖承台基坑。本桥基坑均在 3m 以内，无水、砂土，采用人工开挖、卷扬机吊土。无须支护，按承台尺寸竖直开挖。

②承台建造

因基坑和承台面积相同，不须立模。基底夯实后，将桩身伸入承台的钢筋进行整理并固定成喇叭式，绑扎好承台底部钢筋，即可灌注承台混凝土。灌注高度为 2.0m。

（3）墩、台施工

墩、台身混凝土采用一套平面组合钢模板施工。墩、台托盘、顶帽及耳墙混凝土采用木模板施工，木模板可另制作一套进行倒用。组合钢模板要在平台上进行预拼。预拼后将模板整体吊装，每节高 1.8～2.0m，要有足够的整体性与刚度。模板在使用与搬运时必须轻拿轻放，不得抛摔。每次使用完毕要及时清理整修、涂油防锈。混凝土灌注要按施工规范和桥涵施工技术手册的要求进行。用 250L 电动搅拌机拌和混凝土、活底架子车水平运输、8t 汽车起重机垂直运输，并用钢管搭设脚手架，以利工人施工。

五、施工进度安排

1. 施工准备

施工准备包括便道加强、临时房屋修建、施工场地平整，以及在 1 号和 2 号墩间修建泥浆池、沉淀池及流槽等。施工准备期为 7d，有 32 人参加工作。

2. 施工进度安排

劳动力组织既要考虑工期和进度要求，还要考虑工作量、工作面、工作班制、工作繁简和作业项目的衔接。本桥组建两个专业班：一是钻孔班（包括钻进、钢筋笼制作安装、灌注水下混凝土等）；二是圬工班（包括承台、墩台、附属工程等的建造）。

人力开挖承台基坑（卷扬机吊土），每班出工人数按每人最少占 2.5m³ 工作面计算，公式为：

$$R = F/f = 34/2.5 = 14（人）$$

对工序繁多施工项目的劳动力组织，可按《铁路路基工程劳动定员定额》（LD/T 45.1—2003）综合加权计算其平均每班出工人数安排施工进度。

下面以 1 号墩钻孔桩施工劳动力安排为例，说明平均每班出工人数的计算，见表4-4。

1号墩钻孔桩施工劳动力安排　　　　表4-4

工 作 项 目	单　位	工程数量	定额编号	工日定额	工天(d)	每班人数	工作天(d)
护筒安装与拆除	个	4	0235	2.494	10	5	2
钻孔（从地面算起）	m	65.6	0271	0.800	52	12	4
钢筋笼制作、安装	t	0.743	0300	10.29	8	9	1
灌注水下混凝土	m³	93.33	0752	1.20	112	30	4
凿除桩头	m³	2.56	0302	7.69	20	3	7
平均一班制人数		$(2×5 + 12×4 + 9×1 + 3×7)×1.25 ÷ (2 + 4 + 1 + 4 + 7) = 14$（人）					

注：计算平均每班出工人数时，考虑增加25%的辅助及其他零星用工。

119

各施工项目所用定额及定额工天、工作天 T_c、日历天 T_z 的计算略。

月平均日历天数按 30d 计,月平均工作天数按 23.33d 计。

3. 各施工项目实际安排劳动工天 A_c

各施工项目劳动工天应为施工进度图中实际安排每天出工人数乘以工作天数,即

$$A_c = p \cdot a \cdot T_c = p \cdot a \cdot \frac{T_z}{1.286}$$

4. 本桥劳动力组织基本均衡

施工期间平均人数 $R_{cp} = (32 \times 3 + 42 \times 25 + 84 \times 84 + 72 \times 4 + 45 \times 18 + 30 \times 32)/166 = 62$(人)

施工高峰的最高出工人数 $R_{max} = 84$(人)。

劳动力不均衡系数 $K = \dfrac{R_{max}}{R_{cp}} = \dfrac{84}{62} = 1.35$,符合要求。

按定额计算的劳动总工天为 7653 工日(计算过程略),实际安排的劳动总工天(不含准备与结束清理工天)为 7792 工日(计算过程略),两者相差不超过 5%。

该中桥的施工进度计划,如图 4-2 所示。

六、工程材料、机具设备需求量及其供应计划

工程材料和机具设备需要量,见表 4-5、表 4-6。

主要材料需求量计划   表 4-5

材料名称、规格	单 位	数 量		
		下部建筑	上部建筑	合计
普通水泥 42.5 级	kg	341192	28294	369486
中粗砂	m³	654.9	168.5	823.4
碎石粒径 20mm 以内	m³	278.5		278.5
碎石粒径 40mm 以内	m³	57.0		57.0
碎石粒径 80mm 以内	m³	571.0	138.7	709.7
片石	m³		557.1	557.1
黏土(钻孔用)	m³	252.2		252.2
Q235 钢筋 $\phi 6 \sim 9$mm	kg	1924		1924
Q235 钢筋 $\phi 10 \sim 18$mm	kg	10991		10991
钢筋 20MnSiϕ10mm 以上	kg	3871		3871
铁拉杆、铁件、铁线钉、镀锌铁丝	kg	1059		1059
软媒沥青 8 号	kg	448		448
方木	m³	4.22		4.22
厚度	m³	7.66		7.66

该工程工期短,施工高峰在 4~6 月,为确保月进度所需材料,要求水泥、钢材、砂、碎石等的一半数量于 4 月前运到工地,其余于 5 月前运到工地,片石于 6 月中旬前全部运到工地。所需机具设备应在工程开工前运到工地。

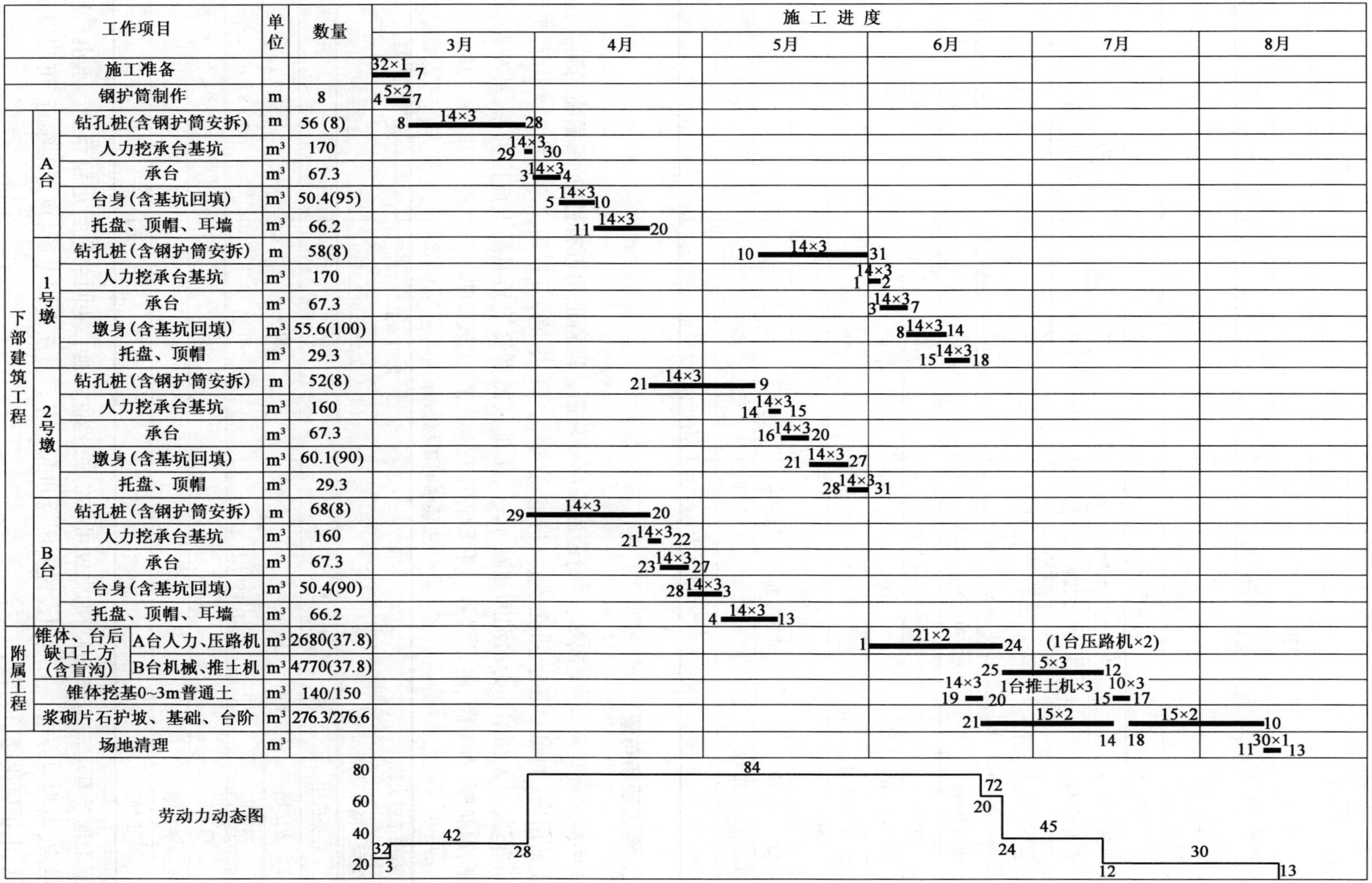
工作项目
单位
数量
施工进度
3月
4月
5月
6月
7月
8月
施工准备
32×1
7
钢护筒制作
m
8
4
5×2
7
下部建筑工程
A台
钻孔桩(含钢护筒安拆)
m
56 (8)
8
14×3
28
人力挖承台基坑
m³
170
29
14×3
30
承台
m³
67.3
3
14×3
4
台身(含基坑回填)
m³
50.4(95)
5
14×3
10
托盘、顶帽、耳墙
m³
66.2
11
14×3
20
1号墩
钻孔桩(含钢护筒安拆)
m
58(8)
10
14×3
31
人力挖承台基坑
m³
170
1
14×3
2
承台
m³
67.3
3
14×3
7
墩身(含基坑回填)
m³
55.6(100)
8
14×3
14
托盘、顶帽
m³
29.3
15
14×3
18
2号墩
钻孔桩(含钢护筒安拆)
m
52(8)
21
14×3
9
人力挖承台基坑
m³
160
14
14×3
15
承台
m³
67.3
16
14×3
20
墩身(含基坑回填)
m³
60.1(90)
21
14×3
27
托盘、顶帽
m³
29.3
28
14×3
31
B台
钻孔桩(含钢护筒安拆)
m
68(8)
29
14×3
20
人力挖承台基坑
m³
160
21
14×3
22
承台
m³
67.3
23
14×3
27
台身(含基坑回填)
m³
50.4(90)
28
14×3
3
托盘、顶帽、耳墙
m³
66.2
4
14×3
13
附属工程
锥体、台后缺口土方(含盲沟)
A台人力、压路机
m³
2680(37.8)
1
21×2
24
(1台压路机×2)
B台机械、推土机
m³
4770(37.8)
25
5×3
12
1台推土机×3
锥体挖基0~3m普通土
m³
140/150
19
14×3
20
15
10×3
17
浆砌片石护坡、基础、台阶
m³
276.3/276.6
21
15×2
14
18
15×2
10
场地清理
m³
11
30×1
13
劳动力动态图
80
60
40
20
32
3
42
28
84
72
20
45
24
30
12
13

图 4-2　施工进度

机械设备名称	型号、规格	单 位	数 量
KQ 正循环钻机	15 型	台	1
泥浆泵	≤150m³/h,39m 离心式	台	2
泥浆搅拌机	≤2200L	台	1
汽车起重机	8t	台	1
钢筋调直机	$d≤14mm$	台	1
钢筋切断机	$d≤40mm$	台	1
钢筋弯曲机	$d≤40mm$	台	1
交流弧焊机	32kVA	台	1
混凝土搅拌机	电动 400L	台	1
插入式振捣器	$d≤75mm$	台	6
电动卷扬机	单筒慢速 30kN	台	2
剪板机	$d≤10×2500mm$	台	1
蛙式打夯机	≤700N·m	台	1
履带式推土机	75kW	台	1
压路机	10t 自动式振动	台	1
$\phi25mm$ 导管	中间节长 2m,底节长 4m	m	30
活底混凝土斗车	—	辆	10
串筒	每节高 1.0m	节	15

七、施工现场布置

该中桥工程量不大,工期短,临时设施应尽量从简。因桥址附近有村庄,根据施工调查,必要的生活用房(如职工宿舍、办公室、材料室、食堂、水房、浴池)可租用民房。施工界内有两栋房屋须拆迁,可先利用作为水泥库和看守房。工地只需搭设简易混凝土搅拌机棚、吊车棚、卷扬机棚、钢筋棚、木工棚、电工房等。主要临时工程数量,见表 4-7。

主要临时工程数量 表 4-7

临时工程名称	单 位	数 量	说 明
混凝土搅拌机棚	m²	26	电动 400L
卷扬机棚	m²	10	
木工棚	m²	40	5×8m
钢筋棚	m²	40	5×8m
电工房	m²	20	4×5m
吊车棚	m²	35	5×7m
变道加固	km	1.5	泥结石路面

施工现场有运输道路,适当加强便可供物资运输。施工期间要进行道路养护。水由村庄水源供应,电为地方电。工地须设置变压器和配电房。村庄有邮电所,离工地很近,可利用地方电话、电报解决通信问题。

施工现场平面布置图,如图 4-3 所示。

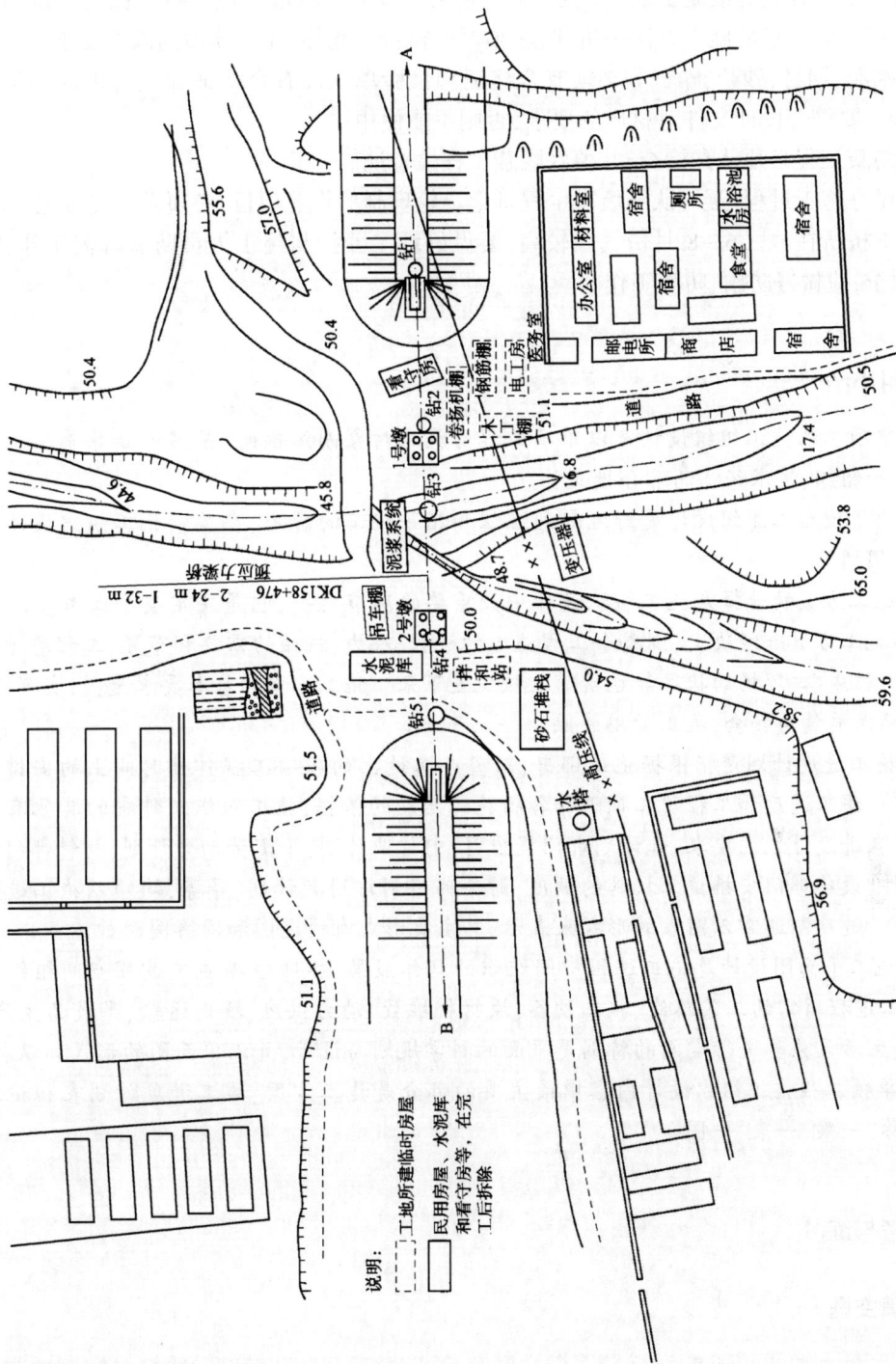

图 4-3 施工现场平面布置图(尺寸单位：m)

说明：
工地所建临时房屋
民用房屋、水泥库
和看守房等，在完
工后拆除

八、施工质量与安全

本桥主要工程量是混凝土灌注,必须加强混凝土施工的质量管理。各部位的质量与安全要求已在各作业项目的施工方法中讲述,必须严格执行。此外,还必须做到以下要求:

(1)水泥,钢材、砂子、碎石等必须有合格证和试验单。没有合格证和试验单的必须送实验室检验。要符合设计文件对材质的要求,否则不能使用。

(2)隐蔽工程必须认真检查,并填好隐蔽工程检查证。

(3)做好施工过程记录,认真填写工程日记。轮班制的作业项目,必须做好交接记录。

(4)本桥所在地区6~8月份气温较高,要做好坼工养护与施工人员防暑降温工作;7~8月份为雨季,应做好防雨、防淹工作。

项目小结

(1)单项工程施工组织设计是以单项工程为施工对象而编制的,是用以指导单项工程施工全过程的组织、技术经济的综合性文件。

(2)为了使施工组织设计更好地起到组织和指导施工的作用,在编制施工组织设计时要注意五个问题。

(3)施工方案的选择是施工组织设计中最重要的环节之一,它是决定整个工程全局的关键。因为施工方案一经决定,则整个工程施工的进程、人力、机械的需要和布置、工程质量及施工安全、工程成本、现场的状况等也就随之被规定下来。施工方案的基本要求是:切实可行、满足工期;确保质量与安全,施工费用最低。

(4)施工进度计划是指根据施工部署,对整个工地上的各项工程作出时间上的安排。它是控制工程施工进度和工程竣工期限等各项施工活动的依据,施工组织工作中的其他有关问题都要服从进度计划的要求,如计划部门提出月、旬作业计划,平衡劳动力计划,材料部门调配材料、构件,设备部门安排施工机具的调度,财务部门制订用款计划,等等,均须以施工进度为基础。施工进度图通常以图表的形式来表示,其主要形式有横道图和网络图两种。

(5)施工平面图设计是施工过程空间组织的具体成果,亦即根据施工过程空间组织的原则,对施工过程所需的工艺路线、施工设备、原材料堆放、动力供应、场内运输、半成品生产、仓库、料场、生活设施等进行空间的特别是平面的科学规划与设计,并以平面图的形式加以表达。

(6)单项工程施工组织设计内容中最主要的部分是施工方案、施工进度计划表和施工平面图,简称"一案、一表、一图"。

思考与练习

一、填空题

1. 施工组织设计必须具备_____、_____和_____的特征。

2. 施工组织作业的工作内容由_____、_____以及_____三部分组成。

3. _____、_____、_____以及_____是施工组织的核心内容,而其表现形式通常通过_____来表达。

4. _____是施工组织设计中最重要的环节之一,是决定整个工程全局的关键指标。

5. 施工进度图通常是以_____的形式来表示的,其主要形式有_____和_____两种。

6. 施工方案的基本要求是_____,_____,_____,_____。

7. _____、_____和_____是同一建设项目,不同广度、深度和作用的三个层次。

二、选择题

1. 下列不属于施工进度图内容的是( )。

A. 施工区段划分   B. 材料厂的位置

C. 平面示意图   D. 线路纵剖面示意图

2. 在安排一项工程的施工进度时,使其工期最短的作业方法是( )。

A. 顺序作业法   B. 流水作业法

C. 平行作业法   D. 平行流水作业法

3. 在安排铁路各项工程施工顺序及进度时,桥涵工程一般应在路基土石方工程完工前( )完工。

A. 0.5~1.5 个月   B. 0.5~1.0 个月

C. 1.0~1.5 个月   D. 1.5~2.0 个月

4. 在铺砟工程中,在铺第一层道砟后,必须通过充分的碾压后才能铺设第二层道砟,一般必须通过( )对列车碾压。

A. 40   B. 45   C. 50   D. 55

三、判断题

1. 施工组织作业方法中适用于工期较紧的方法是平行作业法。   ( )

2. 在铁路基本工程建设中,准备作业即为准备时期的作业。   ( )

四、简答题

1. 简述施工组织设计的基本任务。

2. 施工总体部署都包括哪些主要内容?

3. 施工进度计划的作用是什么?

4. 试分析在编制施工组织设计时要注意的问题。

5. 编制施工组织设计需要收集哪些资料?

6. 如何编制施工组织设计?

7. 施工组织设计的附图、附表有哪些?

第二篇

铁路工程概预算

项目五　铁路工程定额

任务一　认识工程定额

学习目标

1. 掌握工程定额的内涵；
2. 掌握工程定额的特性；
3. 了解工程定额的作用与分类。

任务描述

工程定额是进行生产经营活动时，在人力、物力、财力消耗方面所应遵守或达到的数量标准。本任务要求学生通过认识工程定额，能掌握工程定额的内涵与作用，能根据不同的建设阶段选择合适的定额进行套用。

相关知识

19 世纪末 20 世纪初，美国形成了系统的经济管理理论，其代表人物有泰勒和吉尔布雷斯夫妇等，定额的产生与管理科学的形成和发展紧密地联系在一起。当时定额的核心内容包括两方面：一是科学的工时定额；二是工时定额与有差别的计件工资制度相结合。定额伴随着管理科学的产生而产生，随管理科学的发展而发展。

改革开放以前，中华人民共和国刚刚成立后的一段时间，为满足国内大规模的恢复重建工作，我国工程造价模式开始采用苏联模式，也就是基本建设概（预）算制度，所有的工程建设均按照先期编号的国家统一工程建设定额标准进行计价。改革开放后，工程造价管理先是在计划经济时期采用概（预）算管理，接着是"量价统一"模式下的工程定额计价模式，然后发展为"量价分离"工程造价模式，目前逐步过渡到定额计价和工程量清单计价共存的双轨制造价模式，在造价管理过程中以市场为主导、由政府部门进行监督协调，并与国际惯例接轨。

一、定额的概念

定额是指在一定的技术和正常的组织条件下，生产质量合格的单位产品所消耗的人力、物力、财力和时间等的数量标准，即在合理的劳动组织和合理地使用材料和施工机具的条件下，预先规定的完成合格产品所消耗资源数量的标准，它反映一定时期内社会生产力水平的高低。

定额水平是指在一定时期内，定额的劳动力、材料、机械台班消耗量的变化量。通常说的定额水平偏高，是指在定额规定内的人工、材料、机械消耗量偏低；相反定额水平偏低，是指这些项目相应的消耗量偏高。定额水平反映一定时期社会必要劳动时间量的水平，它在一定时期内具有相对稳定性,也就是说应保持一定的定额水平。但定额水平也并非长期不变,随着社会生产力的发展,新材料、新工艺、新技术的普遍应用以及工程质量标准的变化和施工企业组织管理人员素质的提高等,也会使定额水平不断地变化和提高,原有的定额水平逐渐不再适应,这就需要对其进行补充、修订或重新编制,以适应社会生产发展水平的需要。

定额水平是一定时期社会生产力水平的反映,它不是一成不变的,而是随着生产力水平的变化而变化。一定时期的定额水平,必须坚持平均先进或先进合理的原则。所谓平均先进,是指在执行定额的时间内,大多数人员经过努力可以完成定额或超过定额,它是先进指标中的平均值。所谓先进合理,是指定额指标虽然也是先进的,但不一定是平均值,而且一般是取比平均值要低的合理指标。

二、定额的特性

1. 科学性

定额的科学性是指在制定定额时一定要有其科学理论基础和科学技术方法。定额的制定是指在充分考虑客观施工生产技术和管理的条件,在分析各种影响工程施工生产消耗因素的基础上,力求定额水平与生产力发展水平相适应,反映工程建设中生产消费的客观规律。

工程建设定额的科学性,首先表现在用科学的态度制定定额,尊重客观实际,力求定额水平合理;其次,表现在制定定额的技术方法上——它是利用现代科学管理的成就形成的一套系统、完整、在实践中行之有效的方法;最后,表现在定额制定和贯彻的一体化上。制定是为了提供贯彻的依据,贯彻是为了实现管理的目标,也是对定额的信息反馈。定额在技术方法上充分利用现代管理科学的理论、方法和手段,通过严密的测定、统计和分析整理而制定的。

2. 权威性

定额是国家或授权部门通过一定程序审批颁发的,是在一定范围内有效的统一施工生产的消费指标,它同工程建设中的其他规范、规程、标准一样,具有很强的权威性。这种权威性在一般情况下具有经济法规的性质,因此,在其执行过程中带有强制性的特点,即凡是属于执行范围内的建设、设计、施工、生产等单位,都必须严格遵照执行。虽然定额是反映生产消费的客观规律,但在市场经济条件下,要涉及各有关方面的经济关系和利益关系,赋予定额以权威性,使其具有强制性的特点,有利于理顺工程建设有关各方的经济关系和利益关系。

3. 系统性

工程建设定额是相对独立的系统。它是由多种定额结合而成的有机整体。它结构复杂、层次鲜明、目标明确。工程建设定额的系统性是由工程建设的特点决定的。按照系统论的观点,工程建设本身就是庞大的实体系统。工程建设定额是为这个实体系统服务的。因而工程建设本身的多种类、多层次决定了以它为服务对象的工程建设定额的多种类、多层次。从整个国民经济的角度来看,进行固定资产生产和再生产的工程建设,是一个包含多项工程集合体的整体。

4. 统一性

工程建设定额的统一性,主要是由国家对经济发展的有计划的宏观调控职能决定的。为了使国民经济按照既定的目标发展,就需要借助某些标准、定额、参数等,对工程建设进行规划、组织、调节、控制。而这些标准、定额、参数必须在一定范围内是一种统一的尺度,才能实现上述职能,才能利用它对项目的决策、设计方案、投标报价、成本控制进行比选和评价。

5. 时效性

每个时期的定额都代表这一时期的施工技术和施工管理水平,在时间上是相对稳定的。但随着施工技术的发展和管理水平的提高,定额的内容也不断地更新和充实。社会生产力的发展有一个由量变到质变的过程,而且定额的执行也有一个时效过程。所以每一次制定的定额必须是相对稳定的,绝不可朝令夕改,否则会伤害公众的积极性,也不利于定额的执行和管理。

6. 群众性

定额的制定由定额技术管理人员(具有理论和技术的专门人员)主持,由熟练工人和技术人员参加,以科学手段和方法进行分析、测定和实验,以消除资源(包括人力和时间)的浪费和不合理现象,确立合理的操作方法及其新的标准时间、新的材料和机具消耗指标(新的定额)。由于新的定额是在工人群众的参与下产生的,群众易于掌握和推广,因此,定额具有广泛的群众性。

工程建设定额的统一性按照其影响力和执行范围来看,有全国统一定额、地区统一定额和行业统一定额等;按照定额的制定、颁布和贯彻使用来看,有统一的程序、统一的原则、统一的要求和用途。

三、定额的作用

定额是管理科学的基础,也是现代管理科学中的重要内容和基本环节,其作用主要体现在两个方面:一是组织施工生产;二是决定分配。因此,在可行性研究、计划编制、设计方案优选、工程投资确定、产品价格制定、施工管理、企业管理、工程结算等方面,都占有重要地位。具体来说,定额具有以下几方面的作用。

1. 定额是编制计划的基本依据

在工程管理计划中,编制相应的施工进度计划、年度计划、月/旬作业计划以及下达生产任务单等,都要按照定额,合理地调配人力、物力及财力等各项资源,从而保证和提高企业的经济效益。

2. 定额是确定工程造价的依据

工程造价是由设计内容决定的,而设计内容又由工程所需的劳动力、材料、机械设备等消耗来决定。因此,定额是确定基本建设投资和工程造价的重要依据。

3. 定额是提高生产效率的工具

企业以定额作为促使工人节约社会劳动、提高劳动效益、加快工作进度的手段,将社会劳动的消耗控制在合理的限制范围内,同时也是项目投资者合理有效利用社会资源、实现资源优化配置的重要基础。

4. 定额是国家宏观调控和管理的手段

市场经济并不排斥宏观调控,即使在资本主义国家,政府也要利用各种手段影响和调控经济的发展。利用定额对工程建设进行宏观调控和管理的内容包括:对工程造价进行管理和调控;对资源配置和流向进行预测和平衡;对经济结构进行调控,包括对企业结构和所有制结构进行合理调控,对技术结构和产品结构进行调整。

5. 定额有利于规范市场行为

定额既是投资决策的依据,又是价格决策的依据。对投资者来说,可以利用定额来权衡自己的财务状况和支付能力、预测资金投入和预期回报;还可以充分利用有关定额的大量信息,有效提高其项目决策的科学性,优化其投资行为。对于铁路企业来说,由于有关定额在一定程度上制约着工程中人工和物资的消耗,因此会影响铁路建设的价格水平。

6.定额有利于推广先进的施工技术和施工工艺

定额水平中包含某些成熟的先进施工技术和经验,工人要达到和超过定额,就必须掌握和应用这些先进技术。如果工人要大幅度超过定额水平,就必须创造性地劳动。这样,新技术、新工艺、新材料、新经验就很容易推广,从而大大提高全社会的劳动生产率。

7.定额是编制工程量计算规则、项目划分、计量单位确定的依据

定额制定后,它的使用必须遵循一定的规则。在众多规则中,工程量计算规则是一项很重要的规则。工程量计算规则的编制、项目划分、计量单位和计算方法确定都必须依据定额进行。

四、定额的种类

工程定额的形式及内容,是根据实际工作和生产需要来决定的。工程定额的分类通常有多种划分形式(见图5-1)。下面介绍几种工程常用的定额分类。

1.按定额反映的物资消耗量分类

(1)劳动消耗定额,简称劳动定额,是指在正常的生产技术和生产组织条件下,为完成单位合格产品而规定的劳动消耗的数量标准。

(2)材料消耗定额,简称材料定额,是指在节约和合理使用材料的条件下,生产单位合格产品所必须消耗一定品种规格的材料、半成品、配件和水、电、燃料等的数量标准,包括材料的净用量和必要的工艺性损耗及废料数量。

(3)机械台班消耗定额,简称机械定额,是指在正常施工条件下,合理组织生产与合理利用机械完成单位合格产品所必需的机械台班消耗标准,或在单位时间内机械完成的产品数量。

2.按定额的编制程序和作用分类

(1)工序定额

它以个别工序为测定的对象,是组成一切工程定额的基本要素,在施工中除了计算个别工序的用量外很少被采用,是劳动定额形成的基础。

(2)施工定额

施工定额是以同一性质的施工过程为标定对象,并以工序定额为基础,由工序定额综合成工作过程定额和复合过程定额,表示某一施工过程中的人工、主要材料和机械消耗量,可直接用于施工生产中。而工序定额是以个别工序(或操作)为标定对象,比较细碎,除用作编制个别工序的施工任务单外,一般不直接用于施工生产,也不出现在施工定额中。施工企业用施工定额来编制班组计划,签发工程任务单、限额领料卡及结算计件工资超过奖和材料节约奖等。施工定额是企业内部经济核算的依据,也是编制预算定额的基础。

(3)预算定额

它是在编制施工图预算或投资检算时,计算工程造价和计算工程中劳动量、机械台班、材料需要量而使用的一种定额。它以工程中的分项工程,即在施工图纸上和工程实体上都可以区别开的产品为测定对象,其内容包括人工、材料和机械台班使用量三个部分,经过计价后编

制成为建筑安装工程单位估价表(手册)。它是编制施工图预算(设计预算)的依据,也是编制概算定额、估算指标的基础。预算定额在施工企业内部被广泛用于编制施工组织计划、编制工程材料预算、确定工程价款、考核企业内部各类经济指标等方面。因此,预算定额是用途最广的一种定额。预算定额主要以施工定额中的劳动定额部分为基础,经汇列、综合、归并而成。

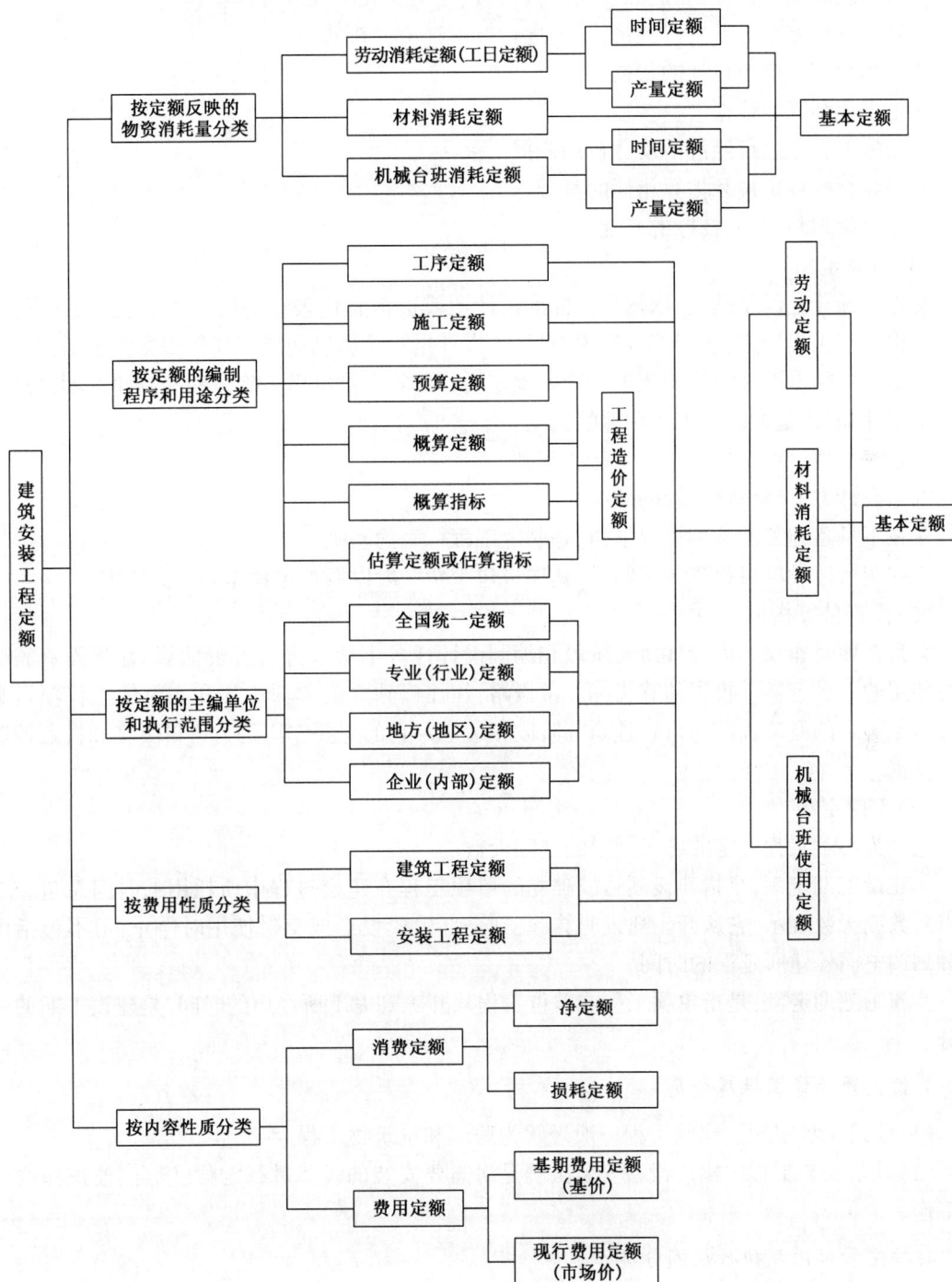

图 5-1　工程定额分类

预算定额是一种计价性的定额。在工程委托承包的情况下,它是确定工程造价的评分依据。在招标承包的情况下,它是计算标底和确定报价的主要依据。所以,预算定额在工程建设定额中占有很重要的地位。从编制程序看,施工定额是预算定额的编制基础,而预算定额则是概算定额或估算指标的编制基础。可以说预算定额在计价定额中是基础性定额。其主要作用有:

①是编制施工图预算,确定和控制项目投资、建筑安装工程造价的基础。

②是对设计方案进行技术经济比较,进行技术经济分析的依据。

③是编制施工组织设计的依据。

④是工程结算的依据。

⑤是施工企业进行经济活动分析的依据。

⑥是编制概算定额和估算指标的基础。

⑦是合理编制标底、技标的基础。

（4）概算定额

它是在预算定额基础上,依据现行标准设计图或选择有代表性的设计图纸、施工详图,以主体结构分部工程为主,适当综合有关项目,扩大计量单位编制而成。其作用主要包括:

①是编制初步设计概算的依据。国家规定设计概算经批准后是确定和控制建设项目总造价的依据,同时也是控制施工图预算的依据。

②是编制建设项目投资估算指标的基础。

③是设计方案经济性比较的依据。

④在不具备施工图预算情况下,它是制定工程标底的基础。

⑤在实行建设项目投资包干制时,其项目包干费一般以概算定额作为计算依据。

（5）投资估算指标

它是在项目建议书可行性研究阶段和编制设计任务书阶段进行投资估算、计算投资需要量时使用的一种定额。投资估算指标非常概略,往往以独立的单项工程和完整的工程项目为计算对象。它的概略程度与可行性研究阶段相适应。它的主要作用是为项目决算和投资控制提供依据。

（6）工期定额

它是为各类工程规定的施工期限的定额天数。

①建设工期定额,是指建设项目或独立的单项工程在建设过程中所耗用的时间总量。一般以月数或天数表示,它从开工建设时算起,到全部建成投产或交付使用时停止,但不包括由于计划调整而停建所延误的时间。

②施工工期定额,是指单项工程或单位工程从开工到完工所经历的时间,是建设工期的一部分。

3. 按投资的费用性质分类

（1）建筑工程定额。建筑工程一般理解为房屋和构筑物工程。

（2）设备安装工程定额。设备安装工程是对需要安装的设备进行定位、组合、校正和调试的工作。

4. 按主管部门及执行范围分类

按主管部门及执行范围分类主要有全国统一定额、地方统一定额、行业统一定额、企业定额及补充定额等。

任务二　施工过程分析和定额测定

学习目标

1. 了解施工过程的分类;
2. 掌握定额的工作时间;
3. 理解定额的测定方法。

任务描述

进行施工过程分析是定额测定的基础。本任务要求学生通过分析施工过程,能精准确定工人定额时间和非定额时间、机械定额时间和非定额时间,结合三大基本定额测定方法,计算基本定额的消耗量。

相关知识

一、施工过程分析

1. 施工过程分类

(1)按使用工具、设备和机械化程度不同,可分为:人工施工过程,如人力挖土;机械施工过程,如铲运机运土;人工与机械并有施工过程,如人力挖土,卷扬机提升土。

(2)按生产特点及组织的复杂程度不同,可分为工序、工作过程和复合过程。如钢筋混凝土构件施工过程可分解为表 5-1 所示的工作过程及工序等项目。

工作过程及工序　　　　　　　　　　　　　　　表 5-1

工程名称	复合过程	工作过程	工　序	操作步骤	动　作
钢筋混凝土构件	钢筋混凝土构件施工过程	1. 钢筋制作、绑扎; 2. 模板制作、支立、拆除; 3. 混凝土拌和、运输及灌注	(1)调直; (2)除锈; (3)切断; (4)弯曲; (5)成品运至堆放点(绑扎点); (6)绑扎钢筋	①在工作台上号样; ②把钢筋放在工作台上; ③对准位置; ④靠近支点; ⑤扳动扳手; ⑥弯好钢筋; ⑦放回扳手; ⑧将弯好的钢筋取出; ⑨放在指定地点	a. 工人走到调直、除锈并切断好的钢筋堆放处; b. 拿起钢筋; c. 走向工作台; d. 把钢筋放在工作台上

①工序。工序是指在组织上不可分开,而在操作上属于同一类的施工过程。工序是定额制定过程中的主要研究对象。从施工操作的组织观点看,工序是最简单的操作过程;从劳动过程的特点看,工序还可分解为更小的由若干操作过程组成的作业,而每一操作本身又由各种工作动作组成。动作是指劳动者在完成某一操作时的一举一动,这是工序中最小的一次性活动。例如钢筋制作与绑扎过程中,钢筋调直后便开始除锈。这时钢筋工放下调直工具,拿起钢丝

刷,就表示已由调直钢筋工序转入除锈工序。

②工作过程。工作过程由同一工人或同一小组完成的在技术操作上互有联系的工序组成。如钢筋制作与安装这一工作过程,是由在技术操作上互有联系的钢筋调直、除锈、切断、弯曲、将成品运到堆放点(绑扎点)、绑扎钢筋等工序组成,并由同一小组依次完成。

③复合过程。为了同一目的(或同一建筑产品),将组织上彼此有直接关联并先后或交叉或同时进行的几个工作过程结合起来,称为复合过程(亦称综合工作过程)。如钢筋混凝土构件施工过程包括钢筋制作、绑扎,模板制、立、拆,混凝土拌和、运送、灌注,等等。这些工作过程都是先后或交叉或同时进行,在组织上彼此有直接关联、缺一不可,最终产品是钢筋混凝土构件。

2. 研究施工过程的目的

(1)研究复合过程是为了判断复合过程的各有关工作过程在生产组织上是否合理,在质量上是否符合标准,找出各工作过程之间的矛盾和解决矛盾的方法,以便加强协作,确保产品质量。

(2)研究工作过程是为了找出工序间在更换工具、材料、工作地点方面以及劳动者在生产过程中的工作方法、路线、劳动组合与分工、机具配备数量方面是否恰当合理,研究组成工作过程的各工序,看哪些可以取消,哪些可以合并,哪些复杂笨重的工序可以用简单的方法代替,以达到工作过程严密紧凑,提高劳动生产率的目的。

(3)研究工序是为了看组成各工序的操作是否必要和合理,能否用更加简单的操作代替,以便找到整个工作过程中施工生产的特点和影响生产效率的因素,达到提高劳动生产率、降低消耗的目的。

(4)研究操作是为了研究先进操作方法,看操作中哪些动作是多余的,应该取消;哪些动作是不必要的,可以合并或采用更简单轻巧的动作,以达到合理安排操作次序,提高工效,减轻劳动强度的目的,为制定操作规程和定额提供基础资料。

二、工作时间分析

1. 工人工作时间分析

工人的工作时间由定额时间和非定额时间组成,如图5-2所示。

定额时间(亦称必须消耗的时间),是指为完成所接收的工作任务而必需消耗的时间,包括工人有效工作时间、正常休息时间和不可避免的中断时间。要完成或超额完成劳动定额,应尽量减少不可避免的中断时间,将损失时间压缩为零。

有效工作时间,是指工人完成各种任务所需消耗的时间。主要包括:①准备与结束工作时间,是指工人在执行任务前对施工地点、劳动机具和劳动对象进行准备和完成任务后结束整备所消耗的时间。②施工生产作业时间,是指直接用于完成生产任务的时间。其中有为完成施工生产工艺过程中规定的各项工序操作所消耗的基本作业时间(如搭脚手架、制作绑扎钢筋、灌注混凝土等)以及为保证基本作业顺序进行所做辅助工作消耗的辅助作业时间(如修磨工具,工地修架子车、手推车,等等)。

不可避免的中断时间,是指在施工生产中,工人由一个工作地点转移到规定的另一个工作地点,或因某建筑过程的工艺特点造成的中断时间。如抹水泥砂浆面层、压光等待收水的时间。

非定额时间(亦称损失时间),是指在施工过程中浪费的时间,包括在正常施工条件下,干不应有的和偶然工作所消耗的时间(如扶起推倒的小车、干返工活、干规定以外无效工作的时间）、停工损失时间（如指挥失误、组织不周、工作马虎,造成人员调配、技工与普工配合不当,施工中等待材料、工具、图纸,测量错误导致误工和停工的时间,或客观原因,如遇暴风、雨、雪、洪水及断水、断电等造成停工的时间）以及违反劳动纪律损失的时间（如迟到、早退、旷工、工作时间擅离职守、干私事、闲谈等）。

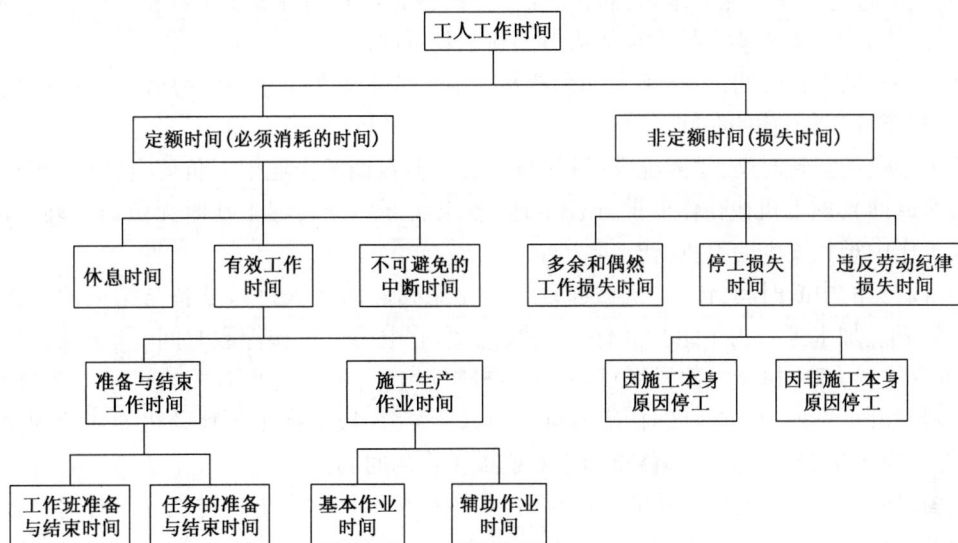

图 5-2　工人工作时间

2. 机械工作时间分析

机械的工作时间由定额时间和非定额时间组成,如图 5-3 所示。

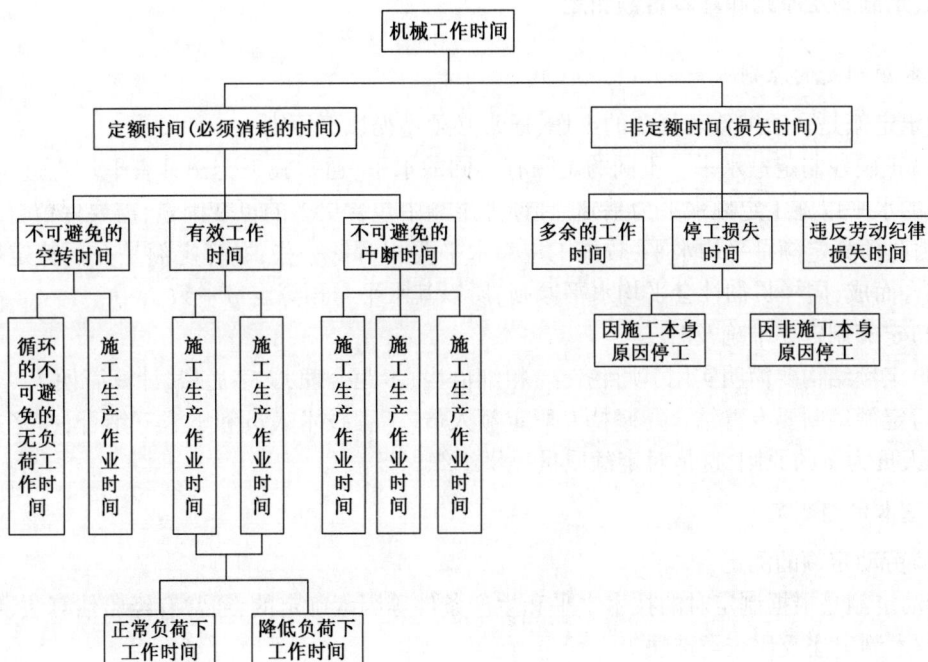

图 5-3　机械工作时间

要完成或超额完成机械产量定额,必须提高机械有效工作时间的利用,尽量缩短不可避免的空转时间和中断时间,将损失时间压缩为零。

有效工作时间分为:

①机动工作时间,是指由于机械工作的自动化和办公自动化,工人只需开动机器、关闭机器,并对机器进行观察和保养维修,而在机器(如机械化送料的混凝土搅拌机、碎石机、混凝土输送泵等)工作时,工人不直接参加体力劳动所消耗的时间。

②机手并动工作时间,是指工人利用机械工作,本身又直接参加体力劳动(如开推土机、铲运机、汽车等)所消耗的时间。

不可避免的空转时间,是因施工过程的特点,机器在循环作业中无负荷空转(如铲运机运土无负荷返回),施工机械在作业前开往工地、收工后开回及转移工地时无负荷运转的时间,以及在工作中难免发生的无负荷时间。

不可避免的中断时间,包括:机械起动前与结束运转时工人进行准备与结束的工作时间(如机械加油、加水等);为了维护和保养机械,在作业中间令机械停歇时间(如机械运转时间过长、外界气温太高、机器内部温度过高,须停机降温);与施工过程有关的机械中断时间(如装卸材料时汽车停驶;石方爆破时,凿岩机停用;每喷完一段混凝土须移动机器作业地点的中断;等等);操纵机器的工人因须休息而中断机械工作的时间。

损失时间包括无效使用机械的工作时间(如搅拌机搅拌混凝土超过规定的时间)、停工损失时间及违反劳动纪律的损失时间。

对工人或机械工作时间的组成和性质进行分析,是为了确定在施工过程中,哪些是必须消耗的时间,哪些是损失时间,从而在制定劳动定额或机械台班使用定额时,将所有的损失时间剔除,以提高定额的质量,使定额具有先进性。

三、定额制定原则和基本定额测定

1.定额制定的原则

制定定额是一项细致而复杂的工作,通常必须遵循以下原则:

(1)正确控制定额水平。不同的定额有不同的水平,通常施工定额具有平均先进水平;预算定额的水平以施工定额水平为基础,且预算定额中包含更多的可变因素,需要保留合理的幅度差,因此预算定额是平均水平,较施工定额水平要相对低一些;概算定额是在预算定额的基础上综合而成,同样贯彻社会平均水平原则,所以其水平与预算定额一致。

(2)定额制定要准确及时。

(3)定额结构要简明实用、项目齐全、粗细恰当、步距合理、文字通俗、计算简便。

(4)定额编制要专群结合。坚持专职定额人员、工程技术人员和工人三结合,并坚持以专职定额人员为主的原则,这是对定额质量提供组织保证。

2.基本定额测定

(1)劳动定额的测定

劳动定额是根据制定时的技术水平和生产条件等因素确定的,通常有经验估算法、统计分析法、技术测定法及比较类推法等。

①经验估算法。通过邀请有实践经验的工人、施工技术人员、专职定额员等进行座谈讨论,并参照有关的技术资料制定。为使制定的定额符合实际情况,还应根据同类的现行定额和

工时消耗资料进行比较分析,并广泛汲取有经验的老工人和管理人员的意见,在进一步研究后确定。这种方法的将点是制定的工作过程较短,简便易行。但其准确程度主要取决于参与估算人员的经验,有一定的局限性。

②统计分析法。根据一定时期内,实际生产中消耗的工作时间与所完成产品数量的统计资料(如施工任务单、定额完成统计表、考勤表等)以及其他有关原始记录(如小组日报、工班核算日报等)和原始凭证(如零星用工派工单、停工单等),经过整理,并结合当前的施工组织、技术水平和生产条件,进行分析对比来制定定额。这种方法简便易行,比较常用。为了提高利用这种方法制定定额的准确性,必须加强企业管理,加强定额的基础工作,采取有效措施,健全定额完成统计台账,提高定额资料统计及分析工作的质量,提高原始记录和凭证的准确性。

③技术测定法(亦称计时观察法)。它是在比较先进合理的技术条件和组织条件下,对施工过程中各工序工作时间的各个组成部分进行工作日写实和测时观察,详细地记录每一工序工人和机械的工作时间消耗、完成产品的数量及有关影响因素,然后将记录结果予以整理、分析、计算,并研究各种因素的影响,剔除损失时间,通过测定,直接获得制定定额的工作时间消耗和完成产品数量的全部资料来确定定额数量标准。这种方法是一种典型调查的工作法。根据充分,准确性高,是一种比较科学的方法,但费时费事。运用这种方法测定定额,应注意密切结合企业的生产特点、设备情况及工人的技术水平和熟练程度,充分做好准备工作,在依靠工人对提高劳动生产效率具有自觉性和广泛听取群众意见的基础上进行,防止单纯地计算和测定。要求测定人员做测定工作真实严密,测定资料完整准确,结论意见先进合理。

④比较类推法(又称典型定额法)。它是以生产同类型产品或工序的定额为依据,经过对比分析,推导出另一种产品或工序定额的方法。例如,隧道导坑开挖,导坑断面大小不同,但几何形状相似,围岩相同,施工方法一样,都用同类型凿岩机开挖,用同样的作业程序施工。只要确定出某种断面开挖的劳动定额,然后考虑断面大小的支撑和施工难易程度,就可以推导出开挖不同断面导坑的劳动定额。

此法简单易行,工作量小,只要准确选择对比依据,经过比较细致的分析对比,定额的质量比采用经验估算和统计方法要高。但这种方法不能对定额的时间组成进行全面分析,对挖掘潜力,提高劳动生产率的可能性估计不足,或因选择的典型件不够恰当而影响定额的质量。

上述制定劳动定额的方法,在实际工作中可根据具体情况,相互结合、灵活运用。

(2)材料消耗定额的制定

①主要材料和一次性材料消耗定额的制定

材料消耗定额是在施工过程,通过对建筑材料消耗的观察、试验室试验以及根据技术资料的统计和计算方法,在考虑合理的损耗下制定的。

材料消耗定额的制定方法通常有观察法、统计法、试验法、计算法等。这些方法可以根据工程的实际情况,结合工程的人员经验等来确定。

a.观察法。在平均先进水平原则下,选择典型的施工项目作为观测对象,其施工技术与组织要符合技术规范要求,材料的品种、型号、质量要符合设计要求,操作工人要会合理使用材料,产品检验必须合格。观测前要充分做好准备工作,如选用标准的计量器具和运输工具,采用减少材料损耗的措施,等等。观测中要区分不可避免的材料损耗和可以避免的材料损耗,而后者不能包括在损耗定额内。对观测取得的单位产品材料消耗量,必须经过科学的分析研究和计算后,确定消耗标准,列入材料消耗定额。用这种方法能比较准确地确定施工过程中难以避免的损耗数量,而这种损耗量用统计和计算方法是不可能得到的。如测定 M10 砂浆砌筑

$10m^3$ 片石基础或墩台身,水泥、砂和其他材料的消耗,以及不可避免的损耗(如落地灰、运输损耗等)均可通过实地观察测定。

b.试验法。它是通过专门的仪器设备进行试验来确定材料消耗定额。这种方法只适用在试验室条件下测定。如根据试验室测定的不同强度等级混凝土配合比,计算出 $1m^3$ 混凝土的水泥、砂、石、水的用量。但是试验法不能取得在施工现场条件下各种客观因素对材料消耗量的影响值。因此,对实际消耗量还要进行具体分析,如将理论配合比换算成施工配合比。

c.统计法。根据长期积累的分部分项工程所需材料的发、退料及库存数量和完成产品的数量,进行统计分析和计算、制定材料消耗定额。这种方法比较简单,但其准确性受统计资料质量的影响有一定的片面性。采用此法,必须注意材料的耗用与耗用该材料的部位一致,各个不同部位的数量及材料消耗统计资料准确,才能得到有效的统计数据。

②周转性材料消耗定额的制定

周转性材料也是施工作业用料,常称为施工手段用料,是指在施工中多次使用的各种工具性材料,如模板、支撑、拱架、脚手架、步行板等。它们在每次使用中都会受到一些损耗,经常修理可供下次施工继续使用。周转性材料消耗定额的制定,主要是测定其周转次数。周转次数的多少,是根据不同的工程、不同的周转材料,用统计分析方法确定的。周转性材料每使用一次后的消耗量(或摊销量)以设计周转性材料需要量(一次使用量)为准,考虑每使用一次后的补充量,使用次数和返还量,通过计算来确定。

(3)机械台班使用定额的制定

依据机械写实、测时和统计资料以及机械工时分类标准、机械说明书和有关机械效能参考资料,制定机械台班使用定额。而机械写实、测时及统计资料可通过技术测定、经验座谈和统计分析等方法取得,其与劳动定额的制定方法基本相同。

任务三　基本定额分析

📖 学习目标

1. 了解基本定额的内容;
2. 掌握劳动定额的计算原理;
3. 掌握材料消耗定额的计算原理;
4. 掌握机械台班使用定额的计算原理。

📖 任务描述

劳动定额、材料消耗定额和机械台班使用定额是其他各种定额的基础。通过学习本任务,学生应掌握基本定额的内容,劳动定额、材料消耗定额和机械台班使用定额的计算方法,能结合具体实例进行基本定额的选用。

📖 相关知识

从定额的分类可以看出,无论何种定额的内容都包含"三要素",即劳动定额、材料消耗定额和机械台班使用定额,这三种定额也是制定其他各种定额的基础,因此,称其为基本定额。

一、劳动定额

劳动定额亦称人工定额、工时定额或工日定额。它蕴含着生产效益和劳动力的合理运用,反映建筑安装工人劳动生产率的平均先进水平,不仅体现了劳动与产品的关系,还体现了劳动配备与组织的关系,它是计算完成单位合格产品或单位工程量所需人工的依据。

1.劳动定额的表现形式

劳动定额是以时间定额或产量定额来表示的。

(1)时间定额。时间定额是指某种专业、某种技术等级工人班组或个人,在正常施工条件下,完成单位合格产品或单位工程量所必需的工作时间,包括准备工作与结束工作时间、基本生产时间、辅助生产时间和生产工人必须的休息时间。时间定额的计算方法如下:

$$\text{单位产品时间定额(工日定额)} = \frac{\text{必须消耗的工日数}}{\text{生产量或工日量}} \tag{5-1}$$

$$\text{班组单位产品时间定额(工日定额)} = \frac{\text{必须消耗的班组成员工日数总和}}{\text{班组产量}} \tag{5-2}$$

$$\text{时间定额(工日定额)} = \frac{\text{工作人数} \times \text{工作时间}}{\text{工作时间内完成的生产量或工日量}} \tag{5-3}$$

式中,工作人数,单位为人工;工作时间,单位为 s、min、h、d;劳动时间,单位为工秒、工分、工时、工日、工天。

我国现行工作制度,每一工日(工天)按 8h 计算,即 1 工日(工天) = 8 工时 = 8 × 60 工分 = 8 × 60 × 60 工秒。

生产量或工程量的单位,以单位产品或工程量的计量单位计算,如 m^3、m^2、m、t、块、根等。

时间定额的计量单位以每单位产品或工程量所消耗的工日数表示,如工日/m^3、工日/m^2、工日/块等。

(2)产量定额,是指在正常使用条件下,某种专业、某种技术等级工人班组或个人,在单位时间内所完成的合作产品数量和工程量。

$$\text{单位时间产量定额(每工日定额)} = \frac{\text{生产量或工程量}}{\text{必须消耗的工日数}} \tag{5-4}$$

$$\text{产量定额} = \frac{\text{工作时间内完成的产量或工程量}}{\text{劳动时间}} \tag{5-5}$$

$$\text{班组产量} = \frac{\text{必须消耗的班组成员工日数总和}}{\text{班组单位产品时间定额}} \tag{5-6}$$

产量定额的计量单位以每工日完成单位合格产品或工程量的计量单位表示,如 m^3/工日、m^2/工日、块/工日等。

2.时间定额与产量定额的关系

时间定额与产量定额互为倒数(或反比)关系,即

$$\text{时间定额} \times \text{产量定额} = 1 \tag{5-7}$$

时间定额与产量定额呈反比关系。时间定额降低,产量定额相应增加;反之亦然。

二、材料消耗定额

1. 材料消耗定额的组成

材料消耗定额是指在合理使用材料的条件下,完成单位产品或单位工程量所必需消耗的一定规模的建筑材料、半成品或构配件的数量标准。所谓合格产品或工程量是指质量、规格等方面要符合国家标准、部颁标准或省、自治区、直辖市标准。材料消耗定额的计量单位以生产单位产品或工程量所需材料的计量单位表示。

材料消耗定额包括直接用于产品生产或工程施工的材料净用量及不可避免的工艺和非工艺性材料损耗(包括料头、装卸车散失)。前者称为材料的净消耗定额,亦称净定额。这是生产某产品或完成某一施工过程的有效消耗量。后者称为材料的损耗定额,但不包括可以避免的浪费和损失的材料。这是非有效消耗量。二者之和称为材料消耗总定额,也叫材料消耗定额。

2. 材料损耗量

（1）材料损耗分类

①运输损耗,是指材料在运输过程中所发生的自然损耗。这种从生产厂或供料基地运输到工地料库所发生的损耗不包括在材料消耗定额中,应列入材料采购保管费内。

②保管损耗,是指材料在保管过程中所发生的自然损耗。这种损耗也不包括在材料消耗定额中,应列入材料采购保管费。

③施工损耗,是指在施工过程中,现场搬运、堆存及施工操作中不可避免的材料损耗以及残余材料和废料损耗等。这些损耗应包括在材料消耗定额内。

（2）材料损耗的计算

施工过程中材料损耗一般用损耗率表示。

材料损耗率有两种计算方法:

$$材料损耗率 K_总 = \frac{材料损耗量 D_S}{材料总消耗量 D_Z} \times 100\% \tag{5-8}$$

$$材料损耗率 K_净 = \frac{材料损耗量 D_S}{材料净用量 D_J} \times 100\% \tag{5-9}$$

以上对应的材料消耗量也有两种计算方法:

$$D_S = D_Z \times K_总 \tag{5-10}$$

$$D_S = D_J \times K_净 \tag{5-11}$$

在工程计算中,$K_总 \approx K_净 = K$。其中,K 值可以直接从预算定额或材料消耗定额中查出。

（3）材料总消耗量

根据结构物或构筑物施工图纸计算出或根据试验确定出材料净用量,再按照公式 $D_Z = (1 + K)D_J$ 计算材料总消耗量 D_Z。

三、机械台班使用定额

机械台班使用定额亦称机械设备使用定额。它标志着机械生产率的水平,用它可计算出完成合格产品或工程量所需用的机械台班数量。

1. 机械台班使用定额的表示形式

机械台班使用定额以机械时间定额和机械产量定额两种形式表示。

（1）机械时间定额（也称机械台班时间定额），是指在正常施工条件下，规定某种机械设备完成质量合格的单位产品或单位工程量所需消耗的机械工作时间，包括有效工作时间、不可避免的空转时间和不可避免的中断时间。其计算公式如下：

$$机械时间定额 = \frac{机械台数 \times 机械工作时间}{工作时间内完成的产品数量或工程量} \tag{5-12}$$

式中，机械台数，计量单位为台或机组；机械工作时间，计量单位为班、h、min、s。

机械台数与机械工作时间相乘之积为机械工作时间消耗量，计量单位为台班、机组班、台时、台分、台秒。一个台班表示一台机器工作一个工作班（8h），一个机组班表示一组机械工作一个工作班（8h），一个台时表示一台机器工作1h。其余类推。

$$1 台班 = 8 台时 = 8 \times 60 台分 = 8 \times 60 \times 60 台秒$$

产品数量或工程量的计量单位应能具体正确地表示工程量的形体特征，如m^2、m^3、km、t等。

机械时间定额一般以台班（或台时）/产品或工程的计量单位表示，如台班/m^3、台时/m^3、台班/km等。

（2）机械产量定额（也称机械台班产量定额），是指在正常施工条件下，规定某种机械设备在单位时间（台班或台时）内应完成质量合格的产品数量或工程量。其计算方法如下：

$$机械产量定额 = \frac{工作时间内完成的产品数量或工程量}{机械台数 \times 机械工作时间} \tag{5-13}$$

机械产量定额的计量单位，以产品或工程的计量单位/台班（或台时）表示。例如，挖掘机挖土产量定额的计量单位为m^3/台班或m^3/台时。

2. 机械时间定额与机械产量定额的关系

机械时间定额与机械产量定额之间互为倒数（反比）关系，即

$$机械时间定额 \times 机械产量定额 = 1 \tag{5-14}$$

任务四　铁路工程定额体系

🔖 学习目标

1. 了解铁路工程定额体系；
2. 掌握预算定额和概算定额的内涵；
3. 了解概算指标和估算指标的作用。

🔖 任务描述

铁路工程定额体系涉及铁路工程概预算编制的全部内容。通过学习本任务，学生应能了解铁路工程定额测算体系的组成，了解各定额的用途，并能根据工程所处阶段选择合适定额进行套用。

🔖 相关知识

目前铁路工程定额体系由估算指标（2000年）、概算指标（1998年）（含通信、信号、电力、

电力牵引供电、房屋建筑、给排水及机械设备安装)、概算定额(2010年)、预算定额(2017年)、基价表、建筑材料价差系数、概(预)算编制办法(2017年)、主要材料价格信息、工程量清单指南(2010年)、工程量计算规则(2010年)、相关补充文件等组成。

一、铁路工程定额体系

铁路工程概、预算定额分为十三个专册,各专册定额都有专业分工、多种专业使用的定额,可跨册、跨阶段使用。为方便使用,还另行发行了《铁路基本建设工程设计概(预)算费用定额》《铁路工程材料基期价格》《铁路工程施工机具台班费用定额》《铁路工程基本定额》《铁路工程建设估算指标》等专册定额。当定额中基价不适合现场使用时,另外发行与原定额配套使用的基价表。

《铁路工程概算定额》:第一册 路基工程、第二册桥涵工程、第三册隧道工程、第四册轨道工程、第五册通信工程、第六册信号工程、第七册电力工程、第八册电力牵引供电工程、第九册房屋工程、第十册给水排水工程、第十一册机务车辆机械工程、第十二册站场工程和第十三册信息工程。

《铁路工程预算定额》:第一册 路基工程、第二册桥涵工程、第三册隧道工程、第四册轨道工程、第五册通信工程、第六册信号工程、第七册信息工程、第八册电力工程、第九册电力牵引供电工程、第十册房屋工程、第十一册给水排水工程、第十二册机务车辆机械工程、第十三册站场工程。

另外还编制了《铁路工程基本定额》(以下简称《基本定额》),这里的《基本定额》不是前面所指的"基本定额",而是指在合理的条件下,为生产单位数量半成品、中间产品所规定的各种资源的消耗量标准,分11章,包括:

(1)各种辅助结构所用材料、半成品使用次数表;

(2)模板制作、安装及拆除;

(3)钢筋制作与绑扎;

(4)钢、木结构制作、安装及拆除;

(5)混凝土拌制、流筑;

(6)拌制水泥砂浆;

(7)养护;

(8)混凝土及水泥砂浆配合比用料表;

(9)砌筑工程;

(10)工地范围内材料、成品、半成品运输;

(11)备料工程等内容。

它是编制铁路工程预算定额的基础,适用于路基、桥涵、隧道、轨道、信号、电力牵引供电、站场建筑设备以及给排水工程预算定额中混凝土、砂浆用料等有关部分。而通信、电力、机械设备安装、房屋建筑及给排水工程定额,因基本上是按全国统一安装市政工程预算定额等编制,相关内容未纳入。

《基本定额》的主要内容包括各种辅助结构所用材料、半成品使用次数,模型板制作、安装及拆除,钢筋制作及绑扎,深水复杂桥钢术结构制作、安装及拆除,混凝土拌制、灌筑及振捣,拌制水泥砂浆,养护,混凝土及水泥砂浆配合比额用料,砌筑工程石料、砂浆消耗量,工地范围内材料、成品、半成品运输定额,备料工程,等等。《基本定额》的主要作用是制定定额,进行定额换算和补充定额,也可以利用其分析分项工程或半成品所需的人工、材料、机械等消耗量。

二、预算定额

预算定额是在施工定额的基础上,综合施工定额工作细目为预算定额的工作细目,纳入已经应用的新技术、新工艺,按照合理的施工组织和正常的施工条件编制的。预算定额是工程建设中重要的技术经济文件,是编制施工图预算的主要依据,是确定和控制工程造价的基础。

预算定额是按照社会平均水平和简明适用原则编制的。

预算定额主要由法定批文、总说明、各分册(工程项目)说明、定额项目表(各项目以分部工程为章,以分项工程为节,以项目排序号)等内容组成。表中内容除表头外,由四部分组成:

(1)工作内容与计量单位。对定额表中数据所包含的内容进行描述,查定额时须认真阅读与理解。

(2)工料机消耗标准,即一定计量单位的分部分项工程或结构构件的人工、材料和机具台班数量标准。

(3)基价,即一定计量单位的分部分项工程或结构构件的人工费、材料费和机具使用费合计价格。

"基价"意即基期合计价格,是指在定额编制时,以某一年为基期年,以该年某一地区(如陕西省)工、料、机单价为基础计算的完成定额计量单位的合格产品所需要的人工费、材料费、机具使用费的合计价值。定额使用一定时期后,由定额编制单位发行更新的基价表配合原定额使用,以确保定额的相对稳定性。

(4)质量。一定计量单位的分部分项工程或结构构件所消耗的主要材料质量。"质量"是指完成某一定计量单位合格产品所需要的全部建筑安装材料质量,但不包括水及施工机械的动力消耗(油料及燃料)的质量,以吨为计量单位,主要用于计算材料运杂费。

三、概算定额

概算定额,亦称扩大结构定额或综合预算定额,是确定一定计量单位的扩大分部工程、结构构件或扩大分项工程的人工、材料和机械台班消耗数量及其基价费用的标准。它的结构和形式与预算定额基本一样。

概算定额是以预算定额为基础,适当地将预算定额中分部分项工程或结构构件中有关的几个项目,综合扩大成一个项目。概算定额的内容组成与预算定额类似。

概算定额按照社会平均水平和简明适用的原则进行编制。由于概算定额和预算定额都是工程计价依据,所以应符合价值规律和反映现阶段大多数企业的设计、生产及施工管理水平,但在概、预算定额水平之间应保留必要的幅度差。

概算定额与预算定额的相同之处在于它们都是以建(构)筑物各个结构部分和分部分项工程为单位表示的,内容也都包括人工、材料和机械台班使用量定额三个基本部分,并列有基价。概算定额表达的主要内容、主要方式及基本使用方法,都与预算定额相近。概算定额与预算定额的不同之处在于项目划分和综合扩大程度上有差异,同时,概算定额主要用于估算或设计概算的编制。由于概算定额综合若干分项工程的预算定额,因此,概算工程量计算和概算表的编制,都比编制施工图预算简化一些。

四、概算指标

概算指标是以整个建筑或整个分部工程为单位而规定的人工、材料和机械台班消耗指标及其基数费用标准,它是在概算定额和预算定额的基础上编制的。

概算指标按平均水平的原则进行编制,其内容和表现形式要贯彻简明适用原则,其编制依据也必须具有代表性。

目前,铁路工程"站前"工程设计概算须用概算定额或预算定额编制,而只是在初步设计阶段,"站后"工程设计概算须用概算指标编制,因此只需制定"站后"工程概算指标,"站前"工程概算指标一般不再使用,而工程概算指标还在继续沿用。

概算指标与概算定额相比,其综合性能更强,对"站后"工程进行原则性方案的经济比较更加方便,但精确性较差。

五、估算指标

估算指标,亦称投资估算指标,是通过对已交付使用的各种不同地形条件,不同设计标准的建设项目的主要工程量及概算和决算资料进行分析研究,并在概算指标的基础上扩大计量单位,增加费用内容而制定的各有关专业工程量和建设费用的消耗指标。因估算指标构成的数据是根据各种预概算和决算资料,经过整理、研究、分析、归纳、计算而得,因此,它实际上是一个概括性很强的统计分析指标。

估算指标是在项目建议书阶段和编制设计任务书阶段编制投资估算、计算投资需要使用的一种定额。它具有很强的综合性、概括性,往往以独立的单项工程或完整的工程项目为计算对象。它的概略程度与可行性研究阶段相适应。

投资估算指标是确定和控制建设项目全过程各项投资支出的技术经济指标。其范围涉及建设前期、建设实施期和竣工验收交付使用期等各个阶段的费用支出,内容因行业不同而各异,一般可分为建设项目综合指标、单项工程指标和单位工程指标 3 个层次。

任务五　铁路工程预算定额的应用

📖 学习目标

1. 掌握铁路工程预算定额的应用技巧和要点;
2. 了解定额套用步骤;
3. 理解定额抽换的实质。

📖 任务描述

正确套用定额是编制合理造价文件的前提。通过学习本任务,学生应能掌握铁路工程预算定额应用技巧和要点,理解定额套用思路和抽换技巧,并能根据工程实例选择合适定额项目表进行造价文件计算。

📖 相关知识

一、预算定额应用技巧

要使预算定额在基本建设中发挥作用,除定额本身先进合理外,还必须正确应用预算定额,决不可忽视。预算定额的查用步骤:确定定额种类—确定定额编号—阅读说明—定额抽换。

(1)首先要学习和理解定额的总说明和分部工程说明及附注、附录、附表的规定,这是定额的核心部分。它指出了定额编制的指导思想、原则、依据、适用范围、使用方法、调整换算、已考虑和未考虑的因素,以及其他有关问题,对因客观条件须据实调整换算也作了规定。

(2)掌握分部分项工程定额所包括的工作内容和计量单位。在使用定额前,必须弄清一个工程由哪些工作项目组成,每个项目的工作内容是否与定额的工作内容一致,定额的计量单位是否采用扩大计量单位。

(3)弄清定额项目表中各子目栏工作条目的名称、内容和步距划分。然后以定额的计量单位为标准,将该工程各个项目按定额子目栏的工作条目逐项列出,做到完整齐全,不重不漏。

(4)了解定额项目表中人工、材料、机械台班名称、耗用量、单价和计量单位。

(5)熟悉工程量计算规定及适用范围。按规定和适用范围计算工程数量,有利于统一标准。

(6)对于分项工程的内容,应通过深入施工现场和工作实践,理解其实际含义。只有对定额内容了解透彻,在确定工程条目,套用、换算定额或编制补充定额时,才会快而准确。

二、预算定额运用要点

(1)正确选择子目,不多不漏。

(2)子目名称简练直观。

(3)核对工作内容,防止漏列、重列。

(4)看清计量单位。

(5)详细阅读说明和小注。

(6)图纸要求与定额子目或序号项目一致,否则可能要抽换。

(7)施工方法要依施工组织设计而定。

(8)多实践,多练习,熟能生巧。

三、定额套用

当设计要求与定额条件相符时,可直接套用定额(直接查找定额)。套用时应注意以下几点:

(1)正确选用定额条目。根据设计图纸要求及说明,选择与工作项目内容相符的定额条目,并对其工作内容、技术特点和施工方法仔细核对,做到内容不漏、不重、不错。

(2)核对计量单位。条目选好后,核对并调整所列工程项目的计量单位,使之与定额条目的计量单位相一致。

(3)明确定额中的用语、符号及定额表中数据的意义,区分"以内""以外"和"以上""以下"的含义。

(4)注意定额的换算。当工程设计与定额内容部分不相符,而定额允许换算时,要先对套用的定额进行必要的换算后才能使用。

四、定额抽换

定额是按照合理的施工组织和正常的施工条件编制的,定额中所采用的施工方法和质量标准是根据现行的铁路设计规范、施工规范、技术安全规则、质量评定验收标准等确定的。除另有说明外,一般不得对定额进行调整或换算。

定额中的材料消耗量,均已包括工地搬运及施工操作损耗。其中周转性材料(如模板、支撑、脚手杆、脚手板、挡土板等)的消耗量,均按其正常摊销次数摊入定额内,使用时不得因实际摊销次数不同而调整。

定额中混凝土和水泥砂浆的数量(表中圆括号的数字),仅用于混凝土和砂浆配合比计算水泥、砂子、碎石的消耗量,使用时不得重复计算。其水泥消耗量按中粗砂编制,当设计采用细砂时,应按基本定额有关项目进行调整。当其设计强度等级与定额不同时,应按基本定额有关配合比用料表调整消耗量。

定额中的施工机具类型、规格型号,按正常情况综合选定。施工实际采用的类型、规格型号与定额不同时,除另有说明外,均不得调整。

总之,当工作项目与定额内容部分不相符时,不能直接套用定额,应在定额规定的范围内根据不同情况加以换算。

1. 设计的规格、品种与定额不相符的换算

当设计要求的规格、品种与定额规定不同时,须先换算使用量,再按其单价换算价值。概预算定额的换算实际上是概预算价格的换算。

(1)砂浆或混凝土强度等级,设计与规定不符时,应根据砂浆或混凝土设计强度等级在《基本定额》"混凝土、钢筋混凝土、水泥砂浆用料表"中,查出应换入的用料数,并考虑工地搬运、操作损耗量及混凝土凝固后体积收缩等,或在《铁路工程预算定额》中,查与设计强度等级相同项目的混凝土、钢筋混凝土、水泥砂浆用料数(已考虑损耗量等)。应换出的用料数为定额表中的数量,然后进行换算。

换算后砂浆或混凝土预(概)算定额单价 = 原预、概算定额基价 − [∑(应换出的用料数 × 相对应的材料单价)] + [∑(应换入的用料数 × 相对应的材料价格)]   (5-15)

(2)砂浆或混凝土的集料粒径,设计与定额规定不符时,须按砂浆或混凝土标号调整水泥用量。例如,铁路工程预概算定额中,混凝土、钢筋混凝土、浆砌石及砂浆的水泥用量,是按中粗砂编制的,实际使用细砂时,应按基本定额调整水泥用量。

(3)钢筋混凝土定额中的钢筋数量、规格,当设计与定额规定不符,使实际钢筋含量与定额中钢筋含量相差超过 ±5%,应先按设计要求调整定额钢筋数量,再用钢筋制作及绑扎定额调整定额工日、有关材料、机械台班数,并用定额单价计算其价值。不是因设计原因造成的不符,如钢筋由粗代细、螺纹钢筋代替圆钢铁或型号改变,因此而增加的钢筋费用,不能编入定额价值内。

2. 运距换算

(1)运距超过定额项目表中子项目基本运距

【例 5-1】 计算轮胎式装载机≤3m³ 装载机挖运普通土,运距 25m 的定额基价。

【解】 查《铁路工程预算定额(第一册 路基工程》LY-18,装载机挖运普通土,运距≤10m(基本运距),基价 116.51 元/100m³;LY-19,增运 10m,基价 12.12 元/100m³。则此定额基价为:

$$116.51 + 12.12 \times (25 - 10)/10 = 134.69(元/100m³)$$

(2)运距超过定额项目表中工作内容规定的运距

【例 5-2】 分析计算机械钻眼开挖石质基坑,基坑深 3m 以内,无水,双轮车运 250m 外堆弃的定额计价。

【解】 查《铁路工程预算定额》(第二册 桥涵工程)QY-17,机械钻眼开挖石质基坑机械吊运工作内容中规定,机械吊运至坑口外 10m。实际施工须用双轮架子车运往离基坑 250m 外堆弃,基坑土为软石,开挖后视为硬土,须考虑土方增运费用,增加运距的定额为 LY-51 和 LY-52,即

$$2196.48 + 266.64 \times (250 - 50 - 10)/50 = 3209.712 \ 元/100m^3 = 320.97 \ 元/10m^3$$

则定额计价为 QY-17、LY-51 和 LY-52 组合,即

$$406.42 + 320.97 = 727.39(元/10m^3)$$

3. 断面换算

在定额中确定的构件断面,是根据选择的有代表性的不同设计标准,经分析、研究、综合、加权计算确定的,称为定额断面。如实际设计断面与定额断面不符时,应按定额规定进行换算。

4. 周转次数换算

当材料的实际周转次数达不到规定的周转次数时,定额表中周转材料的定额用量应予以抽换,按照实际的周转次数重新计算其实际定额用量。

5. 厚度和宽度换算

防护层的厚度(沥青混凝土、沥青砂浆的厚度),抹灰层厚度,道砟桥面人行道宽,有的定额表中划分为基本厚度或宽度和增减厚度或宽度定额,如果设计厚度或宽度与定额不符,可按设计要求和增减定额对基本厚度或宽度的定额基价进行调整换算。

6. 系数换算

当实际施工条件与定额规定不符时,应按定额规定的系数进行调整。例如,隧道衬砌机械化施工,沟槽模板按双侧编制,当设计采用单侧沟槽时,定额应乘以系数 0.7。又如桥梁钻孔定额适用于孔深 50m 以内,若钻孔深度大于 50m 时,超过部分每增加 10m(不足 10m 部分),定额中人工和机械台班消耗量以 50m 为基数对相应规定系数进行调整。

7. 体积换算

铁路"路基工程预算定额"明确了开挖与运输数量以天然密实体积计算,填筑数量以压实体积计算,因此在土石方调配与套用定额时需要进行天然密实体积与压实体积的换算。

总之,定额换算必须在定额的规定条件下进行。如果定额规定不允许换算时,不得强调本部门的特点,任意进行换算。例如,在定额总说明中规定,周转性的材料、模板、支撑、脚手杆、脚手板和挡土板等的数量,按其正常周转次数,已摊入定额内,不得因实际周转次数不同调整定额消耗量。又如,定额中各项目的施工机械种类、规格型号按一般情况综合选定,若施工中实际采用的种类、规格和定额不一致时,除定额另有说明者外,均不得换算。

能力训练 确定单项工程预算定额值

【能力训练 1】 某Ⅰ级铁路(设计速度 160km/h)区间路基工程,按设计填筑线计算的填方数量为 40000m³,现场无利用方,设计清除表土及原地面压实后回填至原地面高程所需的土

方数量为3000m³,使用1.0m³挖掘机装车,硬土,以8t自卸汽车运土,平均运距3km,以压路机压实。试确定该路基工程所需人工、材料、机械台班预算定额值。

【解】 (1)根据路基工程预算定额说明,清除表土及原地面压实后回填至原地面高程所需的土方数量按设计确定数量计算,并纳入路基填方数量内。因此,本项目实际施工压实方为43000m³。

(2)完成本路基工程项目需要完成挖掘机装车、自卸汽车运土及路堤修整压实3个子目。挖掘机装车、自卸汽车运土数量以天然密实体积计算,路堤修整压实数量以压实体积计算。

查表得硬土换算系数为1.092。由此得出,挖掘机装车、自卸汽车运土数量为43000×1.092=46956m³天然密实方,路堤修整压实数量为43000m³。

(3)挖掘机装车。查定额表LY-1I,定额单位为100m³(天然密实方)。

人工: 0.488×469.56-229.15(工日)

履带式液压单斗挖掘机≤1.0m³:0.244×469.56=114.57(台班)

(4)自卸汽车运土。运土平均运距3km,需要增运2km。查定额表LY-26、LY-27,定额单位100m³(天然密实方)。

8t自卸汽车:(0.979+2×0.269)×469.56=712.32(台班)

(5)路堤修整压实。查定额表LY-168,定额单位为100m³(压实方)。

人工: 0.64×430=275.2(工天)

其他材料费: 18.573×430=7986.39(元)

履带式推土机≤105kW: 0.170×430=73.1(台班)

自行式振动压路机≤25t: 0.190×430=81.7(台班)

平地机≤120kW: 0.040×430=17.20(台班)

其他机械使用费: 18.00×430=7740(元)

【能力训练2】 某桥梁基坑开挖工程,机械施工,挖运至基坑外60m,地面中心高程99.5m,地下水位98m,基底高程95m,基坑挖基总量600m³。其中干处开挖总量250m³,湿处开挖总量350m³,弱水流。湿处开挖需挡土板支护并抽水。试确定基坑施工所需人工、机械台班数量。

【解】 (1)基坑挖土

基坑深度为4.5m,查定额表QY-1、QY-2,定额单位为10m³,则

无水挖土:人工0.15工日,履带式液压单斗挖掘机≤1.0m³,0.043台班

有水挖土:人工0.15工日,履带式液压单斗挖掘机≤1.0m³,0.049台班

人工: 0.15×250÷10+0.15×350÷10=9.0(工日)

(2)基坑支护

根据说明,挡土板支护的工程量按所支护的基坑开挖数量计算,即无水250m³,有水350m³。查定额表QY-25、QY-26,定额单位为10m³,人工定额分别为0.58工日和0.90工日。

人工: 0.58×250÷10+0.90×350÷10=46.0(工日)

(3)基坑抽水

查定额表QY-33,定额单位为10m³,湿土,人工为0.32工日,单级离心清水泵≤25m³/h-32m,台班为1.48台班。

人工: 0.32×350÷10=11.2(工日)

单级离心清水泵≤25m³/h-32m,台班:1.48×350÷10=51.8(台班)

（4）土方远运

根据说明,基坑开挖定额中弃方运距为10m,如需远运,按路基定额相应子目另计。本例中,运至基坑外60m,超出50m,需要运20m后再增运30m,需要查路基定额子目计算。

按普通土,查路基工程预算定额表LY-43、LY-44,定额单位为100m³。

人工: $25.63 + 3.04 \times 3 = 34.75$(工日)

人工: $34.75 \times 600 \div 100 = 208.50$(工日)

【能力训练3】 某铁路桥梁,陆上钻机钻孔,设计桩径为1.5m,桩长为55m,其中可塑的黏性土20m,砂砾石22m,软石13m,泥浆和钻渣外运运距1km,钢护筒埋深1.5m,桩身混凝土C25非泵送,试确定人工定额值。

【解】 （1）钻孔

根据定额说明,钻孔深度大于50m时,定额中的人工、机械台班消耗量应乘以大于1的综合系数。可塑的黏性土综合系数为1.008,砂砾石综合系数为1.013,软石综合系数为1.017。查定额表QY-88、QY-93、QY-98,定额单位为10m³,人工消耗为可塑的黏性土2.535工日,砂砾石30.183工日,软石60.420工日。

一根桩人工数量 $= 1.008 \times 20 \div 10 \times 2.535 + 1.013 \times 22 \div 10 \times 30.183 + 1.017 \times 13 \div 10 \times$
       $60.420 = 152.26$(工日)

（2）钢护筒

查定额表QY-220,定额单位为t,人工消耗为6.486工日。钢护筒重量可根据钢板厚度、直径计算确定。

（3）钻孔用泥浆和钻渣外运

根据说明,钻孔用泥浆和钻渣外运工程量 $= 0.25 \times \pi \times D^2 \times H = 0.25 \times \pi \times 2.25 \times 55 = 97.19\text{m}^3$。

查定额表QY-213,定额单位为10m³,人工为0.064工日,则
    人工数量 $= 172.79 \div 10 \times 0.064 = 1.11$(工日)

（4）灌注混凝土
  土层灌注混凝土数量 $= 0.25 \times \pi \times D^2 \times H = 0.25 \times \pi \times 2.25 \times 20 = 35.34\text{m}^3$
  其他地层灌注混凝土数量 $= 0.25 \times \pi \times D^2 \times H = 0.25 \times \pi \times 2.25 \times 35 = 61.85\text{m}^3$

查定额表QY-199、QY-201,定额单位为10m³,人工分别为0.85工日和0.95工日。
  人工数量 $= 35.34 \div 10 \times 0.85 + 61.85 \div 10 \times 0.95 = 8.88$(工日)

（5）钢筋笼

查定额表QY-207、QY-210,定额单位为t,人工为5.143工日、4.178工日。

✏️ 项目小结

（1）定额是指在一定的技术和正常的组织条件下,生产质量合格的单位产品所消耗的人力、物力、财力和时间等的数量标准,即在合理的劳动组织以及合理地使用材料和施工机具的条件下,预先规定的完成合格产品所消耗的资源数量的标准,它反映一定时期内社会生产力水平的高低。

（2）定额的特性有:科学性、权威性、系统性、统一性、时效性和群众性。按定额反映的物资消耗量分类,定额分为劳动消耗定额、材料消耗定额和机械台班消耗定额。

(3)施工过程按生产特点及组织的复杂程度不同,可分为工序、工作过程和复合过程。工人工作时间分为定额时间和非定额时间。机械工作时间分为定额时间和非定额时间。

(4)劳动定额的制定是根据制定时的技术水平和生产条件等因素来确定的,通常有经验估算法、统计分析法、技术测定法及类比法(又称典型定额法)等。材料消耗定额的制定分为主要材料和一次性材料消耗定额的制定。材料消耗定额的制定通常有观察法、统计法、实验法、计算法等。这些方法可以根据工程的实际情况,结合工程的人员经验等来确定。

(5)铁路工程概、预算定额分为十三个专册,各专册定额都有专业分工、多种专业使用的定额,可跨册、跨阶段使用。为方便使用,还另行发行了《铁路基本建设工程设计概(预)算费用定额》《铁路工程材料基期价格》《铁路工程施工机具台班费用定额》《铁路工程基本定额》《铁路估算指标》等专册定额。当定额中基价不适合现场使用时,另外发行与原定额配套使用的基价表。

(6)在定额选择与套用时须注意:正确选择子目,不多不漏;子目名称简练直观;核对工作内容,防止漏列、重列;看清计量单位;详细阅读说明和小注;图纸要求与定额子目或序号项目要一致,否则可能要抽换;施工方法要依施工组织设计而定;要多实践,多练习,熟能生巧。

思考与练习

一、填空题

1. 定额是指在一定的施工技术和正常的施工组织条件下,生产质量合格的单位产品所消耗的_____、_____、_____和时间等的数量标准。

2. 定额的特性有_____、_____、_____、_____、_____和_____。

3. 按使用工具、设备和机械化程度不同,施工过程可分为_____、_____和_____。

4. 劳动定额的测定方法有_____、_____、_____和_____。

5. 劳动定额的表现形式有_____和_____。

6. 材料损耗可分为_____、_____和_____。

7. 机械工作时间中定额时间包括_____、_____和_____。

8. 时间定额与产量定额的关系为_____。

9. 主要材料和一次性材料消耗定额的制定方法有_____、_____和_____。

10. 当设计要求与定额条件相符时,可直接套用定额。套用时应注意四点,分别是_____、_____、_____和_____。

二、选择题

1. 确定劳动量应采用(　　)。
   A. 预算定额　　　　B. 施工定额　　　　C. 国家定额　　　　D. 地区定额

2. 劳动定额的主要表现形式是时间定额,但同时也表现为产量定额,时间定额与产量定额的关系是(　　)。

A. 正比关系　　　　B. 独立关系　　　　C. 互为倒数　　　D. 相关关系

3. 按定额( )分类,可以把工程建设定额分为劳动消耗定额、机械消耗定额和材料消耗定额三种。

　　A. 反映的生产要素消耗内容　　　　　B. 编制程序和用途

　　C. 投资费用的性质　　　　　　　　　D. 专业性质

4. 施工定额是以( )作为研究对象,表示生产产品数量与时间消耗综合关系编制的定额。

　　A. 施工方法　　　　B. 工序　　　　　C. 施工顺序　　　D. 材料数量

5. 初步设计阶段的计价是( )。

　　A. 投资估算　　　　B. 修正概算造价　　C. 概算造价　　　D. 预算造价

6. 设计概算是在( )阶段,确定工程造价的文件。

　　A. 技术设计　　　　B. 可行性研究　　　C. 初步设计　　　D. 施工图设计

7. 在下列各种定额中,以工序为研究对象的是( )。

　　A. 概算定额　　　　B. 施工定额　　　　C. 预算定额　　　D. 投资估算指标

8. 以下时间中属于工人非定额时间的有( )。

　　A. 工人有效工作时间　　　　　　　　B. 正常休息时间

　　C. 不可避免的中断时间　　　　　　　D. 误工时间

9. 旧版铁路工程定额是2010年颁布执行的,新版定额是2017年颁布执行的,这体现了定额的( )。

　　A. 时效性　　　　　　　　　　　　　B. 科学性

　　C. 系统性　　　　　　　　　　　　　D. 权威性

10. 以下定额不属于按照生产要素进行划分的是( )。

　　A. 劳动定额　　　　　　　　　　　　B. 材料消耗定额

　　C. 工序定额　　　　　　　　　　　　D. 机械台班费用定额

三、名词解释

定额:

定额水平:

施工过程:

预算定额:

工人工作时间:

机械工作时间:

四、简答题

1. 何为定额和定额水平?

2. 简述工程定额的特点及作用。

3. 施工过程具备的条件是什么?影响施工过程的因素有哪些?

4. 简述定额时间的分类。

5. 何为工人工作时间?

6. 概算定额与预算定额的作用有哪些不同?

7. 基本定额包括哪些内容？

8. 分析时间定额与产量定额的关系。

9. 什么是定额换算？为什么要进行定额换算？

10. 简述铁路工程预算定额的应用技巧与运用要点。

项目六　铁路工程概(预)算

任务一　认识铁路基本建设投资额测算体系

学习目标

1. 掌握铁路基本建设投资额测算体系的内涵;
2. 掌握投标报价与概(预)算的区别;
3. 了解工程结算与工程决算的不同之处。

任务描述

投资控制贯穿铁路基本建设全过程。铁路投资额按工程的建设程序可以分为投资估算、概算、投资检算(施工图预算)、标底编制及报价等几部分。通过本任务的学习,学生应能理解铁路建设各阶段所编制的造价文件类型以及各阶段投资额之间的关系。

相关知识

投资控制就是为更好地实现建设项目既定投资目标而进行的一系列工作。其基本要求是使投资目标不被突破,或在不可避免的情况下,使投资目标突破的幅度尽可能小。我国铁路基本建设投资的管理和控制主体基本上分为国家、项目申报单位和施工单位三个层次,涉及计划、建设、设计、监理和施工各部门。他们都必须以维护国家利益为原则,从各自的工作和需要出发,对基本建设项目进行严格和科学的管理,为国家把好经济关。

为了对基本建设工程进行全面而有效的管理,在项目建设的各阶段都必须编制有关的经济文件,这些不同经济文件的投资额要根据其主要内容要求,由不同的测算工作来完成。

铁路投资额按工程的建设程序不同,可以分为投资估算、概算、投资检算(施工图预算)、标底编制及报价等几部分,其关系如图 6-1 所示。

一、投资估算

投资估算,一般是指在投资前期(预可行性研究、可行性研究),建设单位(业主)在向国家申请拟定项目或国家对拟定项目进行决策时,根据建设项目在规划阶段、项目建设书阶段、可行性研究报告阶段等不同阶段相应投资额编制的经济文件。

国家对任何一个拟建项目,都要在对可行性研究报告进行全面评审后,才能确定是否正式立项。在可行性研究中,除考虑国家经济发展的需要和技术上的可行性外,还要考虑经济上的合理性。投资估算为投资决策提供数量依据,也是建设项目经济效益分析中确定成本的主要依据。因此,它是建设项目在初步设计前各阶段工作中,论证拟建项目在经济上是否合理的重要文件。投资估算具有如下几个方面的作用:

155

（1）它是国家决定拟建项目是否要继续进行研究的依据。

（2）它是国家审批项目建议书的依据。

（3）它是国家审批项目建议书可行性研究报告的依据。可行性研究报告被批准后，投资估算即作为控制初步设计概算、预算的依据，也是国家对建设项目所下达的投资限额，并作为资金筹措计划的依据。

（4）它是国家编制中长期规划和保持合理投资结构的依据。

根据投资估算的作用不同，其内容的深浅程度也各不相同。

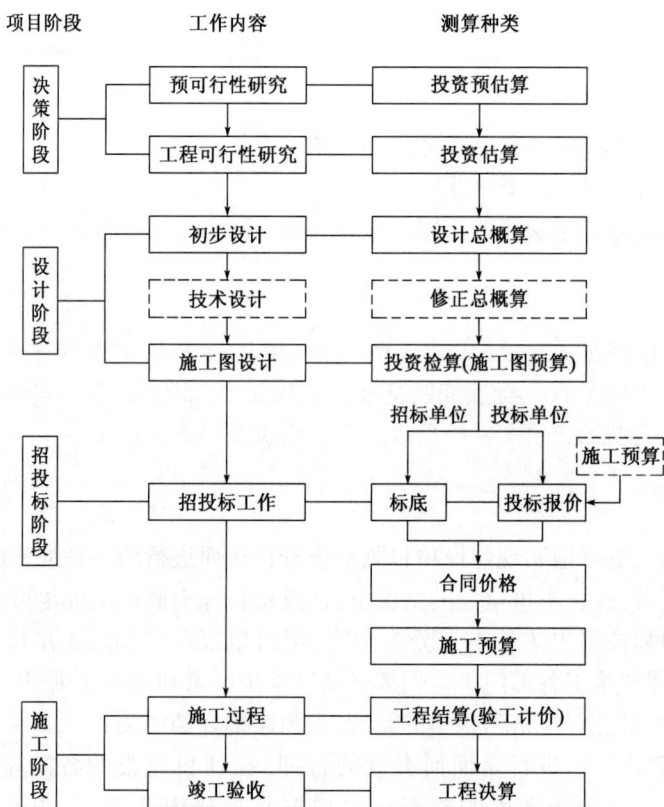

图 6-1　投资进程与投资额测算关系

二、总概算

总概算是指在初步设计阶段由设计单位根据设计图纸、概算定额、各类费用定额、建设地区的自然条件和经济条件的资料，预先计算和确定建设项目从筹建至竣工验收的全部建设费用的经济文件。实施招投标后，设计阶段一般实行两阶段设计，即初步设计和施工图设计。总概算在初步设计阶段编制，它具有如下几个方面的作用：

（1）它是编制建设项目投资计划、确定和控制建设项目投资的依据。

（2）它是控制施工图设计和施工图预算的依据。

（3）它是衡量设计方案经济合理性和选择最佳设计方案的依据。

（4）它是工程造价管理及编制招标标底和投标报价的依据。

（5）它是考核建设项目投资效果的依据。

三、投资检算(施工图预算)

在施工图设计阶段,设计单位应根据施工图设计计算工程量,结合施工组织设计、预算定额、现行编制办法编制反映工程造价的经济文件。所采用的编制依据、原则、编制范围及单元等,应与批准的总概算相一致。投资检算(施工图预算)是考核施工图设计经济合理性的依据,对于按施工图预算承包的工程它又是签订工程合同、实行建设单位和施工单位投资包干和办理工程结算的依据。

四、标底

实行招标的工程项目,一般由招标单位对发包的工程,按发包工程的工程内容(通常由工程量清单来明确)、设计文件、合同条件以及技术规范和有关定额等资料进行编制。标底(控制价)是一项重要的投资额测算,是评标的一个基本依据,也是衡量投标人报价水平高低的基本指标,对招投标工作的起着关键作用。其编制一方面应遵守国家的有关规定和要求,一方面应力求准确。

五、投标报价

报价是由投标单位根据招标文件及有关定额(有时往往是投标单位根据自身的施工经验与管理水平所制定的企业定额),并根据招标项目所在地区的自然、社会和经济条件及施工组织方案、投标单位的自身条件编制的,计算完成招标工程所需各项费用的经济文件。报价是投标文件最重要的组成部分,是投标工作的关键和核心内容,也是决定能否中标的主要依据。

报价与标底有着极为密切的关系,标底同概(预)算的性质很相近,编制方式也相同,都有较为严格的要求。报价则比标底编制要灵活,虽然二者有着很明显的差别,并且从不同角度来对同一工程的价值进行预测,计算结果很难相同,但又有极密切的相关关系。随着我国投标体制的进一步改革(如项目业主责任制的推行)、招投标制度的进一步完善和施工监理制度的进一步推广,标底与报价这两种测算工作将会进一步加强和完善,各方和更多的人也必然会认识这两种测算工作的重要性,从而把它们做得更好。

报价同施工预算虽然比较接近,但不同于施工预算。报价的费用组成和计算方法同概(预)算类似,但其编制体系和要求均不同于概(预)算,尤其是目前招投标工作中,一般采用单价合同,因而使报价时的费用分摊同概(预)算的费用计算方式有很大差别。具体见表6-1。

报价与概(预)算的区别 表6-1

不同之处	报价	概(预)算
项目划分	按招标文件中的工程量清单划分	按规定的项目表的形式划分
编制依据	由投标人按照"统一量、市场价、竞争费"的原则,根据对招标文件的理解,依据工程量清单、技术规范的要求,结合本单位具体情况、市场价格,灵活套用定额、取费办法进行编制,是一种市场行为	是根据国家、地区颁发的定额、价格表、《铁路建设项目预可行性研究、可行性研究和设计文件编制办法》(简称《编制办法》)及各种政策制的,数据取用具有一定强制性,是一种计划行为
编制程序和方法	将直接工程费与各项费用捆绑在一起,先计算出综合单价,最后汇总各综合单价与工程数量乘积得出总报价	根据费用划分原则,先计算出各分项工程的定额直接工程费、直接工程费,据此逐步计算出其他各项费用,最后汇总得出概(预)算总金额

不同之处	报价	概(预)算
编制内容	主要计算建安费,另考虑保险费(工程险和第三者责任险)、工程造价增长费、预备费中的施工图预算包干费及其他风险因素增加费	除按规定计算建筑安装工程费外,还要计算设备、工具、器具及家具购置费、工程建设其他费用、预留费用和回收金额,进而计算出工程的总造价
审批程序	不须上级批准,只要企业领导同意即可	必须经过上级主管部门审核批准
费用项目的归属	工人的各种津贴、奖金可列入工人工资单价,进入直接工程费中的直接费;机具购置费按施工年限摊销。本工程该摊销的部分进入综合单价之中	只列国家规定的津贴和补贴,其他津贴和奖金则不能列入;将新购置的机具列入施工技术装备费中
指导思想	施工方案拟订技术上要先进,经济上要合理;施工计划要切实可行;估算工程成本要准确,且包含各种不可预见因素	根据图纸和施工方案,按照规定的定额、取费标准、工资单价、材料预算价格和机具台班单价,依程序编制

六、施工预算

施工预算是施工单位在投标时或其基层单位(如项目经理部)在合同签订后,按企业实际定额水平编制的预算,是在施工图预算的控制下,根据施工图计算分项工程量,依据施工定额、实施性施工组织设计或分部分项工程施工过程的设计及其他有关技术资料,通过工料机分析,计算和确定完成一个工程项目或一个单位工程或其中的分部分项工程所需的人工、材料、机械台班消耗量及其他相应费用的经济性文件。施工预算所采用的定额为企业定额,取费依据为投标策略或内部管理水平或实际项目盈利期望值,是施工企业对具体项目测算的实际成本,是施工企业进行成本控制与成本核算的依据,也是进行劳动组织与安排,以及进行材料和机具管理的依据,对施工组织和施工生产有着极其重要的作用。

七、工程结算

正确而及时地组织项目结算,全面做好项目结算的各项工作,对加速资金周转,加强经济核算,促进建设任务的完成,保证建设项目的顺利进行以及加强对项目建设过程的财政信用监督等都有着十分重要的意义。

项目的结算过程,实际上是组织基本建设活动,实行基本建设拨、贷款的投资过程,也是及时掌握项目投资活动中的动态及其变化情况的过程。项目结算是国家组织基本建设经济活动,及时掌握经济活动信息,实现固定资产再生产任务的重要手段。同时,通过结算,可以协助建设单位有计划地组织货币收支活动,使各企业、各单位的劳动耗能及时得到补偿。

工程费用结算习惯上又称为工程价款结算即验工计价,是项目结算中最重要和最关键的部分,是项目结算的主体内容,占整个项目结算额的75%~80%。一般以实际完成的工程量和有关合同单价以及施工过程中现场实际情况的变化资料(如工程变更通知、计日工使用记录等)计算当月应付的工程价款。施工单位将实际完成的工作内容、工程量填入各种报表,按月送交驻地监理工程师验收签认,然后向建设单位提交当月应付的工程价款。根据经总监理工程师签认的支付证书,财务部门才能转账。目前,由于各地区施工单位流动资金供应方式的差别和具体工程项目的不同,工程价款的结算方法有多种形式。结算可以根据不同情况采取多种方式:①按月计算;②分段结算;③竣工后一起结算;④约定的其他方式。而实行 FIDIC 条款的合同,则明确规定了计量支付条款,对结算内容、结算方式、结算时间、结算程序给予明确规定,一般是按月申报,其中支付,分段结算,最终清算。

八、工程决算

竣工决算是在建设项目竣工验收阶段,由建设单位编制的反映建设项目从筹建到建成投产或使用的全部实际成本的技术经济文件。它是工程建设投资管理的重要环节,是工程竣工验收、交付使用的重要依据,也是进行建设项目财务总结,银行对其实行监督的必要手段。

竣工决算的内容由文字说明和计算报表两部分组成。文字说明主要包括:工程概况;设计概算和基本建设规划执行情况;各项技术经济指标完成情况;各项拨款(或贷款)使用情况;建设成本和投资效果的分析及建设过程中的主要经验、存在的问题和解决意见。

应当注意,施工单位往往也是根据工程结算结果,编制单位工程竣工成本决算,核算单位工程的预算成本、实际成本和成本降低额的。工程结算作为企业内部成本分析、反映经营效果、总结经验、提高经营管理水平的手段,与建设项目的竣工决算在概念上是不同的。

综合以上对铁路基本建设投资额测算体系的分析可以看出,估算,概算、预算、标底、报价、结算以及决算都以价值形态贯穿整个投资过程中,从申请建设项目,确定和控制基本建设投资额,进行基建经济管理到施工单位进行经济核算,再到最后以决算形成企(事)业单位的固定资产,构成了一个有机的整体,缺一不可。因此,在一定意义上说,它们是基本建设投资活动的血液,也是联结参与项目建设活动各经济实体的纽带。申报项目要编制投资估算,设计要编总概算和总预算,招标要编标底,投标要编报价,施工前要编施工预算,施工过程中要进行结算,施工完成要编决算,并且一般还要求决算不能超过预算,预算不能超过概算,概算不能超出估算所容许的幅度范围,合同价不能偏离报价与标底太多,而报价(指中标价)则不能超出标底规定幅度范围,且标底不允许超概算。总之,各种测算环环相扣,紧密联系,共同对投资额进行有效控制。

任务二　铁路工程概(预)算的作用与文件组成

学习目标

1. 掌握概(预)算的概念和作用;
2. 掌握概算和预算的区别与联系;
3. 了解概(预)算文件的组成。

任务描述

工程概(预)算贯穿铁路建设设计与施工阶段,亦是工程设计文件的重要组成部分。通过本任务的学习,学生应能够掌握概算和预算的相同之处与不同之处,熟悉概(预)算文件的组成,为后续预算文件的编制做准备。

相关知识

铁路工程概(预)算知识已成为从事铁路设计、施工、招投标、监理等工程技术人员必须了解和掌握的基本知识,概(预)算文件本身也是工程设计文件的一个重要组成部分。

一、概(预)算的概念

工程概(预)算是根据工程各个阶段的设计内容,具体计算其全部建设费用的文件,是国家或业主对基本建设实行科学管理和监督的一种重要手段。

总概算是指为保质、保量、按期完成所批准建设项目,从筹建到竣工验收所发生的全部费用,它是初步设计文件的重要组成部分。

总预算是拟建工程设计概算的具体化文件,也是单项工程综合预算的基础文件。总预算的编制对象为单位工程,因此也称单位工程预算,是设计单位根据施工图设计的工程量和施工方案,按预算定额和各种费用定额编制的,反映工程造价的具体文件。

施工预算是施工企业在工程投标时或工程开工前,根据施工图、施工定额、实施性施工组织设计、降低工程成本的技术组织措施,结合施工现场的实际情况,在施工图预算的控制下编制的经济文件。施工预算通常以单位工程为编制对象。

二、概(预)算的作用

铁路基本建设工程的概(预)算是按照结构设计文献,通过一系列表格的计算,确定工程造价及劳动力、材料消耗、机械台班数量的。它是设计文件的重要组成部分,是全面反映建设项目投资构成的主要文件,也是工程施工组织管理中必不可少的基本资料。

设计概(预)算的编制阶段应与设计阶段一致。各设计阶段编制概(预)算的主要作用如下。

1. 初步设计阶段:编制总概算

经审批成立的设计总概算的作用如下:

(1)确定基本建设项目投资的最高限额;

(2)编制基本建设计划和控制基本建设投资,以及作为实际招标承包和投资包干的主要依据;

(3)考核设计技术经济合理性和建设成本的依据。

2. 施工图阶段:编制投资检算(施工图预算)

施工图预算的作用如下:

(1)检验和确保施工图的投资控制在已批准的初步设计概算范围内;

(2)考核施工设计技术经济合理性的主要依据;

(3)对于按预算承/发包的工程,经审定的预算是建设单位和施工单位确定工程造价、签订建筑安装合同、办理结算、实行经济核算和考核工程成本的依据。

三、概算和预算的区别与联系

概算和预算是两个不同的概念,它们既有区别也有联系,具体见表6-2。

序号	关 系	总 概 算	总预算(投资检算)	施 工 预 算
一、区别				
1	编制单位不同	设计单位编制	设计单位编制	施工单位编制
2	编制阶段不同	初步设计或阶段设计时编制	施工图设计阶段编制	投标时或基层单位(如项目经理部)合同签订后编制
3	主要作用不同	是国家确定和控制建设规模,编制基本建设计划,实行建设项目投资包干,签订承包合同和招标项目编制标底以及建设银行拨贷款的依据,也是控制施工图预算,考核设计经济合理性和建设成本的依据	是签订施工合同,进行价款结算的依据,也是施工企业下达施工计划,进行内部财务拨款,考核工程成本,进行经济核算的依据,同时也是控制施工预算的依据	是确定投标报价的依据,是项目经理部组织生产、编制施工组织、签发施工任务书和限额领料卡,考核工效、计算超额奖和计件工资,进行班组核算的依据,是施工企业基本的成本计划文件
4	依据定额不同	依据概算定额(铁路站前工程使用预算定额)	依据预算定额	依据施工定额
5	依据资料不同	依据初步设计图纸及施工组织设计方案意见	依据施工图设计资料及施工组织设计(合理的施工方法、周密的技术措施)	依据详细的施工图纸和工程数量、周密的施工组织设计,依据施工单位自身能力、施工现场实际情况
6	编制范围不同	编制建设项目的全部内容,即从筹建开始到竣工验收所需的一切费用	只编制单位工程或单项工程预算和综合预算建安工程费	根据施工单位的不同目的有不同的深度。投标时根据招标文件确定;项目管理时,根据不同项目确定
二、联系				
1	均不能突破控制额	经批准的概算是建设项目投资的最高限额	控制在概算总额范围之内	由合同价控制
2	费用组成、采用的费率,应用的表格、编制的步骤方法	二者基本相似		

四、概(预)算文件的组成

概(预)算文件主要由封面、目录、编制说明、概(预)算表格、附件等组成。

1. 封面

概(预)算文件的封面和扉页应按编制办法中的规定制作,扉页的次页应有建设项目名称,编制单位,编制、复核人员姓名并加盖执业(从业)资格印章,编制日期及第几册共几册等内容。

2. 目录

按概(预)算表的内容顺序或表号顺序编排。

3. 编制说明

(1)编制范围。设计范围及工程概况,包括建设项目名称、起讫里程、全长(如正、站线公里或桥、隧长)、总建筑体积(如总圬工数量、总土石方数量)、总建筑面积、主要结构(如桥跨结构)、地貌特征、主要工程数量等。

(2)主要编制依据。建设项目设计资料的依据及有关文号,如建设项目可行性研究报告文号、初步设计和概算批准文号(编修正概算及预算时),以及是根据何时的测设资料及比选方案进行编制的,等等。

①施工组织设计。内容包括:施工期限,主要施工方法和所用机械设备,临时工程的设置,施工场地布置,等等。

②施工调查资料。内容包括:当地资源可利用情况、交通情况,主要材料价格、来源、运输及供应方法的安排,地质、气候、水文条件,等等。

③与概(预)算有关的委托书、协议书、会谈纪要的主要内容(或将抄件附后)。

(3)采用的定额、费用标准,人工、材料、机具台班单价依据和来源,补充定额及编制依据的详细说明。

(4)总造价、指标及工、料、机等差价说明,各设计方案的经济比较,以及编制中存在的问题。

(5)其他与概(预)算有关但不能在表格资料中反映的事项。

4. 概(预)算表格

铁路工程概(预)算应按统一的概(预)算表格计算。概算表格与预算表格的式样相同,只是表头字样有区别。

设计概(预)算应按统一表格编制,表格样式详见编制办法。使用时不得对表格样式及表格内序号排列顺序进行修改。主要有以下表格:

(1)总概(预)算汇总表;

(2)总概(预)算(汇总)对照表;

(3)总概(预)算表;

(4)综合概(预)算(汇总)表;

(5)综合概(预)算(汇总)对照表;

(6)单项概(预)算表;

(7)补充单价分析汇总表;

(8)补充单价分析表;

(9)补充材料单价表;

(10)主要材料预算价格表;

(11)补充设备单价表;

(12)设备单价汇总表;

(13)外资总概(预)算表;

(14)内外资总概(预)算对照表;

(15)外资综合概(预)算表;

(16)外资采购设备单项概(预)算表;

(17)外资采购材料单项概(预)算表;

(18)外资采购设备数量清单;

(19)外资采购材料数量清单;

(20)技术经济指标统计表。

5. 附件

(1)有关计算资料,如电价分析资料,特殊条件和地区施工增加费计算资料,冬、雨季施工增加费计算资料,等等。

(2)有关协议、纪要、公文及合同等。

(3)其他与概(预)算有关但不能在表格中反映的事项。

任务三 铁路工程概(预)算的编制范围与费用分类

学习目标

1. 掌握单项概(预)算、综合概(预)算、总概(预)算的编制范围;

2. 了解概(预)算的编制原则与编制依据;

3. 掌握铁路工程概(预)算费用组成。

任务描述

铁路建设项目设计概(预)算按单项概(预)算、综合概(预)算、总概(预)算三个层次编制。通过本任务的学习,学生能够了解概(预)算的编制原则与编制依据,掌握铁路工程概(预)算费用的组成。

相关知识

铁路建设项目设计概(预)算按单项概(预)算、综合概(预)算、总概(预)算三个层次编制。

一、概(预)算的编制范围

1. 总概(预)算的编制范围

总概(预)算是用以反映整个建设项目投资规模和投资构成的文件,一般应按整个建设项目的范围进行编制。若遇到以下情况,应分别编制总概(预)算,并汇编该建设项目的汇总总概(预)算。

(1)两端引入工程,与项目有关的联络线、疏解线等可根据需要单独编制总概(预)算。

(2)铁路枢纽、编组站、物流中心、动车段、动车运用所、综合物业开发相关内容应单独编制总概(预)算。

(3)采用工程所在地区统一定额的旅客站房及站房综合楼应单独编制总概(预)算。

(4)跨越省(自治区、直辖市)铁路局(公司)者,除应按各自所辖范围编制总概(预)算外,还应以铁路枢纽为界,分别编制总概(预)算。

（5）分期建设的项目，应按分期建设的工程范围，分别编制总概（预）算。

（6）一个建设项目，如由两个及以上设计单位共同设计，则各设计单位应按各自承担的设计范围编制总概（预）算。该建设项目的汇总总概（预）算应由总体设计单位负责汇编。

如有其他特殊情况，可结合项目需要划分总概（预）算的编制范围。施工图总预算编制单元原则上应与初步设计总概（预）算编制单元一致。

2. 综合概（预）算的编制范围

综合概（预）算是具体反映一个总概（预）算范围内的工程投资总额及其构成的文件，其编制范围应与相应的总概（预）算一致。

3. 单项（分项工程）概（预）算的编制范围

单项概（预）算是编制综合概（预）算、总概（预）算的基础，是详细反映各工程类别和重大、特殊工点概（预）算费用的主要文件。

建筑安装工程单项概（预）算的编制内容包括人工费、材料费、施工机具使用费、价外运杂费、价差、填料费、施工措施费、特殊施工增加费、间接费和税金。设备单项概（预）算的编制内容包括设备费、设备运杂费和税金。

编制单元应按总概（预）算的编制范围划分，应结合综合概（预）算章节表的要求，分工程类别编制。其中，技术复杂的特大、大、中桥（指最大基础水深在 10m 以上的桥梁或有 100m 以上大跨度梁的桥梁或有正交异性板钢梁等特殊结构的桥梁）及高桥（最大墩高 50m 及以上），4000m 以上或有辅助坑道的单、双线隧道，多线隧道及Ⅰ级风险隧道，机车库、县级及以上旅客站房（含站房综合楼）等大型房屋，以及投资较大、工程复杂的新技术工点，等等，应按工点分别编制单项概（预）算。

二、概（预）算的编制原则与依据

1. 编制原则

（1）编制办法。为统一基本建设项目设计概（预）算编制方法、费用组成及计费标准，国家制定并发布了《铁路基本建设工程设计概（预）算编制办法》（国铁科法〔2017〕30 号文）（以下简称《编制办法》），适用于铁路基本建设工程大中型项目。

（2）编制总概算原则。

①应全面了解工程所在地的建设条件，掌握各项基础资料。

②正确引用规定的定额、取费标准、工资单价和材料设备价格。

③按《编制办法》的各项规定进行编制。

④总概算能完整、准确地反映设计内容。

⑤以批准的初步设计进行施工招标的工程，其标底应在批准的总概算范围内。

⑥设计概算应控制在已批准的建设项目可行性研究报告投资估算允许的幅度（不大于 10%）范围内。

（3）编制总预算（施工图预算）原则。

①根据施工图设计的工程量和施工方法编制。

②按照规定的定额、取费标准、工资单价、材料设备预算价格编制。

③按照《编制办法》的规定，在开工前编制并报请批准。

④以施工图设计进行施工招标的工程，施工图预算经审定后，作为编制工程标底的依据。

⑤总预算的编制必须正确,以便作为考核施工图设计经济合理性的依据。

⑥施工图设计应控制在批准的初步设计及其概算范围内。如单位工程预算突破相应概算时,应分析原因,对施工图中不合理部分进行修改,对其合理部分应在总概算投资范围内调整解决。

(4)必须严格执行党和国家的方针、政策和有关制度,符合工程设计、施工技术规范。

(5)概(预)算文件应达到的质量要求是:符合规定、结合实际、经济合理、提交及时,不重不漏、计算正确,字迹打印清晰、装订整齐完善。

(6)设计单位应加强基本建设经济管理工作,配备和充实工程经济专业人员,切实做好概、预算的编制工作。

(7)工程经济专业人员应具备本专业的业务能力,掌握设计、施工情况,做好设计方面的经济比较,将技术工作和经济工作结合起来,全面、有效地提高设计质量。

(8)概(预)算编制工作要符合市场经济的规律和特点,要切实反映实际。投资要给足、不留缺口;估算要包住概算,概算要包住预算,预算要包住决算。

2.编制依据

(1)批准的建设项目的任务书和主管部门的有关规定及设计项目一览表。

(2)施工设计文件,包括设计说明书、设计图表、工程数量或审查意见,设计过程中有关各方签订的涉及费用的协议、纪要。

(3)基本建设概(预)算编制办法。

(4)各种定额,包括消耗定额和费用定额。

(5)施工组织设计。

(6)施工调查资料,包括地质、水文、气象、资源、津贴标准,政策性取费标准,土地征、租用及道路改移、设置交通道路的各种协议、既有线运行情况,等等。

(7)有关设计规划,施工技术规划、工程质量验收标准、安全操作规程。

(8)工程施工方案。

(9)有关合同、协议等。

(10)其他有关资料。

3.编制深度及要求

设计概(预)算的编制深度应与设计阶段及设计文件组成内容的深度、细度相一致。

(1)单项概(预)算

根据不同设计阶段,各类工程的单项概(预)算编制深度见表6-3。

单项概(预)算编制深度　　　　　　　　表6-3

序号	工程类别设计阶段	初 步 设 计	施工图设计
1	路基土石方	根据工程数量,采用预算定额编制	根据土石方调配数量,采用预算定额编制
2	路基附属工程	根据工程数量,采用预算定额编制	根据工程数量,采用预算定额编制
3	桥涵	根据工程数量,采用预算定额编制	根据工程数量,采用预算定额编制
4	隧道及明洞	根据工程数量,采用预算定额编制	根据工程数量,采用预算定额编制

续上表

序号	工程类别设计阶段	初步设计	施工图设计
5	轨道	根据工程数量,采用预算定额编制	根据工程数量,采用预算定额编制
6	房屋	根据工程数量,采用概算定额或预算定额编制	根据工程数量,采用预算定额编制
7	通信、信号、信息、灾害监测、电力、电力牵引供电	根据设计标准和数量,采用概算定额或预算定额编制	根据设计标准和数量,采用预算定额编制
8	给排水、机务、车辆、动车、工务、站场、其他建筑及设备等	根据设计规模、结构类型、设备能力及工程数量,采用概算定额或预算定额编制	根据设计规模、结构类型、设备能力及工程数量,采用预算定额编制
9	其他工程	按详细工程项目及施工组织设计确定的规模与数量,采用概算定额或预算定额编制	按详细工程项目及施工组织设计确定的规模与数量,采用预算定额编制

(2)综合概(预)算

根据单项概(预)算,按“综合概(预)算章节表”的顺序汇编。没有费用的章,其章号及名称应保留,各节中的细目结合具体情况可以增减调整。一个建设项目有多个综合概(预)算时,应汇编综合概(预)算汇总表。

(3)总概(预)算

根据综合概(预)算,分章汇编。没有费用的章,在输出总概(预)算表时其章号及名称一律保留。一个建设项目有几个总概(预)算时,应汇编总概(预)算汇总表。

4. 定额的采用

(1)根据不同设计阶段各工程类别的编制深度要求,采用相应的定额体系编制。

(2)旅客站房及站房综合楼的房屋工程等,可采用工程所在地的地区统一定额编制;其工料机单价及单项概(预)算中的各项费用定额,应配套采用。

(3)对于现行定额未涵盖或不适用而建设项目急需的工程,应根据该工程施工工艺要求等编制补充单价分析。

三、概(预)算费用分类与组成

1. 概(预)算章节划分

铁路基本建设工程的概(预)算费用,按不同工程和费用类别划分为四部分,共十六章36节。编制设计概(预)算应采用统一的章节表。具体章节内容如下:

第一部分　静态投资

第一章　拆迁及征地费用	0101	第1节	拆迁及征地费用
第二章　路基	0202	第2节	区间路基土石方
	0203	第3节	站场土石方
	0204	第4节	路基附属工程
第三章　桥涵	0305	第5节	特大桥
	0306	第6节	大桥

2.静态投资费用种类

(1)建筑工程费(费用代号:Ⅰ)。

建筑工程费,是指路基、桥涵、隧道及明洞、轨道、通信、信号、信息、灾害监测、电力、电力牵引供电、房屋、给排水、机务、车辆、动车、站场、工务、其他建筑工程等,属于建筑工程范围内的管线敷设、设备基础、工作台等,以及拆迁工程、大型临时设施和过渡工程中应属于建筑工程费内容的费用。

```
                                                          ┌─ 人工费
                                                          ├─ 材料费
                                          ┌─ 直接工程费 ──┼─ 施工机具使用费
                                          │               ├─ 价外运杂费
                                          │               └─ 填料费
                              ┌─ 直接费 ──┤─ 施工措施费
                              │           │               ┌─ 风沙地区施工增加费
              ┌─ 建筑安装 ────┤           │               ├─ 高原地区施工增加费
              │   工程费      ├─ 间接费   ├─ 特殊施工增加费┼─ 原始森林地区施工增加费
              │               │           │               ├─ 行车干扰施工增加费
              │               └─ 税金     └─ 大型临时设施和└─ 营业线封锁（天窗）施工增加费
              │                              过渡工程费
              │                           ┌─ 设备费
              │           ┌─ 设备购置费 ──┼─ 设备运杂费
              │           │               └─ 税金
              │           │
              │           │               ┌─ 土地征（租）用及拆迁补偿费
   ┌─ 静态 ───┤           │               ├─ 项目建设管理费
   │   投资   │           │               ├─ 建设单位印花税及其他税费
   │          │           │               ├─ 建设项目前期费
   │          │           │               ├─ 施工监理费
   │          │           │               ├─ 勘察设计费
   │          │           │               ├─ 设计文件审查费
   │          │           ├─ 其他费 ──────┼─ 其他咨询服务费
   │          │           │               ├─ 营业线施工配合费
   │          │           │               ├─ 安全生产费
   │          │           │               ├─ 研究试验费
   │          │           │               ├─ 联调联试等有关费用
   │          │           │               ├─ 生产准备费
   │          │           │               └─ 其他
   │          │           │
   │          └─ 基本预备费
概 │
预 │
算 │          ┌─ 动态 ─────┬─ 价差预备费
费 ┼─        │   投资     │
用 │          │           └─ 建设期投资贷款利息
项 │
目 │
组 │          ┌─ 机车车辆（动车组）购置费
成 │
   │
   └─ 铺底流动资金
```

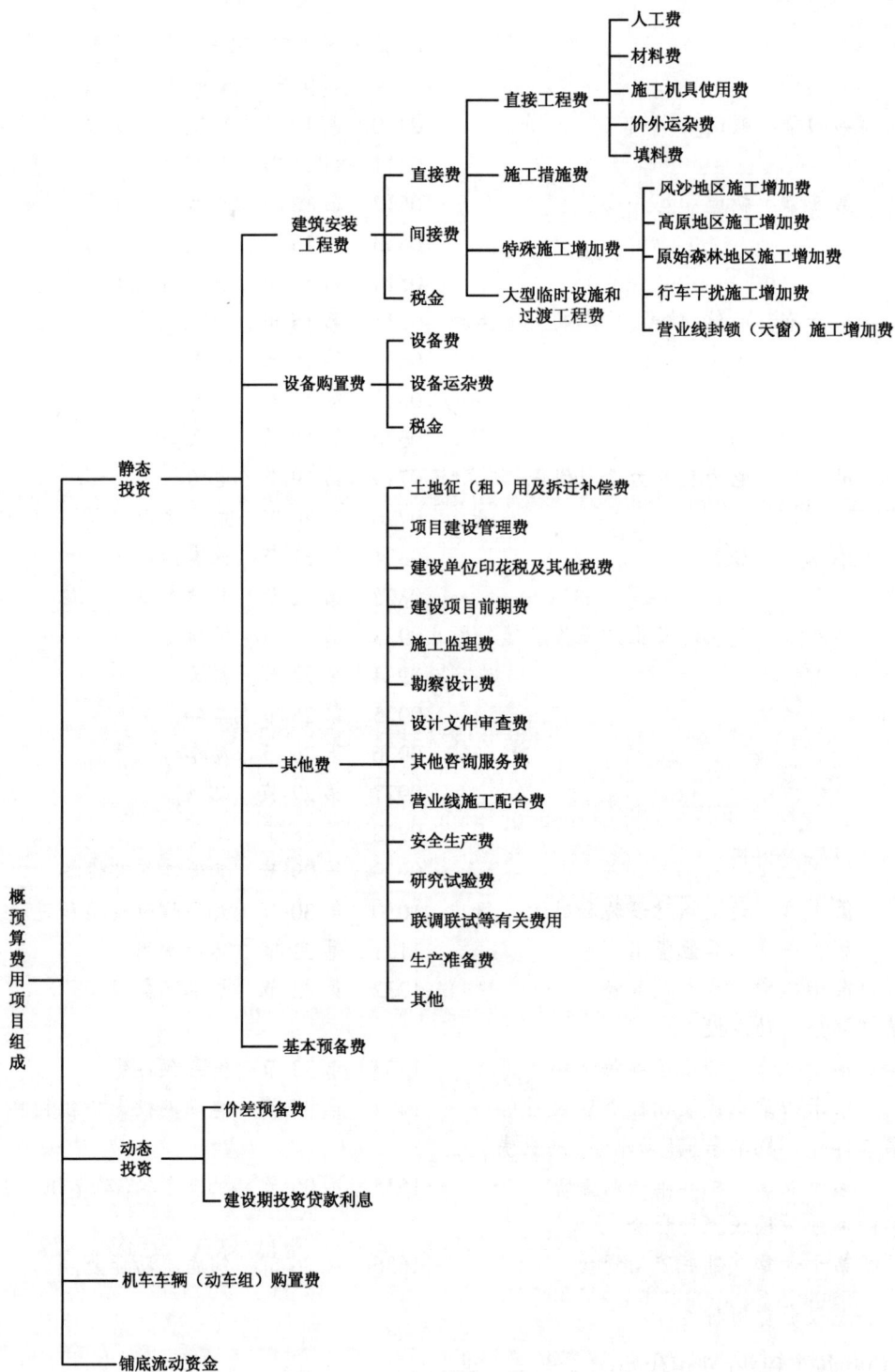

图 6-2　铁路工程概(预)算费用的组成

（2）安装工程费(费用代号:Ⅱ)。

安装工程费,是指各种需要安装的机电设备的装配、装置工程,与设备相连的工作台、梯子等的装设工程,附属于被安装设备的管线敷设,以及被安装设备进行绝缘、刷油、保温和调试等所需的费用。

(3)设备购置费(费用代号:Ⅲ)。

设备购置费,是指一切需要安装与不需要安装的生产、动力、弱电、起重、运输等设备(包括备品备件)的购置费,以及构成固定资产的工器具(包括备品备件)、专用工具(包括备品备件)等购置费。

(4)其他费(费用代号:Ⅳ)。

其他费,是指土地征(租)用及拆迁补偿费、项目建设管理费、建设单位印花税及其他税费、建设项目前期费、施工监理费、勘察设计费、设计文件审查费、其他咨询服务费、营业线施工配合费、安全生产费、研究试验费、联调联试等有关费用、利用外资有关费用、生产准备等。

(5)基本预备费。

基本预备费,是指建设阶段各种不可预见因素的发生而预留的可能增加的费用。

3.概(预)算费用组成

铁路工程概(预)算费用的组成,如图6-2所示。

任务四　铁路工程概(预)算的费用计算

学习目标

1. 掌握铁路工程概(预)算中静态费用的组成;
2. 掌握铁路工程概(预)算中动态费用的组成;
3. 了解铁路工程概(预)算中机车车辆(动车组)购置费的组成;
4. 了解铁路工程概(预)算中铺底流动资金的组成。

任务描述

铁路工程概(预)算费用由静态投资、动态投资、机车车辆(动车组)购置费和铺底流动资金四部分费用组成,其中静态投资分为建筑安装工程费、设备购置费、其他费和基本预备费;动态投资分为价差预备费和建设期投资贷款利息。通过本任务的学习,学生应能了解铁路工程概(预)算各部分费用组成及计算方法,能根据工程背景计算单项工程预算文件。

相关知识

一、静态投资

(一)建筑安装工程费

建筑安装工程费由直接费、间接费和税金组合。

直接费由直接工程费、施工措施费和特殊施工增加费三部分组成。直接工程费由人工费、材料费、施工机具施工费、价外运杂费和填料费5部分组成。

1. 直接工程费

1）人工费

（1）概念

人工费，是指列入概（预）算定额的直接为从事建筑安装工程施工的生产工人（包括现场内水平、垂直运输等辅助工人）和附属辅助生产单位工人开支的各项费用。但不包括：

①材料采购及保管人员工资；

②材料到达工地以前的搬运、装卸工人等人员的工资；

③驾驶施工机械、运输工具工人的工资；

④由管理费支付工资人员的工资。

（2）费用组成

①基本工资。

②工资性补贴，是指按规定标准发放的流动施工津贴，施工津贴，隧道津贴，副食品价格补贴，煤燃气补贴，交通费补贴，住房补贴及特殊地区津贴、补贴。

③生产工人辅助工资，是指生产工人年有效施工天数以外非作业天数的工资，包括：开会和执行必要的社会义务时间的工资，职工学习、培训、调动工作、探亲、休假期间的工资，因气候影响停工期间的工资，女工哺乳时间的工资，病假在6个月以内的工资及产、婚、丧假期的工资。

④职工福利费，是指按国家规定标准计列的职工福利基金和医药费基金。

⑤生产工人劳动保护费，是指按国家有关部门规定标准发放的劳动保护用品的购置费及修理费，工作服装补贴，防暑降温费，在有碍身体健康环境中施工的保健费用。

（3）综合工费标准

基期综合工费单价参见表6-4，编制期综合工费单价按有关部门颁布的调整文件执行。

铁路工程综合工费标准　　　　　　　　　　　　　表6-4

综合工费类别	工 程 类 别	基期综合工费标准 （元/工日）
Ⅰ类工	路基（不含路基基床表层及过渡段的级配碎石、砂砾石），涵洞，一般生产房屋和附属房屋，给排水，站场（不包括旅客地道、天桥、雨棚）等的建筑工程取弃土（石）场处理，临时工程	66
Ⅱ类工	路基基床表层及过渡段的配碎石、砂砾石	68
Ⅲ类工	桥梁（不含箱梁的预制、运输、架设、现浇、桥面系），通信、信号、信息、灾害监测、电力、电力牵引供电、机务、车辆、动车、工务、其他建筑及设备等的建筑工程	70
Ⅳ类工	设备安装工程（不含通信、信号、信息、灾害监测、电力、电力牵引供电工程、设备安装工程）	71
Ⅴ类工	箱梁（预制、运输、架设、现浇）、钢梁、钢管拱架设、桥面系、粒料道床、站房（含站房综合楼）、旅客地道、天桥、雨棚	73
Ⅵ类工	轨道（不含粒料道床）、通信、信号、信息、灾害监测、电力、电力牵引供电工程、设备安装工程	77
Ⅶ类工	隧道	82

注：1. 本表中的综合工费单价为基期综合工费标准，不包含特殊地区津贴、补贴；海拔3000m及以上高原地区工资补贴以基本工资为计算基数，按表6-5列出的补贴比例计算。

2. 掘进机、盾构机施工的隧道综合工费单价结合实际情况另行分析确定。

3. 过渡工程执行同类正式工程综合工费单价。

4. 本表工程类别外的其他工程，执行"Ⅰ类工"单价。

铁路工程综合工费不同海拔高度补贴比例　　　　　　　表 6-5

海拔高度（m）	工资补贴比例（%）	海拔高度（m）	工资补贴比例（%）
3000（含）～3500（含）	70	4000（不含）～4500（含）	140
3500（不含）～4000（含）	100	4500 以上	165

注：综合工费标准仅作为编制概（预）算的依据，不作为施工企业实发工资的依据。

（4）人工费计算

人工费计算公式如下：

$$人工费 = \sum 工程数量 \times 工日定额 \times 综合工费标准$$

$$= \sum 定额人工消耗量 \times 综合工费标准 \qquad (6\text{-}1)$$

其中，工程数量指编制对象按工程量计算规则计算的单项、单位工程或分部分项工程的工程数量；工日定额是指完成相应工程在相关定额中规定所需的人工工日；综合工费标准由表 6-4 查得。

编制期人工费与基期人工费差额按人工费价差计列。

2）材料费

（1）概念

材料费，是指施工过程中耗用的构成工程实体的原材料、辅助材料、构配件、零件和半成品用量以及周转材料的摊销量等按相应预算价格计算的费用。

（2）建筑材料的分类

①按材料列算范围分类

a. 工程本身材料，是指直接用于工程上，并构成建筑或结构本体的材料，可按定额计算其用量，如水泥、砂、石等。

b. 辅助材料，是指在施工中必需的，但不构成建筑物或结构本体的材料，如路基石方、隧道石方开挖所需的炸药、引线、雷管等一次性消耗材料。可按定额计算其用量。

c. 周转性材料，是指在施工过程中，为完成道筑物或结构本体而周转使用的材料，但并不构成建筑物或结构本体。按倒用次数摊于定额计算。

d. 零星材料。由于定额中只列主要材料数量，零星材料均未详列，故综合为其他材料费，以"元"表示。

②按供应渠道分类

a. 外来供应材料，是指由材料供应部门供应的材料。按其不同供应方式又分为厂发料和直发料两种。

厂发料，是指铁路工程中由施工组织设计所拟定的材料厂、供料基地或既有线卸料地点前方办理货运业务的营业站发运的材料。这是以前铁路工程材料的主要供应方式，但现在该方式使用情况在逐步减少。

直发料，是指由用料单位直接从料源地组织运回的材料。

b. 当地自备材料，是指不属材料供应部门供应范围而由施工部门自行组织采购、开采或制作的材料、构配件等。一般有以下几种情况：

向其他企业采购的砖、瓦、石灰、砂、石等地方材料。

由施工部门自行开采的砂、石或设厂预制的钢筋混凝土成品（包括半成品）等。

（3）材料预算价格的组成

铁路工程材料预算价格由材料原价、价内运杂费、采购及保管费组成。

$$预算价格 = （材料原价 + 价内运杂费）× （1 + 采购及保管费率） \qquad (6-2)$$

①材料原价，是指材料的出厂价或指定交货地点的价格。对同一种材料，因产地、供应渠道不同而出现几种原价时，其综合原价可按其供应量的比例加权平均确定。

②价内运杂费，是指材料自料源地（生产厂或指定交货地点）运至工地所发生的有关费用，包括运输费、装卸费及其他有关费用等。

③采购及保管费，是指材料在采购、供应和保管材料过程中所需要的各种费用，包括采购费、仓储费、工地保管费、运输损耗费、仓储损耗费，以及办理托运所发生的费用（如按规定由托运单位负担的包装、捆扎、支垫等的料具损耗费，转向架租用费和托运签条），等等。

采购及保管费费率，见表6-6。

采购及保管费费率   表6-6

序号	材 料 名 称	费率（%）	其中运输损耗费率（%）
1	水泥	3.78	1.00
2	碎石（包括道砟及中、小卵石）	3.45	1.00
3	砂	4.47	2.00
4	砖、瓦、石灰	4.98	2.50
5	钢轨、道岔、轨枕、钢梁、钢管拱、斜拉索、钢筋混凝土梁、铁路桥梁支座、电杆、铁塔、钢筋混凝土预制桩、接触网支柱、机柱	1.10	—
6	其他材料	2.65	—

（4）铁路工程材料预算价格的确定

按照材料预算价格的组成及材料供应方式的划分，各项工程材料预算价格随各建设项目所到地区、修建年代的不同而不同。为统一概算编制工作，编制设计概算时一般采用统一发布的《铁路工程建设材料预算价格》作为基期材料价格。确定材料预算价格是计算材料费的关键，也是分析概（预）算单价的依据。正确确定材料预算价格，是为了正确合理地确定工程造价。材料预算价格根据价格的组织及材料供应方式的不同，按下述方式分别确定。

①水泥、木材、钢材、砖、瓦、砂、石、石灰、粉煤灰、风沙路基防护用稻草（芦苇）、黏土、花草苗木、土工材料、钢轨、道岔、轨枕扣件（混凝土枕用）、钢梁、钢管拱、斜拉索、桥梁高强螺栓、钢筋混凝土梁、铁路桥梁支座、桥梁防水卷材、桥梁防水涂料、钢筋混凝土预制桩、隧道防水板、火工品、电杆、铁塔、机柱、接触网支柱、接触网及电力线材、光电缆线、给水排水管材、钢制防护栅栏等主要材料的基期价格采用现行《铁路工程材料基期价格》（国铁科法〔2017〕33号文），编制期价格采用未含可抵扣进项税额的价格，由设计单位实地调查分析确定。若调查价格中，未含采购及保管费，要计算其不含可抵扣进项税额的调查价格计取的采购及保管费。若调查价格为指定交货地点（非工地）的价格，还需要在单项概（预）算中单独计算由指定交货地点运至工地所发生的价外运杂费。

②设计单位自行补充材料的预算价格比照主要材料预算价格的确定方法确定。

③施工机械用燃油料的预算价格为包含该材料全部运杂费和采购及保管费的价格。基期价格按《铁路工程材料基期价格》执行，编制期价格采用不含可抵扣进项税额的价格，由设计单位调查分析确定。编制期价格与基期价格的差额按价差计列，计入施工机具使用费价差中。

④除上述材料以外其他材料(辅助材料)的预算价格为包含该材料全部运杂费和采购及保管费的价格,基期价格采用现行《铁路工程建设材料基期价格》,其编制期与基期价差按部颁材料价差,按有关部门颁布的辅助材料价差系数调整。

(5)铁路工程材料基期价格

国铁科法〔2017〕33号文已将基期价格调整到2014年度水平,按营改增要求,不含材料单价的进项税。

铁路工程材料基于基期价格构成可分为A、B、C三类,为概(预)算编制期价差调整和运杂费计算提供了更加清晰的依据。

A类,包括当地料、花草苗木及直发料;B类,外来料包括三大材(钢材、木材、水泥)和除火工品(爆破材料)和汽柴油外其他允许按编制期价格调整的材料;C类,包括火工品、汽油柴油和所有不允许按编制期价格实调(按系数调整)的材料。

计算运杂费时,根据三类材料的起运点不同:A类材料一般从生产厂家起算;B类材料从指定交货地点起算,指定交货地点根据建设项目所在地情况和施工组织设计确定的材料供应计划,是能办理货运业务的车站、水运码头等;C类材料由于其特性及来源的复杂性,价格中已含至工地的运杂费,不再另计运杂费。

计算公式如下:

①A类材料基期价格由材料原价、采购及保管费组成。其计算公式为:

$$基期价格 = 材料原价 \times (1 + 采购及保管费率) \tag{6-3}$$

②B类材料基期价格由综合出厂价、采购及保管费组成。其计算公式为:

$$基期价格 = 综合出厂价 \times (1 + 采购及保管费率) \tag{6-4}$$

③C类材料基期价格由材料原价、价内运杂费、采购及保管费组成。其计算公式为:

$$基期价格 = (材料原价 + 价内运杂费) \times (1 + 采购及保管费率) \tag{6-5}$$

(6)材料费的计算

$$材料费 = \sum (某种材料数量 \times 相应的材料预算价格) \tag{6-6}$$

式中,某种材料数量 = 使用此种材料的工程数量 × 相应的材料消耗定额。

在确定材料数量时,应注意概(预)算定额中工程数量及材料用量的有关说明。

3)施工机具使用费

(1)概念

施工机具使用费是指施工作业所发生的施工机械、仪器仪表的使用费或租赁费,简称机具费。

国铁科法〔2017〕33号文将施工机具使用费预算价格调整到2014年度水平。按营改增要求扣除进项税,修改了施工机械及施工仪器仪表单价组成中的部分项目名称。将施工机械台班单价中"大修理费"修改为"检修费",将"经常修理费"修改为"维护费",将施工仪器仪表台班单价中"维修费"修改为"维护费";取消了"一班制""二班制""三班制"的概念。机械安装拆卸费按三种情况标识:①无须计列;②已计入台班单价(有数值);③按安拆定额另行计列。

(2)施工机械台班费用的组成

施工机械台班费用由折旧费、检修费、维护费、安装拆卸费、人工费、燃料动力费、其他费组成。其中,前4项为不变费用,其余为可变费用。

①不变费用(又称第一类费用或固定费用)

不变费用是指不因施工机械的归属单位、施工地点和条件不同而改变的费用,包括四项费用。

　　a. 折旧费,是指机械在规定的使用期限(耐用总台班)内,陆续收回其预算价格的费用。

　　b. 检修费,是指施工机械在规定的耐用总台班内,按规定的检修间隔台班进行必要的检修,以恢复其正常功能所需的费用。

　　c. 维护费,是指施工机械在规定的耐用总台班内,按规定的维护间隔进行各级维护和临时故障排除所需要的费用,包括为保障机械正常运转所须替换设备与随机配备工具附具的摊销费用、机械运转及日常维护所需润滑与擦拭树料费用及机械停滞期间的维护费用等。

　　d. 安装拆卸费,是指施工机械在现场进行安装与拆卸所需的人工、材料、机械和试运转费用以及辅助设施的折旧、搭设、拆除等费用。

　　②可变费用(又称二类费用)

　　可变费用,是指机械工作过程中直接发生的费用,其随工作地区的不同和物价的浮动而变化。可变费用包括以下三项内容:

　　a. 人工费,是指驾驶员(司机)和相关操作人员的人工费。

　　b. 燃料动力费,是指施工机械在作业中所耗用的燃料及水、电等费用。

　　c. 其他费,是指施工机械按照国家规定应交纳的车船税、保险费及检测费等。

　　(3)施工仪器仪表台班费用的组成

　　施工仪器仪表台班费用由折旧费、维护费、校验费、动力费组成。

　　①折旧费,是指施工仪器仪表在规定的耐用总台班内,陆续收回其预算价格的费用。

　　②维护费,是指施工仪器仪表各级维护、临时故障排除所需的费用及为保证仪器仪表正常使用所需备件(备品)的维护费用。

　　③校验费,是指施工仪器仪表按规定进行标定与检验的费用。

　　④动力费,是指施工仪器仪表在使用过程中所耗用的电费。

　　(4)施工机械台班单价及施工仪器仪表台班单价的确定

　　编制的设计概(预)算以《铁路工程施工机具台班费用定额》(国铁科法〔2017〕33 号文)作为计算施工机械台班单价及施工仪器仪表台班单价的依据,对《铁路工程施工机具台班费用定额》中没有的施工机具,应补充编制相应台班费用定额,作为计算施工机具台班单价的依据。

　　以《铁路工程材料基期价格》中的油燃料价格及《铁路工程施工机具台班费用定额》的基期综合工费单价、基期水电单价等计算出的台班单价作为基期施工机械台班单价及施工仪器仪表台班单价;以依据编制期的折旧费、综合工费单价、油燃料价格、水电单价等计算出的台班单价作为编制期施工机械台班单价及编制期施工仪器仪表台班单价。编制期的折旧费以基期折旧费为基数乘以表6-7 的系数计算。

施工机具折旧费调差系数表　　　　表6-7

施工组织设计的建设项目开工日期	施工机具折旧费调差系数
2017 年 5 日 1 日—2018 年 4 月 30 日	1.111
2018 年 5 月 1 日—2019 年 4 月 30 日	1.094
2019 年 5 月 1 日—2020 年 4 月 30 日	1.077
2020 年 5 月 1 日—2021 年 4 月 30 日	1.060

施工组织设计的建设项目开工日期	施工机具折旧费调差系数
2021 年 5 月 1 日—2022 年 4 月 30 日	1.043
2022 年 5 月 1 日—2023 年 4 月 30 日	1.026
2023 年 5 月 1 日—2024 年 4 月 30 日	1.013
2024 年 5 月 1 日—2025 年 4 月 30 日	1.004
2025 年 5 月 1 日以后	1.000

(5)工程用水、电单价

①工程用水单价

工程用水基期单价为 0.35 元/t。该单价仅为扬程 20m 及以下的抽水费用。一般地区编制期工程用水单价在基期单价基础上另加按国家或工程所在地区的省(自治区、直辖市)政府有关规定计取的水资源费。

特殊缺水地区(指区域地表水及地下水资源匮乏的地区)或取水困难的工程(指区域浅层地下水缺乏且地表水水源远离线路的工程),可按施工组织设计确定的供水方案,分析不含可抵扣进项税额编制期工程用水单价,并计列相关大型临时工程(如给水干管路、深水井等)等费用。必须使用自来水的,应按当地规定的自来水价格分析不含可抵扣进项税额的编制期工程用水单价。

②工程用电单价

工程用电基期单价为 0.47 元/(kW·h)。编制期单价分析方法可以采用地方电源的电价算式、内燃发电机临时集中发电的电价算式和分散发电的电价算式进行计算。

(6)施工机具使用费的计算

①计算各种机具台班消耗量

$$\text{施工机具台班消耗量} = \text{使用该种机械的工程数量} \times \text{该种机械的台班定额} \quad (6\text{-}7)$$

②按规定分析机具台班单价

③计算施工机具使用费

$$\text{施工机具使用费} = \text{施工机械使用费} + \text{施工仪器仪表使用费} \quad (6\text{-}8)$$

$$\text{施工机械使用费} = \sum \text{定额施工机械台班消耗量} \times \text{施工机械台班单价} \quad (6\text{-}9)$$

$$\text{施工仪器仪表使用费} = \sum \text{定额施工仪器仪表台班消耗量} \times \text{施工仪器仪表台班单价}$$

$$(6\text{-}10)$$

编制期施工机具使用费与基期施工机具使用费差额按施工机具使用费差价计列。

【例 6-1】 某路基填筑土方工程,需用自行式振动压路机(≤8t)碾压路基,已知当地人工费单价为 120 元/工日,柴油单价为 6.80 元/kg。试求该机械的基期台班单价和编制期台班单价。

【解】 自行式振动压路机属于土石方机械,查《铁路工程施工机具台班费用定额》(2017 年版),得知该机械的电算代号为 9100314,该机械基期台班单价为 430.66 元。同时查得折旧费为 42.73 元,检修费为 16.03 元,维护费为 53.06 元,人工工日为 1 工日,工费为 70 元,柴油用量为 47.58kg,单价为 5.23 元/kg。由此可得:

$$\text{不变费用} = 42.73 + 16.03 + 53.06 = 111.82(\text{元})$$

$$\text{可变费用} = 1 \times 120 + 47.58 \times 6.80 = 443.544(\text{元})$$

故知：

编制期台班单价 = 不变费用 + 可变费用 = 111.82 + 44.544 = 555.364(元)

【例6-2】 某桥梁工程基础采用水上冲击式钻孔桩施工,试计算浇筑462m³混凝土所需施工机具使用费(假设基价水平为2014年度水平)。

【解】 (1)查《铁路工程预算定额》(第二册 桥涵工程)QY-205。

(2)计算施工462m³混凝土桩基础所用的机械台班数。

内燃拖轮≤230kW-150t　　0.060×46.2 = 2.722(台班)

运输驳船≤300t　　　　　0.120×46.2 = 5.544(台班)

混凝土泵≤80m³/h　　　　0.09×46.2 = 4.158(台班)

工程驳船≤400t　　　　　0.120×46.2 = 5.544(台班)

其他机具使用费　　　　　9.639×46.2 = 444.906(元)

(3)分析机械台班单价。

因基价水平为2014年度水平,因此可直接查《铁路工程施工机具台班费用定额》(2017年版),上述各类型的机械台班单价为:

内燃拖轮≤230kW-150t　　　1777.57 元

运输驳船≤300t　　　　　　465.92 元

混凝土泵≤80m³/h　　　　　931.75 元

工程驳船≤400t　　　　　　444.86 元

(4)计算施工机具使用费:

2.722×1777.57 + 5.544×465.95 + 4.158×931.75 + 5.544×444.86 + 444.906 = 14207.199(元)

4)价外运杂费

按直接费划分的规定,运杂费应计入材料费中,但铁路工程由于线长点多,分布区域广,大多工程地处荒僻地区,交通不便,材料来源广,品种杂,运输方法多,建设周期长,材料的运杂费占直接费比重比较大,很难统一将运杂费纳入料价中。因此,铁路工程部分材料费的运杂费是分别列项的,其中材料单价以内的运杂费称为价内运杂费或业务费提成,材料单价以外的运杂费称为价外运杂费。

(1)概念

价外运杂费指根据设计需要,在编制单项概(预)算时,须在材料费之外单独计列的材料运杂费,包括材料自指定交货地点运至工地所发生的运输费、装卸费、其他有关运输的费用,以及为简化概(预)算编制,以该运输费、装卸费、其他有关运输费用之和为基数计算的采购及保管费。

价外运杂费 = ∑(运输费 + 装卸费 + 其他有关运输的费用)×(1 + 采购及保管费率)

运输费、装卸费、其他有关运输的费用根据施工组织设计的材料供应方案计算,运输单价、装卸单价、其他有关运输费用的确定及采购保管费率按《铁路基本建设工程设计概预算费用定额》(TZJ 3001—2017)执行。

(2)价外运杂费的内容

①运输费,是指用各种运输工具运送各种材料物品所发生的运费。

②装卸费,是运输过程中的装车和卸车的费用。材料运到工地料库或堆料地点,可能不止一次发生装卸,对每次都应进行计算。如有的运输工具的装卸费已包括在运输费中,则无须另计装卸费,避免重复。

③材料采购及保管费,是指由施工单位负责采购、运输、保管和供应的材料、成品、半成品、构配件和机电设备等在采购、运输、保管和供应过程中所发生的一切有关费用(不包括材料供应部门所发生的费用),包括采买、办理托运所发生的费用(如按规定由托运单值负担的包装、捆扎、支垫等的料具耗损费,转向架租用费和托运签条),押运、运输途中的损耗,料库盘存,天然毁损和材料的验收、检查、保管等有关各项管理费以及看料工的工资。

④其他有关运输的费用(如火车运输的取送车费、过轨费,汽车运输的渡船费等)。

⑤运输损耗费,是指砂、碎石(包括道砟及中、小卵石)、黏土砖、黏土瓦、石灰五种材料,由于运输过程中损耗较大,须增加的运输损耗费。

⑥工地小搬运费,是指工地范围内的材料、成品、半成品、构配件和机电设备等,由工地料库或堆料地点运至操作地点的短途搬运费。因新的铁路工程概(预)算定额中,人工用量除另有说明者外,均已包括工地小搬运用工,故运杂费中不另计工地小搬运费。

材料从供应地点运至操作工点所发生的业务费提成(价内运杂费)、价外运杂费和工地小搬运费三者之间的划分范围,如图6-3所示。

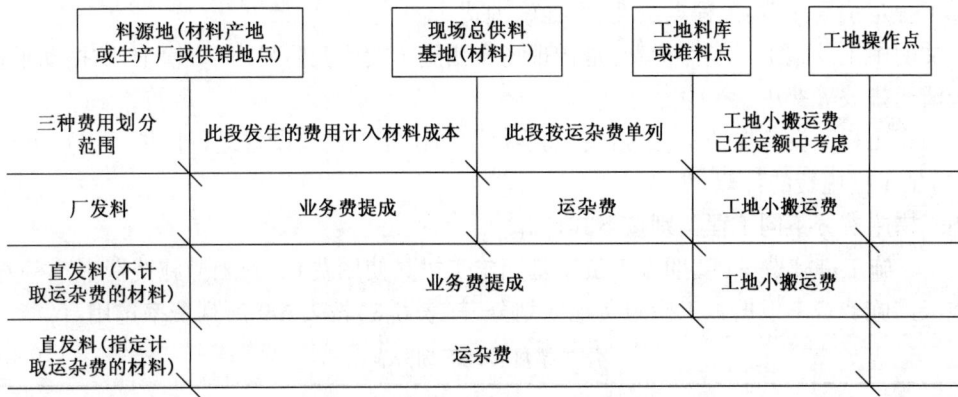

图6-3　材料运输三种费用划分范围

5)填料费

填料费,是指购买不作为材料对待的土方、石方、渗水料、矿物料等填筑用料所支出的费用。

若设计为临时占地取填料,其发生的租用土地、青苗补偿、拆迁补偿、复垦及其他所有与土地有关的费用等纳入临时用地费用项下。

$$填料费 = \sum 填料消耗量 \times 填料价格 \tag{6-11}$$

填料价格采用不含可抵扣进项税额的价格,由设计单位调查分析确定。

以上五种费用组成为直接工程费,是指施工过程中耗费的构成工程实体的有助于工程形成的各项费用,其中的价外运杂费包括列入材料成本的价外运杂费和部分单列的价外运杂费。

直接工程费是计算工程概(预)算一切费用的基础,必须确保其准确。

2.施工措施费

施工措施费,是指为完成铁路建设工程施工,发生于该工程施工前和施工过程中的需综合计算的费用。

(1)施工措施费的内容

①冬、雨季施工增加费,是指建设项目的某些工程须在冬季、雨季施工,为保证工程质量,

按相关规范、规程中的冬、雨季施工要求,需采取防寒、保温、防雨、防潮和防护措施,不须改变技术作业过程的降低人工与机械功效等所需增加的有关费用。

②夜间施工增加费,是指必须在夜间连续施工或在隧道内铺砟、铺轨,敷设电线、电缆,架设接触网等工程所发生的工作效率降低、夜班津贴,以及增设照明设施(包括所需照明设施的装拆、摊销、维修及油燃料、电)等增加的有关费用。

③小型临时设施费,是指施工企业为进行建筑安装工程施工,所必须修建的生产和生活用一般临时建筑物、构筑物和其他小型临时设施所发生的费用。费用内容包括:

a. 小型临时设施的场地土石方、地基处理、硬化面、圬工等工程费用,以及小型临时设施的搭设、移拆、维修、摊销及拆除恢复等费用。

b. 因修建小型临时设施而发生的租用土地、青苗补偿、拆迁补偿、复耕及其他所有与土地有关的费用等,不含大型临时设施中临时场站生产区的土地有关费用。

④工具、用具及仪器、仪表使用费,是指施工生产所需不属于固定资产的生产工具、检验用具及仪器、仪表等的购置、摊销和维修费,以及支付给生产工人自备工具的补贴费。

⑤工程定位复测费、工程点交费、场地清理费。

⑥文明施工及施工环境保护费,是指现场文明施工费用及防噪声、防粉尘、防振动干扰、生活垃圾清运排放等费用。

⑦已完工程及设备保护费,是指竣工验收前,对已完工程及设备进行保护所需费用。

(2)施工措施费的计算

施工措施费分不同工程类别按下式计算:

$$施工措施费 = (基期人工费 + 基期施工机具使用费) \times 施工措施费费率 \qquad (6-12)$$

施工措施费费率根据施工措施费地区划分表(表6-8)按表6-9所列费率选用。

施工措施费地区划分表　　　　表6-8

地区编号	地 域 名 称
1	上海、江苏、河南、山东、陕西(不含榆林市、延安市)、浙江、安徽、湖北、重庆、云南(不含昭通市、迪庆藏族自治州、贡山独龙族怒族自治县、宁蒗彝族自治县)、贵州(不含毕节市)、四川(不含凉山彝族自治州西昌市以西地区、阿坝藏族羌族自治州、甘孜藏族自治州、雅安市宝兴县、绵阳市平武县和北川羌族自治县)
2	广东、广西、海南、福建、江西、湖南
3	北京,天津,河北(不含张家口市、承德市),山西(不含大同市、朔州市、忻州市原平以西各县),陕西延安市,甘肃(不含酒泉市、嘉峪关市、张掖市、金昌市、武威市、甘南藏族自治州、临夏回族自治州积石山保安族东乡族撒拉族自治县、临夏县、和政县、定西市岷县及漳县、陇南市文县),宁夏,贵州毕节市,云南昭通市、迪庆藏族自治州(不含德钦县)、贡山独龙族怒族自治县、宁蒗彝族自治县,四川凉山彝族自治州西昌市以西地区、阿坝藏族羌族自治州(不含壤塘县、阿坝县、若尔盖县)、甘孜藏族自治州(不含石渠县、德格县、甘孜县、白玉县、色达县、理塘县)、雅安市宝兴县、绵阳市平武县和北川羌族自治县,新疆和田地区、喀什地区(含图木舒克市)、吐鲁番地区、巴音郭楞蒙古自治州(不含若羌县、且末县)
4	河北张家口市(不含康保县)、承德市(不含围场满族蒙古自治县),山西大同市、朔州市、忻州市原平以西各县,陕西榆林市,辽宁,内蒙古呼和浩特市、包头市、乌海市、巴彦淖尔市、鄂尔多斯市、阿拉善盟
5	新疆阿克苏地区(含阿拉尔市)、克孜勒苏柯尔克孜自治州、伊犁哈萨克自治州、哈密地区,甘肃酒泉市(不含阿克塞哈萨克族自治县、肃北蒙古族自治县马鬃山镇以外地区)、嘉峪关市、张掖市(不含肃南裕固族自治县皇城镇、山丹县及民乐县南部山区)、金昌市、武威市(不含天祝藏族自治县)

地区编号	地 域 名 称
6	河北张家口市康保县、承德市围场满族蒙古族自治县,内蒙古赤峰市、乌兰察布市、通辽市、兴安盟、锡林郭勒盟锡林浩特以南各旗(县),甘肃甘南藏族自治州、酒泉市阿克塞哈萨克族自治县和肃北蒙古族自治县马鬃山镇以外地区、张掖市肃南裕固族自治县皇城镇和山丹县及民乐县南部山区、武威市天祝藏族自治县、临夏回族自治州积石山保安族东乡族撒拉族自治县、临夏县和和政县、定西市岷县及漳县、陇南市文县,吉林,青海西宁市、海东地区、黄南藏族自治州、海南藏族自治州、海北藏族自治州(不含祁连县、门源回族自治县)、海西蒙古族藏族自治州格尔木—都兰及以北地区(不含大柴旦德令哈—天峻以北地区),新疆乌鲁木齐市(含石河子市)、昌吉回族自治州(含五家渠市)、博尔塔拉蒙古自治州(不含温泉县)、塔城地区、克拉玛依市、巴音郭楞蒙古自治州若羌县及且末县,西藏林芝地区雅鲁藏布江以南地区、山南地区错那县,云南迪庆藏族自治州德钦县,四川甘孜藏族自治州石渠县、德格县、甘孜县、白玉县、色达县、理塘县,阿坝藏族羌族自治州壤塘县、阿坝县、若尔盖县
7	黑龙江(不含大兴安岭地区)、内蒙古呼伦贝尔市阿尔山—图里河线以东各旗(县)、锡林郭勒盟锡林浩特及以北各旗(县),新疆阿勒泰地区(含北屯市)、博尔塔拉蒙古自治州温泉县,青海海西蒙古族藏族自治州格尔木—都兰以南地区(不含唐古拉山镇)及大柴旦—德令哈—天峻以北地区、玉树藏族自治州(不含曲麻莱县及其以西地区)、果洛藏族自治州(不含玛多县),西藏拉萨市(不含当雄县)、昌都地区、林芝地区、雅鲁藏布江及以北地区、山南地区(不含错那县)、日喀则地区(不含萨嘎县、仲巴县、昂仁县、谢通门县)
8	内蒙古呼伦贝尔市阿尔山—图里河以西各旗(县)、黑龙江大兴安岭地区,青海玉树藏族自治州曲麻莱县及其以西地区、海北藏族自治州祁连县、门源回族自治县、果洛藏族自治州玛多县、海西蒙古族藏族自治川格尔木市辖的唐古拉山镇,西藏拉萨市当雄县、阿里地区、那曲地区、日喀则地区的萨嘎县、仲巴县、昂仁县、谢通门县

施工措施费费率(%)   表6-9

类别代号	工程类别	地区编号								附 注
		1	2	3	4	5	6	7	8	
1	人力施工土石方	8.0	8.3	10.2	11.2	11.3	12.6	12.9	13.5	包括人力拆除工程,绿色防护、绿化,各类工程中单独挖填的土石方,石方爆破工程
2	机械施工土石方	5.7	6.1	9.2	10.1	10.3	12.5	13.0	13.8	包括机械拆除工程,填级配碎石、砂砾石、渗水土,公路路基路面,各类工程中单独挖填的土石方,综合维修通道,大临土石方工程
3	汽车运输土石方采用"定额"增运部分	3.6	3.5	3.8	4.4	4.5	4.8	4.9	5.4	仅指区间路基土石方及站场土石方,包括隧道出渣洞外运输
4	特大桥、大桥下部建筑	6.7	5.9	8.3	9.2	9.7	9.7	9.8	10.0	含附属工程
5	预制混凝土梁	13.6	10.7	19.1	21.0	22.8	22.9	23.2	23.7	含各种桥梁桥面系、支座、梁的横向连接和湿接缝
6	现浇混凝土梁	10.3	8.0	14.5	16.0	17.4	17.5	17.7	18.1	包括分段预制后拼接的混凝土梁
7	运架混凝土简支箱梁	4.1	4.1	4.2	4.5	4.6	4.8	4.9	5.1	—

类别代号	工程类别	地区编号								附注
		1	2	3	4	5	6	7	8	
8	隧道、明洞、棚洞，自采砂石	6.8	6.6	7.1	7.7	7.8	7.8	7.9	7.9	不含隧道的照明、通风与空调等工程，不含掘进机、盾构施工的隧道
9	路基附属工程（不含附属土石方）	7.4	6.9	8.2	8.8	8.9	9.0	8.9	8.9	含区间线路防护栅栏、与路基同步施工的接触网支柱基础等
10	框架桥、公路桥、中小桥下部（含附属工程），涵洞、轮渡、码头、一般生产房屋和附属、给排水、工务、站场、其他建筑物等建筑工程	7.2	6.7	8.2	8.9	9.2	9.2	9.3	9.3	含除大临土石方、大临轨道、临时电力、临时通信以外的大临工程，环保降噪声工程
11	铺轨、铺岔，架设混凝土梁、钢梁、钢管拱、钢结构站房（含站房综合楼）、钢结构雨棚、钢结构车库等	12.7	12.6	13.1	14.1	14.4	15.7	16.7	20.6	钢箱梁除外，包括轨道附属工程，线路备料及大临轨道；钢管拱包括钢管、钢管内混凝土、系杆、吊杆、梁及桥面板
12	铺砟	6.1	5.3	7.6	8.4	8.6	9.1	9.4	10.2	包括道床清筛、沉落整修、有砟轨道调整等
13	无砟道床	16.3	13.4	21.4	23.8	25.5	25.6	25.9	26.3	包括道床过渡段
14	通信、信号、信息、电力、牵引变电、供电段、车辆、动车的建筑工程，所有安装工程	10.9	11.0	11.2	12.0	12.1	12.4	12.5	13.0	含桥梁、隧道的照明工程，隧道通风与空调工程、临时电力、临时通信、管线防护、管线迁改
15	接触网建筑工程	14.5	13.6	16.0	17.1	17.2	17.4	17.7	17.9	含不与路基同步施工的接触网支柱基础

注：过渡工程按表列同类正式工程的费率计列。大型临时设施按表列同类正式工程的费率乘以0.45的系数计列；掘进机、盾构施工的隧道施工措施费费率另行分析计列。

3. 特殊施工增加费

特殊施工增加费是指在特殊地区及特殊施工环境下进行建筑安装工程施工时，所须增加的费用。

（1）风沙地区施工增加费，是指在非固定沙漠或戈壁地区、月（或连续30d）平均风力达到四级以上（平均风速 >5.5m/s）的风季，在相应风沙区段进行室外建筑安装工程时，由于受风沙影响应增加的费用，内容包括防风、防沙的措施费，材料费、人工、机械降效增加的费用，风力预警观测设施费用，以及风沙、风蚀的清理修复费，等等。

本项费用以风沙区段范围内室外建筑安装工程的编制期人工费与施工机具使用费之和为基数，乘以风沙地区施工增加费费率（2.6%）计算。

大风高发月(或连续30d)平均风力达到四级以上(平均风速 >5.5m/s)、1h 极大风速大于 13.9m/s 且风力累计在 85h 以上的风沙、大风地区,可根据调查资料另行分析计算本项费用。

(2)高原地区施工增加费,是指设计线路在海拔 2000m 以上的高原地区施工时,由于人工和机械受气候、气压的影响而降低工作效率所增加的费用。

本项费用根据工程所在地的不同海拔高度,按下列算法计列:

高原地区施工增加费 = 定额工天 × 编制期综合工费单价 × 高原地区工天定额增加幅度 +
定额机械(仪器仪表)合班量 × 编制期机械(仪器仪表)台班
单价 × 高原地区机械台班定额增加幅度   (6-13)

高原地区施工定额增加幅度,见表 6-10。

高原地区施工定额增加幅度   表 6-10

海拔高度(m)	定额增加幅度(%)	
	工天定额	机械台班定额
2000(含)~3000(含)	12	20
3001(不含)~4000(含)	22	34
4001(不含)~4500(含)	33	54
4501(不含)~5000(含)	40	60
5000 以上	60	90

注:通过辅助坑道施工的隧道工程,按辅助坑道最高海拔确定高原地区施工定额增加幅度;海拔高速范围内的长大隧道(隧长 >4km),其高原地区施工定额增加幅度提高一个档级计算。

(3)原始森林地区施工增加费,是指在原始森林地区进行新建或增建二线铁路施工,由于受环境影响,其路基土方工程应增加的费用。本项费用按下列算法计列:

原始森林地区施工增加费 = (路基土方工程的定额工天 × 编制期综合工费单价 +
路基土方工程的定额机具台班量 × 编制期机具台班单价) ×
30% 。   (6-14)

(4)行车干扰施工增加费,是指在不封锁的营业线上,在维持通车的情况下,或在本线封锁施工,临线维持通车的情况下,进行建筑安装工程施工时,由于受行车影响造成局部停工或妨碍施工而降低工作效率等所须增加的费用。

①行车干扰施工增加费的计费范围

受行车干扰的范围,见表 6-11。

行车干扰施工增加费计算范围   表 6-11

名 称	受行车干扰范围	受行车干扰项目	包 括	不 包 括
路基	在行车线上或在行车线中心平距 12.5m 及以内	填挖土方,填石方,地基处理工程	路基抬高落坡全部工程	
	在行车线的路堑内	土石方工程以及路堑内的挡土墙、护墙、护坡、侧沟、吊沟的全部砌筑工程数量		控制爆破开挖石方
	平面跨越行车线运土石方	跨越运输的全部土石方	隧道弃渣	

名　　称	受行车干扰范围	受行车干扰项目	包　　括	不　包　括
桥涵	在行车线上或在行车线中心平距 12.5m 及以内	涵洞的主体坞工,桥梁工程的下部建筑主体坞工,桥梁架设、现浇	桥梁的锥体护坡及桥头填土	桥涵其他附属工程及桥面等,框架桥、涵管的挖土、顶进,框架桥内、涵洞内的路面、排水等工程
隧道及明洞	在行车线的隧道、明洞内施工	改扩建隧道或增设通风、照明设备的全部工程	明洞、棚洞的挖基及衬砌工程	明洞、棚洞拱上的回填及防水层、排水沟等
轨道	在行车线上或在行车线两侧中心平距 12.5m 及以内或在行车线的线间距≤12.5m 的邻线上施工	全部工程	拆铺、改拨线路,更换钢轨、轨枕及线路整修作业	线路备料
电力牵引供电	在行车线上或在行车线两侧中心平距 12.5m 及以内或在行车线的线间距≤12.5m 的邻线上施工	在既有线上非封锁线路作业的全部工程和邻线未封锁而本线封锁线路作业的全部工程		封锁线路作业的项目(邻线未封锁的除外);牵引变电及供电段的全部工程
其他室外建筑安装及拆除	在行车线上或在行车线两侧中心平距 12.5m 及以内	全部工程	靠行车线较近的基本站台、货物站台,天桥、跨线站房、灯桥、雨棚地道的上下楼梯	站台土方不跨线取土

注:在未移交运营的线路上施工和在避难线、安全线、存车线及其他段管在线施工均不计列行车干扰施工增加费。

②行车干扰施工增加费的计算

行车干扰施工增加费包含施工期间人工、机械受行车影响降效增加的费用,因行车而做的整理和养护工作费用,以及在施工时为防护所需的信号工、电话工、看守工等的人费用及防护用品的维修、摊销费用。

本项费用,根据每昼夜的行车次数(以编制期交通运输部的计划运行图为准,所有计划外的小运转、轨道车、补机、加点车的运行等均不计算)以及受行车干扰范围内工程项目的工程数量,按以下方法计算:

a. 土石方施工及跨股道运输的行车干扰施工增加费,不论采用哪种施工方法,均按下列算法计列:

$$土石方施工及跨股道运输的行车干扰施工增加费 = 受施工干扰的工日 \times 编制期综合工费$$
$$单价 \times 受干扰土石方数量 \times 每昼夜行$$
$$车次数 \times 0.40\% \qquad (6-15)$$

土石方施工及跨股道运输行车干扰的工天按表 6-12 所列的定额确定。

土石方施工及跨股道运输计算行车干扰的工日　　　表 6-12

单位:工日/100m³ 天然密实体积

序号	工 作 内 容	土　　方	石　　方
1	仅挖、装(爆破石方仅为装)在行车干扰范围内	15.7	7.7
2	仅卸在行车干扰范围内	3.1	4.6
3	挖、装、卸(爆破石方为装、卸)均在行车干扰范围内	18.9	12.3

序号	工 作 内 容	土 方	石 方
4	平面跨越行车线运输土石方,仅跨越一股道,跨越双线、多线股道的第一股道	15.7	23.1
5	平面跨越行车线运输土石方,每增跨一股道	3.1	4.6

b. 接触网工程的行车干扰施工增加费按下列算法计列:

$$行车干扰施工增加费 = 受行车干扰范围内的工程数量 × (所对应定额的应计行车干扰的工天 × 编制期综合工费单价 + 所对应定额应计行车干扰的施工机具台班量 × 编制期施工机具台班单价) × 每昼夜行车次数 × 0.48\% \tag{6-16}$$

c. 其他工程的行车干扰施工增加费按下列算法计列:

$$行车干扰施工增加费 = 受行车干扰范围内的工程数量 × (所对应定额的应计行车干扰的工天 × 编制期综合工费单价 + 所对应定额的应计行车干扰的施工机具台班量 × 编制期施工机具台班单价) × 每昼夜行车次数 × 0.40\% \tag{6-17}$$

d. 邻线或在列车速度大于 200km/h 的营运线上施工时,原则上不考虑按行车间隔施工的方案。

(5) 营运线封锁(天窗)施工增加费,是指为确保营运线行车和施工安全,需封锁线路施工造成施工效率降低等所发生的费用。根据相关规定及施工组织设计确定的需封锁线路施工或利用天窗时间施工的工程数量以及编制期人工费和施工机具使用费之和为计算基数,乘以表6-13所列的工天与施工机具台班定额增加幅度计算。

营业线封锁(天窗)施工定额增加幅度 表 6-13

序号	工 程 类 别	工天与施工机具台班定额增加幅度(%)
1	人力拆铺轨	340
2	机械拆铺轨	180
3	拆铺道岔	170
4	粒料道床	180
5	线路有关工程	120
6	接触网恒张力架线	130
7	接触网非恒张力架线	250
8	接触网其他工程	250
9	架设预应力混凝土 T 梁	150
10	架设预应力混凝土箱梁及其他上跨结构	100
11	其他工程	260

4. 大型临时设施和过渡工程费

(1) 概念

大型临时设施和过渡工程费,是指施工企业为进行建筑安装工程施工及维持既有线正常运营,根据施工组织设计确定所需的大型临时建筑物和过渡工程修建及拆除恢复所发生的费用。

（2）项目及费用内容

大型临时设施费用内容如下：

①铁路便线，汽车运输便道，运梁便道，临时给水设施，临时电力线，临时通信基站，渡口、码头、浮桥、吊桥、天桥、地道等的工程费用及养护维修费用。

②轨道板预制场、轨枕预制场、管片预制场的主体厂房工程费用。

③临时场站，集中发电站、集中变电站，隧道污水处理站等场地土石方、地基处理、生产区硬化面、圬工、质量不小于10t且长度不小于100m的龙门吊走行线等的工程费用。

④修建大型临时设施而发生的租用土地、青苗补偿、拆迁补偿、复垦及其他所有与土地有关的费用等。其中临时场站中应计列的所有与土地有关的费用列入第一章临时用地费项下。

过渡工程费用内容包括临时性便线、便桥、过渡性站场设施等及其相关的配套工程，以及由此引起的临时养护、租用土地、青苗补偿、拆迁补偿、复垦及其他所有与土地有关的费用等。

（3）费用计算规定

大型临时设施和过渡工程，应根据施工组织设计确定的项目、规模及工程量，采用定额按单项概（预）算计算程序计算或按类似指标计列。

大型临时设施和过渡工程，均应结合具体情况，充分考虑借用本建设项目正式工程的材料，以尽可能节约投资。

5. 间接费

间接费，是指施工企业为完成承包工程组织施工生产和经营管理所发生的费用。

（1）间接费用组成

间接费用由企业管理费、规费和利润三项组成。

①企业管理费，是指建筑安装企业组织施工生产和经营管理所需的费用。内容包括：

a. 管理人员工资，是指管理人员的基本工资、津贴和补贴、辅助工资、职工福利费、劳动保护费等。

b. 办公费，是指管理办公用的文具、纸张、账表、印刷、邮电、书报、宣传、通信、会议、水、电、煤（燃气）费用等。

c. 差旅交通费，是指职工因公出差、调动工作的差旅费，助勤补助费，市内交通费和误餐补助费，职工探亲路费，劳动力招募费，职工退休、退职一次性路费，工伤人员就医路费以及管理部门使用的交通工具的油料、燃料及牌照费。

d. 固定资产使用费，是指管理和试验部门及附属生产单位使用的属于固定资产的房屋、车辆、设备仪器等的折旧、大修、维修或租赁费。

e. 工具用具使用费，是指管理使用的不属于固定资产的生产工具、器具、家具、交通工具和检验、试验、测绘、消防用具的购置、维修和摊销费。

f. 检验试验费，是指施工企业按照规范和施工质量验收标准费的要求，对建筑安装的设备、材料、构件和建筑物进行一般鉴定、检查所发生的费用，包括自设试验室进行试验所耗用的材料和化学药品费用等，以及根据需要由施工单位委外检验试验的费用。不包括应由研究试验费和科技三项费用列支的新结构、新材料试验费；不包括建设单位要求对具有出厂合格证明的材料进行试验，对构件进行破坏性试验及其他特殊要求进行检验试验的费用；不包括由建设单位委外检验试验的费用；不包括施工质量验收标准以外设计要求的检验试验费用。

g. 财产保险费,是指施工管理用财产、车辆保险费用。

h. 税金,是指企业交纳的房产税、车船使用税、土地使用税、印花税、城市维护建设税、教育费附加、地方教育附加等各项税费。

i. 施工单位进退场及工地转移费,是指施工单位根据建设任务需要,派遣人员和机具设备从基地迁往工程所在地,或从一个项目迁至另一个项目所发生的往返搬迁费用,以及施工队伍在同一建设项目内,因工程进展需要,在本建设项目内往返转移及劳动工人上、下路所发生的费用,如承担任务职工的调遣差旅费,调遣期间的工资,施工机械、工、用具、周转性材料及其他施工装备的搬运费用;施工队伍在转移期间所须支付的职工工资、差旅费、交通费、转移津贴等;劳动工人的上、下路所需车船费、途中食宿补贴及行李运费等。

j. 劳动保险费,是指由企业支付离退休职工的异地安家补助赞、职工退职金、6个月以上病假人员的工资以及支付给离休干部的各项经费等。

k. 工会经费,是指企业按照职工工资总额计提的工会经费。

l. 职工教育经费,是指企业为职工学习先进技术和提高文化水平,按职工工资总额计提的费用。

m. 财务费用,是指企业为筹集资金而发生的各种费用,包括企业经营期间发生的短期贷款利息净支出,金融机构手续费、担保费,以及其他财务费用。

n. 工程排污费,是指施工现场按规定缴纳的工程排污费用。

o. 其他,包括技术转让费、技术开发费、业务招待费、绿化费、广告费、公证费、法律顾问费、审计费、咨询费、无形资产摊销费、投标费、企业定额测定、企业信息化管理系统建设及使用费、工程验收配合费等。

②规费,是指政府和有关部门规定必须缴纳的社会保障费用。内容包括:

a. 社会保险费,是指企业按规定缴纳的职工基本养老保险费、失业保险费、基本医疗保险费、工伤保险费、生育保险费。

b. 住房公积金,是指企业按规定缴纳的职工住房公积金。

③利润,是指施工企业完成所承包工程应获得的盈利。

(2)间接费用计算

间接费分不同工程类别按下式计算:

$$间接费 = (基期人工费 + 基期施工机具使用费) × 间接费费率 \quad (6-18)$$

间接费费率按表6-14执行。

间 接 费 费 率　　　　　　　　　　　　表6-14

类别代号	工程类别	费率(%)	附　注
1	人力施工土石方	47.4	包括人力拆除工程,绿色防护、绿化,各类工程中单独填挖的土石方,爆破工程
2	机械施工土石方	21.9	包括机械拆除工程,填级配碎石、砂砾石、渗水土,公路路面各类工程中单独挖填的土石方,综合维修通道,大临土石方工程
3	汽车运输土石方采用定额"增运"部分	10.9	仅指区间路基土石方工程及站场土石方,包括隧道出渣洞外运输
4	特大桥、大桥下部建筑	26.4	含附属工程
5	预制混凝土梁	56.7	含各种桥梁桥面系、支座、梁的横向连接和湿接缝

类别代号	工程类别	费率(%)	附注
6	现浇混凝土梁	43.6	包括分段预制后拼接的混凝土梁
7	运架混凝土简支箱梁	29.9	
8	隧道、明洞、棚洞,自采砂石	33.9	不含隧道的照明、通风与空调等工程,不含掘进机、盾构施工的隧道
9	路基附属工程(不含附属土石方)	33.5	含区间线路防护栅栏、与路基同步施工的接触网支柱基础等
10	框架桥、中桥、小桥、涵洞、轮渡、码头、一般生产房屋和附属、给排水、工务、站场、其他建筑物等建筑工程	44.2	含除大临土石方、大临轨道、临时电力、临时通信以外的大临工程,环保降噪工程
11	铺轨、铺岔,架设其他混凝土梁、钢结构站房(含站房综合楼)、钢结构雨棚、钢结构车库等	89.5	简支箱梁除外,包括轨道附属工程,线路备料及大临轨道。钢管拱包括钢管、钢管内混凝土、系杆、吊杆、梁及桥面板
12	铺砟	40.4	包括道床清筛、沉落整修,有砟轨道调整等
13	无砟道床	67.1	包括道床过渡段
14	通信、信号、信息、灾害监测、电力、牵引变电、供电段、机务、车辆、动车,所有安装工程	59.8	含桥梁、隧道的照明工程,隧道通风与空调等工程、临时电力、临时通信、管线防护、管线迁改
15	接触网建筑工程	59.4	含不与路基同步施工的接触网支柱基础

注:1. 采用大型机械化施工开挖定额的隧道工程,间接费率按25.9%计,掘进机、盾构机施工的隧道间接费率另行分析计列。

2. 过渡工程按表列同类正式工程的费率计列,大型临时设施按表列同类正式工程的费率乘以0.8的系数计列。

6. 税金

(1)概念

税金是指按照设计概(预)算构成及国家税法等有关规定计算的增值税额。

(2)计算方法

建筑安装工程税金按下式计算:

$$
\begin{aligned}
税金 =&(基期人工费 + 基期材料费 + 基期施工机具使用费 + 价外运杂费 + 价差 + \\
&填料费 + 施工措施费 + 特殊施工增加费 + 间接费)\times 税率 \\
=&(直接费 + 间接费)\times 税率
\end{aligned}
\tag{6-19}
$$

建筑安装工程费税金税率为11%。

(二)设备购置费

1. 设备费

凡经过加工制造,由多种材料和部件按各自用途组成独特结构,积累功能、容量传递和转换性能的机器、容器和其他机械、成套装置(达到固定资产标准),以及虽未达到固定资产标准而必须列入设备清单的设备,统称为设备。

(1)分类

①按设备使用形式不同分类:分为需要安装与不需要安装的设备。

②按制造方法不同分类:分为标准与非标准设备。标准设备是指有国家统一规定的名称、

规格、型号的机电设备。非标准设备是指国家尚无定型标准,制造厂不批量生产,又不易通过贸易关系购买,由使用单位提供设计图纸,委托制造厂制造或由施工单位就地制造生产的设备。此类设备无统一标准。

③按购入渠道不同分类:分为国内设备与进口设备。

④按设备结构组成不同分类:分为单机与机组。

(2)计算

设备购置费是指购置达到固定资产标准的设备、工器具、生产家具和虽低于固定资产标准,但属于设计明确列入设备清单的设备等所需的费用。购买计算机硬设备所附带的软件若不单独计价,其费用应随设备硬件一起列入设备购置费中。设备购置费包括设备费、设备运杂费和税金。

设备费指根据设计确定的设备规格、型号、数量,按相应的设备原价计算的费用。计算公式为

$$设备费 = \sum 设备数量 \times 设备原价 \qquad (6-20)$$

编制期设备费与基期设备费差额按设备费价差计列。

2. 设备运杂费

设备运杂费是指设备自生产厂家(来源地)运至施工安装地点所发生的运输费、装卸费、手续费、采购及保管费等费用的总称。

$$设备运杂费 = 基期设备费 \times 设备运杂费费率 \qquad (6-21)$$

设备运杂费费率一般地区按 6.5% 计列,新疆、西藏、青海按 8.4% 计列。

3. 设备购置费税金

设备购置费税金按下式计算:

$$设备购置费税金 = (基期设备费 + 设备运杂费 + 设备费价差) \times 税率 \qquad (6-22)$$

建筑安装工程费税金与设备购置费税金税率为 11%。

(三)其他费

其他费指应由基本建设投资支付并列入建设项目投资内,除建筑安装工程费、设备购置费、基本预备费之外的有关静态投资费用。不包括政府有关部门对建设项目实施审批、核准或备案管理,委托专业服务机构等中介提供评估评审等服务所发生的费用。

1. 土地征(租)用及拆迁补偿费

土地征(租)用及拆迁补偿费是指按照《中华人民共和国土地管理法》等规定,为进行铁路建设所需征(租)用土地及拆迁补偿等费用。

(1)费用内容

①土地征用补偿费,是指土地补偿费、安置补助费,必须缴纳或发生的失地农民保险,被征用土地地上附着物及青苗补偿费,征用城市郊区菜地缴纳的菜地开发建设基金,征用耕地缴纳的耕地开垦费、耕地占用税,等等。

②拆迁补偿费,是指被征用土地上的房屋及附属构筑物、城市公共设施等迁建补偿费等;既有管线路迁改、改沟(渠、河),导流设施、消能设施、挑水坝修建及河道加固防护等所发生的补偿性费用;项目建设造成封井,农田、水利设施、水系损坏及房屋损坏修复费或补偿费;等等。

③临时用地费,是指取弃土(石)场(含隧道弃渣场)以及大型临时设施中的临时场站等工

程的临时占地费用,包括租用土地、青苗补偿、拆迁补偿、复垦费用及其他所有与土地有关的费用等。

④征地拆迁工作经费,是指在征地拆迁过程中,工程所在地有关部门配合征地拆迁工作所发生的相关人员工作经费、资产评估费及土地登记管理费等。

⑤用地勘界费,是指委托有资质的土地勘界机构对铁路建设用地界进行勘定所发生的费用。

⑥土地预审费,是指铁路工程建设项目用地预审工作的组织协调、技术方案制定、组卷汇总、各级材料核查初审及上报自然资源部等所需费用。内容包括图件费、咨询费、听证费及差旅费等。

⑦森林植被恢复费,是指为保护森林资源,促进我国林业可持续发展,按照《中华人民共和国森林法》和《中华人民共和国森林法实施条例》等规定应缴纳的征用林地的植被恢复费用。

⑧临时用地复垦方案报告编制费,是指在铁路工程建设申请用地之前,依据土地开发整理相关规范和要求,对铁路工程临时用地复垦开展设计、提出具体工程措施,编制详细的土地复垦方案,计算土地复垦费用,编制临时用地复垦方案报告等所需费用。

⑨压覆矿藏评估与补偿费,是指按照有关规定,为了解铁路建设工程所在地区的矿产资源分布和开采情况,由建设单位组织对压覆矿藏进行评估与补偿所需的费用。

(2)费用计算

土地征用补偿费、拆迁补偿费、临时用地费等应根据设计提出的建设用地面积和补偿动迁工程数量,按国家有关部门及工程所在地区的省(自治区、直辖市)政府有关规定和价格计列。

征地拆迁工作经费、用地勘界费、土地预审费、森林植被恢复费、临时用地复垦方案报告编制费、压覆矿藏评估与补偿费等按国家和工程所在地区的省(自治区、直辖市)政府有关规定和价格计列。

2.建设项目管理费

(1)概念

项目建设管理费是指项目建设单位从项目筹建之日起至办理竣工财务决算之日止发生的管理性质的开支。

(2)内容

包括不在原单位发工资的工作人员工资及相关费用、办公费、办公场地租用费、差旅交通费、劳动保护费、工具用具使用费、固定资产使用费、招募生产工人费、技术图书资料费(含软件)、业务招待费、施工现场津贴、竣工验收费和其他管理性开支。

(3)计算

本项费用以建设项目静态投资(不含项目建设管理费)、价差预备费和建设期投资贷款利息总额扣除土地征(租)用及拆迁补偿费为基数,按表6-15所列费率采用累进法计算。

项目建设管理费费率 表6-15

第二章至第十章费用总额(万元)	费率(%)	算 例	
		基数	建设单位管理费(万元)
1000 以下	2.0	1000	1000×2.0%=20
1001~5000	1.5	5000	20+(5000-1000)×1.5%=80

第二章至第十章费用总额(万元)	费率(%)	算 例	
		基数	建设单位管理费(万元)
5001 ~ 10000	1.2	10000	80 + (10000 - 5000) × 1.2% = 140
10001 ~ 50000	1.0	50000	140 + (50000 - 10000) × 1.0% = 540
50001 ~ 100000	0.8	100000	540 + (100000 - 50000) × 0.8% = 940
100000 以上	0.4	200000	940 + (200000 - 100000) × 0.4% = 1340

注:项目建设管理费按上述方法计算确定后,再对因项目建设管理费计入概算而引起的相关章节费用变化作一次调整。

由多个建设单位承担的建设项目(代建除外),按各建设单位管理范围计算。

3. 建设单位印花税及其他税费

建设单位印花税及其他税费是指项目建设单位发生的各类与建设相关的合同印花税、资本金印花税、房产税、车船税、契税及按规定缴纳的其他税费等。

本项费用的计算按第一章至第十章费用总额扣除土地征(租)用及拆迁补偿费为基数,乘以0.07%的费率计列。

4. 建设项目前期费

建设项目前期费,是指建设项目在预可行性研究及可行性研究阶段,由建设单位组织进行项目论证评估、立项批复、申报核准等工作所发生的有关费用。主要包括可行性研究费、建设项目选址报告编制费、社会稳定风险评估报告编制费、环境影响报告编制与评估费、水土保持方案报告编制与评估费、节能评估报告书编制与评审费、洪水影响评价报告编制费、职业病危害预评价费、地质灾害危险性评估费、地震安全性评价费、通航论证费、文物保护费等。

(1)可行性研究费,是指编制项目建议书(或预可行性研究报告)、可行性研究报告(含初测)所需的费用。

(2)建设项目选址报告编制费,是指按照国家有关规定,就项目规划选址报批编制建设项目选址意见书等所需的费用。

(3)社会稳定风险评估报告编制费,是指按照国家有关规定,就项目建设方案、建设用地及征地拆迁补偿,生态环境、文物保护以及对沿线生产生活的其他影响等编制社会稳定风险评估报告等所需的费用。

(4)环境影响报告编制与评估费,是指按照有关规定编制建设项目环境影响报告,以及由建设单位组织评估等所发生的费用。

(5)水土保持方案报告编制与评估费,是指按照有关规定编制建设项目水土保持方案报告,以及由建设单位组织评估等所发生的费用。

(6)节能评估报告书编制与评审费,是指根据国家有关规定,由国家发展和改革委核报国务院审批或核准以及由国家发展和改革委审批或核准的新建、改建铁路建设项目(含独立枢纽大型客站等)编制节能评估报告书以及由建设单位组织评审等发生的费用。

(7)洪水影响评价报告编制费,是指按照有关规定,就洪水对建设项目可能产生的影响和建设项目对防洪可能产生的影响作出评价并编制洪水影响评价报告所需的费用。

(8)职业病危害预评价费,是指建设项目因可能产生职业病危害而编制职业病危害预评价报告及由建设单位组织报告评审所需的费用。

(9)地质灾害危险性评估费,是指为避免和减轻地质灾害对铁路工程建设运营造成的损失,对建设项目所在地区的地质灾害危险性进行评估所需的费用。

(10)地震安全性评估费,是指按照有关规定对建设项目进行地震安全性评估所需的费用。

(11)通航论证费,是指根据有关规定,对修建的与通航有关的铁路工程设施进行安全论证和尺度论证等工作所需的费用。

(12)文物保护费,是指按照有关规定,建设单位在进行大型基本建设工程前,请从事考古发掘的单位,在工程范围内有可能埋藏文物的地方进行考古调查、勘探,以及对受建设项目影响的文物进行原址保护、迁移、拆除所需费用。

建设项目前期工作费用的计算按项目预可行性研究和可行性研究阶段的实际发生金额计列。

5.施工监理费

施工监理费,是指由建设单位委托具有相应资质的单位,在铁路建设项目的施工阶段实施监理的费用。

考虑设计概(预)算编制需要,制定了施工监理费的费用定额。本项费用的计算按工程概预)算投资额分档定额计费方法计算后,纳入设计概(预)算,工程实际发生的费用应按国家有关规定实行市场调节价。计算公式如下:

$$施工监理费 = 计算基数 \times 施工监理费费率 \times 施工监理费复杂程度调整系数 \times 高度调整$$
$$系数 \times 工期调整系数 \qquad (6-23)$$

6.勘察设计费

考虑设计概(预)算编制需要,制定了勘察设计费的费用定额。勘察设计费计算后,纳入设计概(预)算,工程实际发生的费用应按国家有关规定实行市场调节价。

(1)勘察费

勘察费是指勘察人根据发包人的委托,收集已有资料、现场踏勘、制定勘察纲要,进行测绘、勘探、取样、试验、测试、检测、监测等勘察作业,以及编制工程勘察文件和岩土工程设计文件等收取的费用。

铁路工程勘察费采用实物工作量法计算。

$$勘察费 = (勘察费定额 + 七项费用定额) \times 实物工作量 \times 勘察费附加调整系数 \times$$
$$(1 + 主体勘察协调费等系数) \qquad (6-24)$$

(2)设计费

设计费是指设计人根据发包人的委托,提供编制建设项目初步设计文件、施工图设计文件等服务所收取的费用。

铁路工程设计费采用按照工程概算投资额分档定额计费方法计算。

$$设计费 = 计算基数 \times 设计费费率 \times 设计复杂程度调整系数 \times 设计费附加调整系数 \times$$
$$(1 + 其他设计费系数) \qquad (6-25)$$

7.设计文件审查费

设计文件审查费是指为保证铁路工程勘察设计工作质量,由建设单位组织有关专家或委托有资质的单位,对设计单位提交的建设项目预可行性研究(项目建议书)、可行性研究、初步设计、I类变更设计及调整概算文件进行审查(核)所需要的相关费用。

本项费用以建筑安装工程费为基数,按表6-16所列费率计算后,纳入设计概(预)算,工程实际发生的费用按国家有关规定实行市场调节价。

设计文件审查费费率表

表 6-16

建设项目投资综合(亿元)	10 及以下	50	200	500	100 及以上
费率(%)	0.22	0.16	0.09	0.06	0.03

注:1.建设项目设计文件审查费应根据建设项目投资总额,采用直线内插法确定费率,并以建设项目投资总额对应的建筑安装工程费为基数计算;

2.根据设计复杂程度,计算本项费用时乘以设计复杂程度调整系数。

8.其他咨询服务费

其他咨询服务费,是指由建设单位委托具有相应资质的单位,在铁路项目建设过程中实施咨询服务发生的相关费用,包括招标咨询费、勘察监理与咨询费、设备(材料)采购监造费、施工图审查(核)费、第三方审价费、环境保护专项监理费、水土保持监测费、无砟轨道铺设条件评估费、环境保护和水土保持设施验收报告编制费、职业病危害控制效果评价费、第三方检测费、计算机软件开发与购置费等。

(1)招标咨询费,是指具有相应资质的单位接受建设单位委托,提供代理工程、货物、服务招标,编制招标文件、最高投标限价,审查投标人资格,组织投标人踏勘现场并答疑,组织开标、评标、定标,以及提供招标前期咨询、协调合同的签订等服务收取费用。

(2)勘察监理与咨询费,是指具有相应资质的单位接受建设单位委托,在铁路建设项目勘察阶段,对勘察工作中的相关规程规范和勘察合同的符合性进行检查,对工程地质、水文地质勘探、钻探、原位测试、室内试验的全过程进行监理等工作所收取的费用。

(3)设备(材料)采购监造费,是指具有相应资质的单位接受建设单位委托,按照有关法规和价格。对铁路建设工程中出现的新材料、新设备(或非标材料、非标设备),制造过程的质量实施监督服务所发生的费用。

(4)施工图审查(核)费,是指具有相应资质的单位接受建设单位委托,按照有关法律、法规、规范、标准,对施工图涉及公共利益、公共安全方面及按照工程建设强制性标准进行审查,对施工图的图纸及总预算等进行审核所发生的费用。

(5)第三方审价费,是指具有相应资质的单位接受建设单位委托,对铁路建设项目的征地拆迁、岩溶处理、材料价差等进行专项审价发生的费用。

(6)环境保护专项监理费,是指为控制铁路工程施工阶段的环境污染和生态破坏,由建设单位委托具有工程环境监理资质的单位对铁路工程施工进行环境监测、检查、监理所发生的费用。

(7)水土保持监测费,是指有水土流失防治任务的铁路建设项目,按照有关规定,设立专项监测点对水土流失状况进行监测,并定期向项目所在地县级监测管理机构报告监测成果所需的费用。

(8)无砟轨道铺设条件评估费,是指根据铁路建设需要,在无砟轨道铺设之前,受建设单位委托的评估单位对观测数据抽检检查,建立沉降变形观测数据库,对观测数据及无砟轨道铺设条件进行评估等所需的费用。

(9)环境保护和水土保持设施验收报告编制费,是指在铁路建设工程验收之前,对工程中的环境保护设施、水土保持设施编制验收报告所需的费用。

(10)职业病危害控制效果评价费,是指对建设项目的职业病危害控制效果进行评价,编制评价报告及由建设单位组织报告评审所需的费用。

（11）第三方检测费，是指为保证工程质量，由建设单位委托具有相应资质的单位对根据要求必须进行第三方检测的工程项目进行检测所发生的费用。

（12）计算机软件开发与购置费，是指购买计算机硬件所附带的单独计价的软件，或须另行开发与购置软件所需的费用，不包括项目建设、设计、施工、监理、咨询工作所需软件。

本项费用按第一章至第十章费用总额扣除土地征（租）用及拆迁补偿费为基数，乘以0.5%的费率计算后，纳入设计概（预）算。工程实际发生的费用应按国家有关规定实行市场调节价。

9. 营业线施工配合费

营业线施工配合费是指施工单位在营业线上或邻近营业线进行建筑安装工程施工时，需要运营单位在施工期间参加配合工作所发生的费用（含运营单位安全监督检查费用）。

营业线施工配合费情况较复杂，编制设计概（预）算时，可按不同工程类别的计算范围，以编制期人工费与编制期施工机具使用费之和为基数，乘以表6-17所列参考费率计列。

营业线施工配合费费率表

表6-17

工 程 类 别	费率(%)	计 算 范 围
一、路基		
1. 石方爆破	4.1	在铁路线路路基坡脚、路堑坡顶、铁路桥涵外侧起向外各1000m范围内，以及在铁路隧道上方中心线两侧各1000m范围内
2. 邻近营业线路基工程	1.3	距离铁路路基坡脚、路堑坡顶、设备或设施外缘，向外延伸20m范围，含涵洞配合费
3. 营业线路基工程	1.7	路基改建工程（不含土方的运输）
二、桥涵		
1. 邻近营业线桥梁（含上跨营业线）	3.9	距离铁路路基坡脚、路堑坡顶、设备或设施外缘，向外延伸20m范围
2. 营业线桥涵改建	4.8	桥涵改建工程
3. 顶进框架桥、顶进涵洞	2.5	包括主体预制、工作坑、引道及框架桥、涵洞的路面、排水工程
三、隧道及明洞		
1. 邻近营业线隧道	4.4	距离铁路路基坡脚、路堑坡顶、设备或设施外缘，向外延伸20m范围，及距离洞口1000m范围内的爆破工程
2. 邻近营业线隧道改建	5.0	隧道改建工程
四、轨道		
1. 邻近营业线轨道（包括有砟轨道、无砟轨道）	3.1	距离铁路路基坡脚、路堑坡顶、设备或设施外缘，向外延伸20m范围
2. 邻近营业线铺道岔	5.6	
3. 营业线铺轨	5.3	
4. 营业线铺道岔	7.9	轨道改建工程
5. 营业线铺道床	3.6	
五、通信（含信息、灾害监测）		
1. 邻近营业线	4.8	距离铁路路基坡脚、路堑坡顶、设备或设施外缘，向外延伸20m范围内的建安工程

工 程 类 别	费率(%)	计 算 范 围
2.营业线	5.4	改建建安工程
六、信号		
1.邻近营业线	22.0	距离铁路路基坡脚、路堑坡顶、设备或设施外缘,向外延伸20m范围内的建安工程
2.营业线	25.0	改建建安工程
七、电力		
1.邻近营业线	4.6	距离铁路路基坡脚、路堑坡顶、设备或设施外缘,向外延伸20m范围内的建安工程
2.营业线	5.2	改建建安工程
八、接触网		
1.邻近营业线	5.5	距离铁路路基坡脚、路堑坡顶、设备或设施外缘,向外延伸20m范围内的建安工程
2.营业线	6.2	改建建安工程
九、牵引变电所		
1.邻近营业线	4.1	距离铁路路基坡脚、路堑坡顶、设备或设施外缘,向外延伸20m范围内的建安工程
2.营业线	4.6	改建建安工程
十、给排水		
1.邻近营业线	2.1	距离铁路路基坡脚、路堑坡顶、设备或设施外缘,向外延伸20m范围内的建安工程
2.营业线	2.3	改建建安工程
十一、站场		
1.邻近营业线	8.7	距离铁路路基坡脚、路堑坡顶、设备或设施外缘,向外延伸20m范围内的建安工程
2.营业线	9.9	改建建安工程

注:本表费率为参考费率,供编制设计概(预)算时参考使用。具体编制时,设计单位应调查并综合考虑相关铁路运营企业的规定以及市场在资源配置中的作用。

10. 安全生产费

安全生产费是指施工企业按照规定标准提取的在成本中列支,专门用于完善和改进施工企业安全生产条件的资金。铁路工程安全生产费使用范围,见表6-18。表6-18内的安全生产项目,在设计概(预)算其他部分中不应再重复计列相关费用。

本项费用按费率计算部分,以建筑安装工程费的2.0%计列,加强超前地质预报费用,以设计数量按相关定额计算。

安全生产费使用范围表 表6-18

一、完善、改造和维护安全防护设施设备支出(不含"三同时"要求初期投入的安全设施)
1."洞口"(楼梯口、电梯井口、预留洞口、通道口等)、"临边"(未安装栏杆的平台临边、无外架防护的层面临边、升降口临边、基坑沟槽临边、上下斜道临边等)、挖井、挖孔、沉井、泥浆池等防护、防滑设施

2.施工场地安全围挡设施
3.施工供配电及用电安全防护设施(如漏电保护、接地保护、触电保护等装置,变压器、配电盘周边防护设施,电器防爆设施,防水电缆及备用电源等)
4.各类机电设备安全装置
5.隧道及孔洞开挖过程中有毒有害气体监测、通风设备设施,隧道内粉尘监测设备设施
6.地质灾害监控防护设备设施
7.防火、防爆、防尘、防毒、防雷、防台风等设备设施及备品
8.机械设备(如起重机械、提升设备、锅炉、压力器、压缩机等)上的各种保护、保险装置及安全防护措施
9.爆破及交叉作业(穿越村镇、公路、河流、地下管线进行施工、运输等作业)所增设的防护、隔离、栏挡等防护措施
10.防边坡滑坡设备
11.高处作业中防止物体、人员坠落设置的安全带、棚、护栏等防护设施
12.各种安全警示、警告标志
13.航道临时防护及航标设置等
14.安全防护通信设备
15.其他临时安全防护设备、设施
二、配备、维护、保养应急救援器材、设备的支出和应急演练支出
1.应急电源、照明、通风、抽水、提升设备,以及锹、镐、铲、千斤顶等
2.防洪、防坍塌、防山体落石、防自然灾害等物资设备
3.急救药箱及器材
4.应急救援设备、器械(包括救援车等)
5.救生衣、圈、船等,以及船只靠帮设备
6.各种消防设备和器材
7.安全应急救援及预案演练
8.其他救援器材、设备
三、开展重大危险源和事故隐患评估、监控和整改支出[含邻近既有线或建(构)筑物施工所产生的影响等]
1.超前地质预报(不含Ⅰ级风险隧道中极高风险段落的加强超前地质预报,超前钻孔、加深炮孔、地震波反射法物理探测),重大危险源评估、监控费用
2.水上及高空作业评估、整改
3.危险源辨识与评估(高路堑开挖、深基坑开挖、瓦斯隧道、既有线隧道评估等)
4.临近既有线或建(构)筑物施工危险源和事故隐患评估、监控和整改支出
5.重大事故隐患评估、整改支出
6.应急预案措施投入
7.自然灾害预警费用
8.爆炸物运输、储存、使用时安全监控、防护费用及安全检查与评估费用
9.施工便桥安全检测、评估费用
10.其他重大危险源、重大事故隐患的评估、整改、监控支出
四、安全生产检查、评价(不包括新建、改建、扩建项目安全评价)、咨询和标准化建设支出
1.聘请专家参与安全检查、评价和咨询发生的费用

2. 各级安全生产检查、督导与评价费
3. 安全生产标准化建设费
五、配备和更新现场作业人员安全防护用品支出
1. 配备现场作业人员的安全防护用品
2. 更新现场作业人员的安全防护用品
六、安全生产宣传、教育、培训支出
1. 购置、编印安全生产书籍、刊物、影像资料等支出
2. 举办安全生产展览和知识竞赛活动,设立陈列室、教育室等支出
3. 召开安全生产专题会议等支出
4. 专职安检人员、生产管理人员安全生产专业培训等支出
5. 全员安全及特种(专项)作业安全技能培训等支出
6. 各种安全生产宣传支出
7. 其他安全教育培训费用
七、安全生产适用的新技术、新标准、新工艺、新装备的推广应用支出
八、安全设施及特种设备检测检验支出
1. 各种安全设备设施的检测、检查费
2. 特种机械设备、压力容器、避雷设施等检查检测费
九、其他与安全生产直接相关的支出
1. 特种作业人员(从事高空、井下、尘毒作业的人员及炊管人员等)体检费用
2. 办理安全施工许可证
3. 办公、生活区的防腐、防毒、防四害、防触电、防煤气、防火患等支出
4. 与安全员有关的费用支出
5. 其他

注:1. I级风险隧道中极高风险段落的超前钻孔、加深炮孔、地震波反射法物理探测的加强超前地质预报费用按相关定额另计,列入第十一章安全生产费项下。

2. 本表所列使用范围均指保障施工企业安全生产的支出。保障施工企业之外的其他安全性支出,须按设计的保障措施另计费用,列入相关正式工程章节中。

11. 研究试验费

研究试验费,是指为建设项目提供或验证设计数据、资料等所进行的必要研究试验,以及按照设计规定在施工中必须进行试验、验证所需的费用。不包括:

(1)应由科技三项费用(新产品试制费、中间试验费和重要科学研究补助费)开支的项目。

(2)应由检验试验费开支的施工企业对建筑材料、设备、构件和建筑物等进行一般鉴定、检查所发生的费用及技术革新的研究试验费。

(3)应由勘察设计费开支的项目。

本项费用应根据设计提出的研究试验内容和要求,经建设主管单位批准后计列。

12. 联调联试等有关费用

联调联试等有关费用包括静态检测费、联调联试费、安全评估费、运行试验费及综合检测列车高级修理费用等。

本项费用按有关费用定额计算。

13. 利用外资有关费用

利用外资有关费用,是指铁路基本建设项目利用国外贷款(用于土建工程或采购材料和设备)时发生的有关附加费用。工程实际发生的费用应按国家有关规定实行市场调节价。

(1)附加支出费,是指外资项目通过招标方式采购材料、设备,引进技术和服务所需支出的有关费用。

(2)利用外资可行性研究报告编译费,是指编制、翻译和评估项目利用外资可行性研究报告所需的费用。本项费用以利用外资贷款总额按现行汇率折合人民币后的 0.05% 计列。

(3)外资设计概(预)算编制费,是指承担利用国外贷款项目设计任务的设计单位,完成各阶段外资概(预)算编制所发生的费用。本项费用以利用外资贷款总额按现行汇率折合人民币后的 0.05% 计列。

(4)征地拆迁和移民安置实施计划编译费,是指按照国外贷款机构的要求,对外资项目征地拆迁和移民安置进行社会调查、建立信息管理系统和实施计划编译等工作所发生的费用。

当国外贷款机构有此要求时,以本项目利用外资贷款总额按现行汇率折合人民币后的 0.05% ~ 0.10% 计列。

(5)征地拆迁和移民安置监控费,是指按照国外贷款机构的要求,对外资项目征地拆迁和移民安置进行监控所发生的费用,包括外部监控和内部监控。

外部监控的内容包括对移民安置总量 5% 的基底调查,每半年一次的现场调查,移民安置监控报告和后评估报告的编译,陪同国外贷款机构检查、参加谈判,等等。

内部监控的内容包括每半年编制一份工程进度和移民安置进展情况的报告,配合外部监控单位开展工作、配合国外贷款机构检查,等等。

当国外贷款机构有此要求时,本项费用根据建设期年限,按 1210 元/(年·正线公里)计列。

(6)环境监控费,是指按照国外贷款机构的要求,在外资项目实施过程中对周围环境的影响进行监控所发生的费用。

当国外贷款机构有此要求时,本项费用根据建设期年限,按铁路正线长度计算。400km 以内按 1210 元/(年·正线公里)计列,1000km 以上按 605 元/(年·正线公里)计列,400 ~ 1000km 按内插法计列。

(7)环境影响评价报告编译费,是指按照国外贷款机构的要求,对外资项目进行环境影响评价报告编译工作所发生的费用。

当国外贷款机构有此要求时,本项费用以本项目环境影响报告编制与评估费的 40% 计列。

(8)引进技术和进口设备项目的其他费用,是指由于利用国外贷款,在执行贷款协议或贷款合同时所发生的有关费用。

本项费用根据贷款协议或贷款合同的要求,分人民币支付和外币支付两部分计列。

(9)进口关税及增值税,是指利用国外贷款采购的材料、设备,应交纳的进口关税及增值税。

本项费用对应须计提进口关税及增值税的进口材料、设备,按以下公式计算:

$$进口关税及增值税 = 进口货物到岸价格 \times [A + (1 + A) \times B] \times C \quad (6\text{-}26)$$

式中:A——进口关税税率;

B——增值税税率;

C——现行汇率。

(10)国外贷款承诺费,是指国外贷款协议生效后,其贷款余额部分(未提取部分)必须按其要求支付贷款方一定数额的承诺费。

当国外贷款机构有此要求时,本项费用根据评估报告的支付进度及建设期各年度贷款余额,按有关费率计列。

(11)国外贷款项目启动费,是指国外贷款机构收取的项目启动费,一般从贷款本金中直接扣除。当国外贷款机构有此要求时,本项费用以利用外资贷款总额按现行汇率折合人民币后为计算基数,按有关费率计列。

(12)社会影响评估报告编译费,是指根据国外贷款机构的规定,有关单位对外资项目进行社会影响评估报告编译工作所发生的费用。

(13)少数民族发展计划编译费,是指根据国外贷款机构的规定,有关单位对外资项目进行少数民族发展计划编译工作所发生的费用。

(14)生物多样性研究报告编译费,是指根据国外贷款机构的规定,有关单位对外资项目进行生物多样性研究报告编译工作所发生的费用。

14. 生产准备费

(1)生产职工培训费

生产职工培训费是指新建和改扩建铁路工程,在交验投产以前对运营部门生产职工培训所发生的费用。内容包括培训人员的工资、津贴和补贴、职工福利费、差旅交通费、劳动保护费、培训及教学实习费等。本项费用按表6-19所规定的标准计列。

生产职工培训费定额(元/正线公里)   表6-19

线路类别		非电气化线路	电气化线路
设计速度 >200km/h 铁路		—	17000
设计速度 ≤200km/h 铁路	新建双线	11300	16000
	新建单线	7500	11200
	增建第二线	5000	6400
	既有线增建电气化	—	3200

注:独立建设项目的站房、动车段、专用线,车站改造等项目的生产职业培训按1400元/定员计列,其中新建项目按设计定员计算,改建项目按新增定员计算。

(2)办公和生活家具购置费

办公和生活家具购置费是指为保证新建、改扩建项目初期正常生产、使用和管理所必须购置的办公和生活家具、用具的费用。范围包括行政、生产部门的办公室、会议室、资料档案室、娱室、食堂、浴室、单身舍、行车公寓等家具用具;不包括应由企业管理费、奖励基金或行政开支的改扩建项目所需办公和生活家具购置费。本项费用按表6-20所规定的标准计列。

办公和生活家具购置费标准(元/正线公里)　　　　表 6-20

线路类别		非电气化线路	电气化线路
设计速度>200km/h 铁路		—	11000
设计速度≤200km/h 铁路	新建双线	9000	10000
	新建单线	6000	7000
	增建第二线	3500	4000
	既有线增建电气化	—	2000

注:独立建设项目的站房、动车段、专用线,车站改造等项目的办公和生活家居购置费按 800 元/定员计列,其中新建项目按设计定员计算,改建项目按新增定员计算。

（3）工器具及生产家具购置费

工器具及生产家具购置费是指新建、改建项目和扩建项目的新建车间,验交后为满足初期正常运营必须购置的第一套不构成固定资产的设备、仪器、仪表、工卡模具、器具、工作台(框,架、柜)等费用。不包括构成固定资产的设备工器具和备品、备件;已列入设备购置费中的专用工具和备品、备件。本项费用按表 6-21 规定的标准计列。

工器具及生产家具购置费标准(元/正线公里)　　　　表 6-21

线 路 类 别		非电气化线路	电气化线路
设计速度>200km/h 铁路		—	22000
设计速度≤200km/h 铁路	新建双线	18000	20000
	新建单线	12000	14000
	增建第二线	7000	8000
	既有线增建电气化	—	4000

注:独立建设项目的站房、动车段、专用线,车站改造等项目的工器具及生产家具购置费按 800 元/定员计列,其中新建项目按设计定员计算,改建项目按新增定员计算。

15. 其他

其他是指以上费用之外,按国家、相关部委及工程所在省(自治区、直辖市)规定应纳入设计概(预)算的费用,或在设计阶段无法准确核定的特殊工程处理措施估算费用,以及铁路专利专有技术等知识产权使用费。

(四)基本预备费

1. 概念

铁路工程基本预备费属于静态投资部分,是指为建设阶段各种不可预见因素的发生而预留的可能增加的费用。本项费用由建设单位统筹管理。

2. 主要用途

(1)在进行设计和施工过程中,在批准的初步设计范围内必须增加的工程和按规定需要增加的费用。本项费用不含 I 类变更设计所增加的费用。

(2)在建设过程中,未投保工程遭受一般自然灾害所造成的损失和为预防自然灾害所采取的措施,以及为了规避风险而投保全部或部分工程的建筑安装工程一切险和第三者责任险的费用。

(3)验收委员会(或小组)为鉴定工程质量,必须开挖和修复隐蔽工程的费用。

（4）由于设计变更所引起的废弃工程，但不包括施工质量不符合设计要求而造成的返工用和废弃工程。

（5）征地、拆迁价差。

3.计费标准

本项费用以第一章至第十一章费用总额为基数，乘以5%的费率计列。

二、动态投资

1.价差预备费

价差预备费是指为正确反映铁路基本建设工程项目的概（预）算总额，在设计概（预）算编制年度到项目建设竣工的整个期限内，因形成工程造价诸因素的正常变动（如材料、设备、征地拆迁价格等的上涨，人工费及其他有关费用标准的调整等），导致必须对该建设项目所需总投资额进行合理核定和调整而需预留的费用。

本项费用应根据建设项目施工组织设计安排，以其分年度投资额及不同年限，按国家有关部门公布的工程造价年上涨指数计算。计算公式如下：

$$E = \sum_{i=1}^{N} F_n \left[(1 + p)^{c+n} - 1 \right] \tag{6-27}$$

式中：E——价差预备费；

N——施工总工期（年）；

F_n——施工期第 n 年的分年度投资额；

c——编制年至开工年年限（年）；

n——开工年至结（决）算年年限（年）；

p——工程造价年增长率。

2.建设期投资贷款利息

建设期投资贷款利息是指建设项目中分年度使用国内外贷款，在建设期应归还的贷款利息。

（1）利用国内贷款的建设期投资贷款利息计算公式

建设期国内投资贷款利息 = ∑（年初利息贷款本金累计 +

本年度付息贷款额 ÷ 2）× 年利率   （6-28）

（2）利用国外贷款的建设期投资贷款利息计算公式

建设期国外投资贷款利息 = ∑（上半年累计贷款额本金 + 本年度付息贷款额 ×

折算系数 ÷ 2）× 贷款利率 × 现行汇率   （6-29）

三、机车车辆（动车组）购置费

机车车辆（动车组）购置费是指根据铁路机车、客车投资有偿占用有关办法的规定，在新建铁路、增建二线和电气化改造等基建大中型项目总概（预）算中根据需要计列的机车车辆（动车组）购置费。

本项费用按设计确定的初期运量所需要的新增机车车辆型号、数量及编制期机车车辆(动车组)购置价格等计算。

四、铺底流动资金

本项费用是为保证新建铁路项目投产初期正常运营所需流动资金有可靠来源而计列,主要用于购买原材料、燃料、动力,支付职工工资和其他有关费用。

对下列费用按下列标准计列:

设计速度>200km/h新建铁路:16.0万元/正线公里;

设计速度≤200km/h新建双线铁路:12.0万元/正线公里;

设计速度≤200km/h新建单线Ⅰ级铁路:8.0万元/正线公里;

设计速度≤200km/h新建单线Ⅱ级铁路:6.0万元/正线公里;

新建单线Ⅰ级地方铁路:6.0万元/正线公里;

新建单线Ⅱ级地方铁路:4.5万元/正线公里。

如初期运量较小,上述指标可酌情核减。既有线改扩建、增建二线以及电气化改造工程不计列铺底流动资金。

任务五 编制铁路工程概(预)算

学习目标

(1)了解概(预)算编制的基本方法;

(2)掌握概(预)算的价差调整方法;

(3)掌握铁路工程概(预)算编制内容与编制步骤。

任务描述

铁路单项工程概(预)算的编制通常可以用地区单价分析法和调整系数法来计算,在了解编制方法和编制步骤的基础上,便可计算铁路工程概(预)算。通过本任务的学习,能根据工程背景资料进行价差调整,计算单项工程概(预)算。

相关知识

单项(分项)概(预)算的编制一般采用两种办法,即地区单价分析法和调整系数法。地区单价分析法内容细致,项目具体,条件符合实际,计算比较正确,便于基层开展核算,因此它是编写概(预)算的基本方法;调整系数法虽然计算时的工作量小一些,出成果较快,但内容、项目比较粗,与实际出入较大,不便于基层开展核算,一般只作为编制概(预)算和比较方案时采用。

一、概(预)算编制的基本方法

1.地区单价分析法

(1)地区定额单价分析

①根据汇总工程量内的工作项目,查阅有关定额。

②按从定额中查得的工、料、机单位定额数量乘以该建设项目所分析出的工、料、机地区单价,即可算出该项目的地区定额单价及质量(利用单价分析表分析)。

③将全部工作项目的地区定额单价分析成果,填入"单价汇总表"以便编制单项(分项)概(预)算时查用,加快编制速度。

(2)计算人工、材料、机械台班数量

①根据汇总工程量中的工作项目,查单项定额,得出数工、料、机的定额数量。

②用工作项目工程量分别乘以相应的工、料、机定额数量,即得出该工作项目所需人工工天、消耗材料数量及使用机械台班数量。

③将各工作项目的人工工天、材料数量及使用机械台班数量分别相加就可求出该单项工程所需总劳力、各种材料消耗数量及各种机械使用的台班数量(利用工、料、机数量表计算)。计算工、料、机数量,其作用就是分析平均运杂费,提供各种材料所占运量的比重,为计算各种机械台班提供台班数量,为编制施工计划进行基层核算提供可靠依据。

(3)运杂费单价分析

①根据材料供应计划和运输线路,确定外来料和当地材料的运输方式、运距及各种运输方式的联运关系,并在此技术上计算全运输过程每吨材料的运杂费单价。

②根据工、料、机数量计算表中的材料重量,并据以分析各类材料的运输重量比重。

③将各类材料的每吨全程运杂费单价分别乘以相应的材料重量比例,然后汇总其价值,再加上工程材料管理费及碎石等五种材料[在运输过程中损耗过大,另加其运杂费(不含材料管理费)的 2.5% 的运输损耗费],即为每吨材料的平均运杂费单价。

平均运杂费单价的计算方法和步骤如下:

第一步,取出"主要材料(设备)平均运杂费单价分析表",填写表头。

第二步,根据各种材料运输方法及运价、装卸次数及装卸单价,计算除各种材料每吨的全程运价。

第三步,根据各种材料的运输方法所占的比重计算出每吨材料的综合运价。

第四步,计算出各种材料在总运量中所占的比例。

第五步,各种材料运杂费等于总运量比重乘以综合运杂费。

第六步,将运杂费加总之后,加上其材料保管费,即得出主要材料平均运杂费单价。

2. 调整系数法

用调整系数法编制单项(分项)概(预)算,其方法和地区单价分析法基本相同,所不同之处是调整系数法不进行单价分析,而直接采用定额基价编制单项概(预)算,算出工、料、机费用后用一个系数进行调整,此系数即为调整系数。

求算调整系数主要有两种方法:

(1)工、料、机费用分析法

用"地区单价分析法",分析计算出人工、材料消耗及使用台班的总数量,分别乘以地区单价中的人工单价、各种材料单价及各种机械台班使用单价,加总后求出地区总价值;分别乘以地区采用基价中的人工单价、各种材料单价及各种使用机械台班单价,加总后求出基价总价值,地区总价值(设计价)与基价总价值之比即为调整系数。

$$调整系数 = \frac{地区总价值}{基价总价值} \qquad (6\text{-}30)$$

①核算工程数量。核算方法同单价分析法。

②按照定额基价及工程数量计算各工程项目的合价,加总求出单项工程的数量。

③计算工、料、机数量。统计出该单项工程的人工、各种材料、各种机械台班的总数量。

④用对比系数法求调整系数,即用工、料、机数量表中统计的各级人工,各种材料、各种机械台班,分别乘以定额基价及工程所在地的单价,计算出合价,各自加总,求出按定额基价及工程所在地单价(地区价、设计价)的工、料、机总费用,后者与前者之比即为调整系数。

⑤用调整系数法乘以按定额基价计算的工、料、机总费用,即为工程所在地单项工程工、料、机总费用。

⑥以下按单价分析法的步骤继续完成平均运杂费单价的分析,计算运杂费、其他直接费等单项工程应计算的费用。

(2)价差系数调整方法

价差系数调整法是编制综合概(预)算的另一种方法。其单项(分项)概(预)算的编制,是利用定额基价(如2011年基期年价格水平)乘以工程数量,得出整个单项工程的工料机总费用,然后计算运杂费、其他直接费、现场经费、间接费、计划利润、税金等,列入各章。由基期年度至概(预)算编制年度所发生的价差(尤其是材料价差),则应根据有关部门每年制定、发布的不同地区、不同工程类别的价差系数,在各章、各工程类别工料机费用的基础上计算,这种方法是铁路工程概(预)算普遍采用的方法。

二、概(预)算的价差调整与其他要求

1. 价差调整

(1)价差调整的定义

设计概(预)算价差调整是指基期至设计概(预)算编制期对价格所做的合理调整,由设计单位在编制(预)算时,按概(预)算编制办法列出的价差调整方法计算,列入单项概(预)算。

(2)价差调整的阶段

价差调整的阶段,通常分为基期到设计概(预)算编制期和设计概(预)算编制期至工程结(决)算期两个阶段。

①基期至设计概(预)算编制期所发生的各项价差,由设计单位在编概(预)算时调整,列入单项概(预)算。

②设计概(预)算编制期至工程结(决)算期所发生的各项价差调整,应符合国家有关政策,充分体现市场价格机制,按合同约定办理。

(3)价差调整的方法

①人工费价差调整方法

按定额统计的人工消耗量(不包括施工机具台班中的人工)乘以编制期综合工费单价与基期综合工费单价的差额计算。

②材料费价差调整方法

a. 水、电价差(不包括施工机具台班消耗的水、电),按定额统计的消耗量乘以编制期价格与基期价格之间的差额计算。

b. 水泥、木材、钢材、砖、瓦、砂、石、石灰、粉煤灰,风沙路基防护用稻草(芦苇)、黏土、花草苗木、土工材料、钢轨、道岔、轨枕、钢轨扣件(混凝土枕用)、钢梁、钢管拱、斜拉索、桥梁高强栓、钢筋混凝土梁、铁路桥梁支座、桥梁防水卷材、桥梁防水涂料、钢筋混凝土预制桩、隧道防水板、火工品、电杆、铁塔、机柱、接触网支柱、接触网及电力线材、光电缆线、给水排水管材、钢麓防护栅栏网片等材料的价差,按定额统计的消耗量乘以编制期价格与基期价格之差计算。

c.上述材料以外的辅助材料价差以基期辅助材料费(定额辅助材料消耗量乘以基期价格)为计算基数,按有关部门发布的辅助材料价差系数调整,调整公式如下:

$$辅助材料价差 = 基期辅助材料费 × (辅助材料价差系数 - 1) \qquad (6-31)$$

③施工机具使用费价差调整方法

按定额统计的施工机械台班及施工仪器仪表台班消耗量,乘以相对应的编制期台班单价与基期台班单价的差额计算。

④设备费价差调整方法

编制设计概(预)算时,以《铁路工程建设设备预算价格》中的设备原价作为基期设备原价,编制期设备原价由设计单位按照国家或主管部门发布的信息价和生产厂家的编制期出厂价分析确定。基期至编制期设备原价的差额,按价差处理,不计取设备运杂费。

2.铁路工程建设材料价差系数的测算及使用方法

(1)价差系数的由来

改革开放以来,我国的经济体制发生了重大变化,由原来的计划经济体制逐渐向市场经济体制转变,为了适应市场经济的要求,国家逐步放开物价,特别是进入20世纪90年代以来,各种物价上涨很快,这样,给合理确定工程造价提出了新的课题,即按市场经济规律对铁路工程造价实行动态管理。

铁路行业由于对设计阶段和施工阶段价差的调整工作采用的方法不统一,手续也很繁杂,工作量大,并经常发生扯皮现象,耗费了大量的精力。通过充分的调查研究发现,利用价差系数调整价差是一种简单可行的方法,因此,原铁道部确定采用价差系数的方法来调整材料价差。

(2)发布情况

铁路工程定额所(原铁道部建设司工程定额所)从1988年开始探索价差系数的测算工作,从1990年开始,每年均发布相应材料价差系数,现发展为每年分季度发布。

(3)使用要求

材料价差系数适用于国家铁路建设大、中型建设项目的新建和改扩建铁路工程的新建工程类别。使用材料价差系数时需要注意以下几点:

①必须是最新发布的或业主指定的价差系数表。

②适应的相关文件,如2011年第4季度材料价差系数,是以《铁路工程材料基期价格(2000年度)》(铁建设〔2001〕28号)为基期价格的项目设计概算价格水平由基期年(2000年)调整到编制期(2011年第4季度)的依据。

③只适用于水、电价差及水泥、木材、钢材等主要材料以外的辅助材料价差调整。

④注意相应的计算基数。以基期辅助材料费(定额辅助材料消耗量乘以基期价格)为计算基数。如2011年第4季度材料价差系数,以材料费为计算基数,不含机械台班中的油燃料价差。2011年第4季度机械台班单价和分析运杂费时汽车运输单价中的汽油、柴油价格,按相关规定价格执行。

(4)地区划分

为了反映地区差别,可将全路划分为多个地区,分别测算材料价差系数,不同地区的具体范围以相应铁路局界为准。地区之间价差系数的差别,主要表现在各地区料价的不同和业务提成的差别,见表6-22(适用于2000年度及之前价格水平,新的地区划分表尚未发布)。

铁路工程建设材料价差系数地区划分表   表6-22

Ⅰ	Ⅱ	Ⅲ	Ⅳ	Ⅴ	Ⅵ
沈阳局、哈尔滨局	北京局、呼和浩特局	上海局、南昌局、济南局	郑州局、广铁(集团)公司	成都局、柳州局、昆明局	乌鲁木齐局、兰州局

3. 计算工程数量应注意的事项

(1)计算前,应熟悉设计文件、资料及有关规范,弄清设计标准、规格,按图计算。

(2)熟悉定额的内容及应用方法,注意计量单位及包括的工作内容等。

(3)了解有关文件、规定及协议。

(4)设计断面以外为施工规范所允许的工程数量,应计算在内。

(5)由于地质、地形、地貌及设计阶段等原因,常出现设计与实际不符情况,计算前应核对。

(6)由于沉落、涨余、压缩而引起的数量变化,应按规范和合同予以计列。

(7)由于施工原因不可避免而造成的数量增加应予考虑,如给排水工程破坏路基、道砟等。

(8)由于客观原因造成特殊情况处理所增数量应按规范和合同予以计算,如隧道的坍方、超挖、溶洞等。

(9)有关术语的含义要符合规定,如桥长、桥梁延长米、桥梁单延米、涵渠横延米,正、站线建筑长度与铺轨长度等。

(10)工程数量计列范围要符合规定,如桥、路分界及桥、隧、路分界的相应工程,平交道的土石方应列入路基附属,而铺砌应列入轨道工程。

(11)铺轨的工程数量按设计图示每股道的中心线长度(不含道岔)计算。

(12)铺道岔的工程数量按设计图示数量计算,铺道砟的工程数量按设计断面尺寸计算。

4. 基础资料的收集与确定

(1)确定编制原则、方法和采用的定额。

(2)确定工费:根据所在工资区和《编制办法》规定的综合工费标准作为计费依据、增加的工费部分,计入价差。

(3)确定材料单价。

(4)确定水、电单价。

(5)确定砖、瓦、砂、石、水泥、木材、钢材等材料及成品、半成品、构件、机械设备的来源、供应范围、运输方法、运距、到发站、各种运输取费依据及规定等。

(6)根据施工组织设计安排的工期、方法,确定冬(雨)季施工增加费、夜间施工增加费以及特殊条件施工的有关费率。

(7)确定临时工程、企业管理费费率。

(8)确定工程数量。

5. 基础资料的分析

(1)根据已审核的施工设计图和施工组织设计确定的施工方法、程序、土石方调配方案、临时工程规模等,按照单项(分项)概(预)算编制范围,汇总各类工程的工程数量。

(2)确定本建设项目所采用的编制方法,预算定额及补充定额。

（3）确定本建设项目各类工程综合工费类别的工资及津贴的标准。

（4）确定本建设项目所采用的各种外来材料的标准料价、当地料的调查价及分析料价。

（5）确定本建设项目内所使用的各种机具台班单价。

（6）确定各种运输方法的运距、运价、装卸单价及其材料管理费。

（7）确定工程用电、用水的综合分析单价。

（8）确定冬（雨）季施工的工程量、工期及其费率，以及影响概（预）算编制的各有关系数。

6. 概（预）算编制计算精度

（1）人工、材料、施工机具台班单价

单价的单位为"元"，取 2 位小数，第 3 位四舍五入。

（2）定额（补充）单价分析

单价和合价的单位为"元"，取 2 位小数，第 3 位四舍五入；单重和合重的单位为"t"，单重取 6 位小数，第 7 位四舍五入，合重取 3 位小数，第 4 位四舍五入。

（3）运杂费单价分析

汽车运价率的单位为"元/t·km"，取 3 位小数，第 4 位四舍五入；大车运价率的单位及运价率按《铁路货物运价规则》执行；装卸费单价单位为"元"，取 2 位小数，第 3 位四舍五入；综合运价单位为"元·t"，取 2 位小数，第 3 位四舍五入。

（4）单项概（预）算

单价和合价的单位为"元"。单价取 2 位小数，第 3 位四舍五入；合价取整数。

（5）材料重量

材料单重和合重的单位为"t"，均取 3 位小数，第 4 位四舍五入。

（6）人工、材料、施工机具台班数量统计

按定额中的单位，均取 2 位小数，第 3 位四舍五入。

（7）综合概（预）算

概（预）算价值和指标的单位为"元"，概（预）算价值取整，土石方指标取 2 位小数，第 3 位四舍五入，其他指标取整。

（8）总概（预）算

概（预）算价值和指标的单位为"万元"，均取整；费用比例的单位为"%"，取 2 位小数，应检算是否闭合。

（9）工程数量

①计量单位为"m³""m²""m"的取 2 位，第 3 位四舍五入。

②计量单位为"km"的，轨道工程取 5 位，第 6 位四舍五入；其他工程取 3 位，第 4 位四舍五入。

③计量单位为"t"的取 3 位，第 4 位四舍五入。

④计量单位为"个、处、组、座或其他可以明示的自然计量单位"，取整。

三、铁路工程概（预）算编制内容要求

1. 拆迁工程

一般以总承包单位或独立工程段（标段）担负的施工范围进行编制。

（1）拆迁建筑物。因施工必须拆除或迁移的房屋、附属建筑物（如围墙、水井）、坟墓、瓦窑、灰窑、水利设施（如水闸），无论是属于公产、私产、路产，还是属于集体所有，均列本项。在其费用中，房屋拆迁按数量、种类，根据当地政府有关规定协议及单价编列，其他拆迁可按调查资料编列。

拆迁工程属于工程前期工作，由业主负责完成，它是整个建设项目概（预）算的重要组成部分，其编制方法一般是根据国家或当地行政主管理部门补偿标准及现场测量确定的"量"进行计算。

（2）改移道路所发生的工程费用均列入本项。其费用根据工程数量进行定额单价分析计列。

（3）迁移通信、电力线路等。本项费用可以按照设计数量和分析单价计列，也可以按照相关单位提出的预算资料进行计列。

（4）砍树及除草处理一般地区不计列，但通过森林等地区要按照相关标准计列。如无调查资料时，可以按照类似线路综合指标计列。

2. 路基

路基工程一般以总承包单位或独立工程段担负的施工范围和根据基层的核算要求，分别编列各段的区间路基土石方、路基附属工程、挡土墙等项目，要分别编制单项概（预）算。

（1）区间路基土石方、站场土石方的编制内容及要求

①土石方工程数量，必须根据土的成分（6 类）划分，如遇有填渗水土及永久冻土、可增列项目，按土石方调配所确定的施工方法、运输距离等条件进行编制。因土方与石方、机械与人工的各种管理费率不同，所以这几项必须分别编列。

②特大桥和大、中桥的桥头锥体土石方及桥台台后缺口土石方不包括在本项目之内，应列入第三章的桥涵项目中。

③填土压实数量为路堤填方数量减去设计中规定的石质路堤数量。无论是采用人工还是采用机械施工，均计列填土压实费。利用石方填筑的路堤（非设计的填石路堤），均计列填土打夯费。

④码头填心路基，按照设计要求分别计列码头边坡和填心费。

（2）路基附属工程编制内容及要求

①路基附属工程，包括区间、站场的天沟、排水沟等数量，其费用根据设计数量，定额单价分析计列。附属土石方无资料时，可按正、站线路基土石方费用的 5% 计列。

②路基的加固和防护，包括区间及站场等加固及防护设施，其费用按设计工程数量，进行定额单价分析编制。

（3）挡土墙工程编制内容及要求

挡土墙分浆砌片石挡土墙及混凝土挡土墙，其费用按设计圬工类型，分别计算工程数量，然后进行定额单价分析编列。大型的挡土墙以座编列，一般的挡土墙按施工管段范围编列。

3. 桥涵

（1）特大桥、大桥、复杂中桥以及 50m 以上的高桥，按座编列。

（2）一般小桥、中桥按标段或总承包单位施工范围，汇总工程数量，分析定额单价编列单

项工程概(预)算。

(3)可分为明渠、管涵等,按标段或总承包单位施工范围编列,或根据基层核算单位分类编列,并根据工程设计数量,进行设计汇总,分析定额单价编列单项工程概(预)算。

(4)有挖基应增列基坑抽水费。

(5)要考虑计列围堰筑岛的数量。

(6)上部结构因桥跨种类和桥梁方法繁多,费用标准各不相同,应按照下列类别编制。

①拱桥。上部工程数量由拱脚起算,因系现场浇砌,故相关管理费应与下部建筑相同。

②钢梁,即钢梁结构及其架设费用。钢梁按出场价格计算,钢梁的栏杆、支座及检查设备的钢构件,若已经包括在钢梁价格中则不宜重复计列,而未包括者应单独计列。

③钢筋混凝土梁。就地浇筑钢筋混凝土梁,在桥位上直接浇筑或在桥边、桥头预先浇筑的,包括制作与架设全部费用。施工单位预制的成品混凝土梁,按预算定额分析单价计列。

④架设钢筋混凝土梁。应包括由存梁场或预制成品运至桥梁工点的运杂费和架设钢筋混凝土梁的费用,但不包括梁本身的费用。

⑤桥面,是指桥面上的栏杆、人行道、避车台、压梁木、步行板等。

(7)桥长在500m以上的特大桥,应编制单独概(预)算。工程项目和数量的确定,除设计图纸及施工组织设计所列的特大桥本身主体建筑工程外,还应包括实验墩、梁等费用、在基础施工中的封底等工程及数量、在洪水期间进行防洪措施费用等。特大桥工程复杂,工程细目较多,要注意做到不重不漏列。

4.隧道及明洞

(1)隧道及明洞均以座编列。

(2)隧道单项概(预)算分别按正洞、压浆、明洞、辅助坑道、洞门附属工程、整体道床、设备器具购置工程细目分别编制,然后再汇总成一个隧道单项概(预)算。

(3)隧道内整体道床工程量列入隧道(包括短枕),但不包括钢轨与扣件以及过渡段的道砟道床。

(4)隧道正洞开挖数量应按照《铁路工程技术规范》计算允许超挖部分和施工误差的范围,并与设计部门协商确定。

(5)利用隧道弃砟填筑路堤的运输费用应列入隧道内。

(6)隧道内使用的施工机械(如通风机、发电机等)要考虑备用机械台班。

(7)设备工器具购置费,是指隧道永久通风及照明设备,应按设计数量、单价计列,永久设备安装费用列入隧道安装工程项目内。

5.轨道

(1)正、站线铺轨长度按设计标准进行计算;正、站线铺砟数量按照道床设计断面计算;新铺钢筋混凝土轨枕地段,要考虑预铺道砟数量,一般每千米预铺400~500m³。道砟单价按道砟来源、运输方式,以定额进行分析。

(2)永久石道砟,应同永久砟场一起编制单项概(预)算。

(3)道口、线路标志及正、站线沉落修正等其他有关线路工程,原则上按设计工程数量分析单价编列。当资料不全时,按正线铺轨总值的2%估列,枢纽按站线铺轨总值(不含铺砟)的

1% 计列。

（4）线路备料应根据《铁路工务修理规则》标准计列。正线每千米 25m 钢轨 2 根，轨枕 2 根，站线每千米 25m 钢轨 1 根，轨枕 1 根；每 100 组道岔，配备道岔 1 组。

（5）利用旧轨时，按照相关规定计列。

6. 站后工程

站后工程包括通信、信号、电力等运营生产设备及建筑物的建筑安装工程及设备，它是形成运输力的配套设备，其内容已列入概（预）算章节中。

（1）站后工程的特点是面广、琐碎、复杂、专业性强、设备安装工程量大。

（2）房屋工程包括供水、照明及卫生设备等。

（3）车站地区建筑物等。

四、铁路工程概（预）算编制步骤与方法

1. 基础数据表格的编制

（1）预算基础数据表。

①单价分析表。主要分析机具台班单价，自行开采的砂、石或自制成品、半成品单价，工作项目或补充定额单价，主要材料设备平均运杂费单价。如采用地区单价分析法编制单项概（预）算，应先利用单价分析表逐个分析各个工作项目的地区定额单价。当定额缺项时，还须按定额单价编制工作项目或补充定额单价分析表。

②工程数量表或工程数量汇总表。

③主要工料机数量计算表。

④主要工料机数量汇总表。

⑤调整系数计算表。

（2）建筑工程单项概（预）算表。

（3）设备及安装工程单项概（预）算表。

2. 编制程序

（1）制定编制原则，确定基础资料。

①确定工料机及运杂费单价；

②确定各类费用计算费率和标准；

③补充分析定额单价；

④计算地区基价表；

⑤编写编制说明与要求。

（2）编制单项概（预）算。

（3）编制综合概（预）算。

填写综合概（预）算表，计算第十章大型临时设施及过渡工程费，第十一章其他费用，第十二章基本预备费，汇总静态投资；计算第十三章价差预备费，第十四章建设期投资贷款利息，汇总动态投资；计算第十五章机车车辆（动车组）购置费，第十六章铺底流动资金，汇总全部费用。计算汇总全部工料机数量，填写工料机汇总表。

（4）编制总概（预）算表，编写说明书。

3.单项(分项)概(预)算的编制

（1）编制单元

大单元：为单独的工程类别，如区间路基土石方、大桥、中桥等，或规定要单独编制单项概(预)算的独立工点。

小单元：是"章节表"上最小的工程子项，如路基土石方中的人力施工、机械施工等。

（2）基期工料机费(定额基价)的计算方法

可采用地区单价编制法，也可采用调整系数法。

（3）工程数量的整理与归纳

统一计量单位，划分工作细目，补充应计费项目。

（4）补充定额，做单价分析表

定额不配套或缺项时的补充须随概(预)算一并送审。

（5）填制单项概(预)算表

①取出"建筑工程单项概(预)算表"，按规定填好表头。

②根据工程项目划分工作细目，选套定额编号、名称、单位、单价及单位质量。把"工、料、机数量计算表"中的定额编号、工程项目、单位工程数量分别填入"建筑工程单项概(预)算表"相应项目内。

③把各工程项目的"定额分析"单价、质量分别填入"单项概(预)算表"中单价和单位重栏内。

④用工程数量乘以工、料、机单价(基价)及单位质量即可求出工、料、机合价及合重。如采用调整系数法，则填写"调整系数计算表"求算调整系数、调整工料机费用小计。

⑤把单项概(预)算表中各工程项目的合价及合计质量累加，即可得出定额直接费用及材料总质量。

⑥计算运杂费。

a.综合平均运杂费单价计算法

$$运杂费 = 工程材料总质量(t) \times 综合平均运杂费单价(元/t) \tag{6-32}$$

b.单项平均运杂费单价计算法

$$运杂费 = \sum [某种(类)材料总质量(t) \times 该种(或类)材料平均运杂费单价(元/t)]$$
$$\tag{6-33}$$

c.综合费率计算法，主要针对一些难以估算质量的材料和设备(如新材料等)。

⑦计算人工费、材料费及施工机械使用费价差。

⑧汇总价差费用。

⑨计算填料费。

⑩汇总直接工程费。

⑪计算施工措施费。

⑫计算特殊施工增加费。

⑬汇总本单元单项概(预)算价值，求算综合指标。

⑭把若干小单元的单项概(预)算总价汇总为大单元单项概(预)算总价。

（6）单项概(预)算计算程序

铁路建筑安装工程单项概(预)算计算程序表，见表6-23。

序号	费用名称		计算方式
1	基期人工费		按设计工程量和基期价格水平计列
2	基期材料费		
3	基期施工机具费		
4	定额直接工程费		"1+2+3"
5	价外运杂费		需要单独计列的价外运杂费,按施工组织设计的材料供应方案及本办法的有关规定计算
6	价差	人工费价差	基期至编制期价差,按有关规定计列
7		材料费价差	
8		施工机具使用费价差	
9		价差合计	"6+7+8"
10	填料费		按设计数量和购买价格计算
11	直接工程费		"4+5+9+10"
12	施工措施费		"(1+3)"×费率
13	特殊施工增加费		(编制期人工费+编制期施工机械使用费)×费率或编制期人工费×费率
14	直接费		"11+12+13"
15	间接费		"(1+3)"×费率
16	税金		"(14+15)"×费率
17	单项概(预)算合计		"14+15+16"

铁路设备单项概(预)算计算程序表,见表 6-24。

费用名称	计算公式
基期设备费	按设计设备数量和采用基期设备原价计列
设备运杂费	"1"×费率
设备费价差	基期与编制期价差按概(预)算编制办法的有关内容计列
税金	"(1+2+3)"×费率
单项概(预)算价值	"1+2+3+4"

能力训练 编制铁路路基工程预算文件

一、工程背景

某铁路专用线位于江西省南昌市,设计为Ⅱ级铁路,全长 1.75km,不含车站工程,但须考虑一组 12 号单开道岔与车站接轨,设计速度为 100km/h,主要工程包括路基、桥梁、涵洞、隧道、轨道等,在此仅编制路基工程预算文件。

1. 主要技术标准

线路类别,中型;轨枕,钢筋混凝土枕,1760 根/km;扣件,W 弹条扣件;道床,双层道床(20cm/20cm,边坡 1:1.75);正线数目,单线;最小曲线半径,600m;限制坡度,6%;机车类型,东风型内燃机车。

2. 主要工程数量情况

路基土石方为 32630m³,其中挖方 9230m³,填方 23400m³,路基填挖高度为 6~12m。具体详见表 6-25。

某专用铁路工程数量表   表 6-25

序 号	工程项目	计量单位	数 量	备 注
一	区间路基土石方	断面方	33230	
(一)	土方	断面方	32630	
1	机械挖土方	断面方	9230	
2	机械填土方	断面方	23400	
3	机械借土方	断面方	14725.19	
(二)	石方	断面方	600	
1	抛填片石	断面方	600	
(三)	附属土石方	断面方		
1	侧沟挖土方	断面方	320	
2	天沟挖土方	断面方	530	
3	浆砌石	圬工方	380	天沟、侧沟 M7.5
4	浆砌石	圬工方	120	路肩
(四)	路基加固与防护	断面方		
1	干砌石	断面方	100	
2	浆砌石	圬工方	150	
3	铺土工网垫	m²	33000	

3. 施工组织方案

区间路基工程:挖方(天然密实断面方)9230m³,全部利用,采用挖掘机(≤2.0m³)配合自卸汽车(≤8t)运输 3km。填方(压实后断面方)23400m³,除利用方外的缺口须借土,挖掘机配合自卸汽车运输 5km。在土石方调配时首先考虑移挖作填,假设路基挖方和借土挖方均为普通土,则路基挖方作为填料压实后的数量为 9230/1.064 = 8674.81m³,需外借土方 23400 − 8674.81 = 14725.19m³(压实后断面方),所有路基附属土石方运距小于 20m。

材料供应方案:除轨道材料外,其他相关材料基本采用汽车运送。外来料由项目经理总部材料库供应(运距 45km);当地料就地采购,其中石场距料源地为 15.2km;砂场料源地为 10.3km。

工程总工期计划为 3 个月。

4. 有关设计或协议标准

(1)本段拆迁工程,房屋按 4850 元/m 补贴,水井按 5100 元/个补贴,坟墓按 6000 元/座补贴。

（2）简易公路为车道，采用泥结石路面，按综合价 35 元/m² 标准修建。

（3）征用土地按 25000 元/亩标准补偿，用地勘界费按 350 元/亩考虑，征地拆迁工作经费按 180 元/亩考虑。

（4）填料费填土按照 4.5 元/m³ 计算，片石按照 45 元/m³ 计算。

（5）设计定员按 10 人考虑。

5. 主要参考文献

（1）《铁路基本建设工程设计概算编制办法》（国铁科法〔2017〕30 号）。

（2）《铁路基本建设工程设计概（预）算费用定额》（国铁科法〔2017〕31 号）。

（3）《铁路工程材料基期价格》及《铁路工程施工机具台班费用定额》（国铁科法〔2017〕32 号）。

（4）铁路工程造价标准，包括《铁路工程基本定额》和《铁路工程预算定额（第一册路基工程）》（国铁科法〔2017〕33 号）。

（5）其他相关文件。

二、铁路路基工程预算文件编制

为了方便了解预算编制的主要思路，加之篇幅有限，本能力训练仅分析路基工程单项预算表，在正式进行预算文件编制时，请按要求参照编制办法或相关资料予以完善。

在编制过程中，采用的定额为 2017 年的定额，因 2017 年暂未发布更新的基价表和材料价差系数资料，故本例未对人工费、材料费、施工机具使用费进行价差调整。在实际工程预算编制时，须按编制办法进行相应调整计算。

按照单项预算文件编制步骤编制路基工程中路基土石方的预算文件，结果，见表 6-26。路基附属工程的预算文件参照类似方法编制。

路基土石方工程单项预算表   表 6-26

建设名称	南昌北站某货物专用线	编号		GS-0202	
工程名称	区间路基土石方	工程总量		23955.19 施工方	
工程地点	南昌市	预算价值		559547.49 元	
所属章节	第二章　第二节	预算指标		23.36 元/施工方	
定额编号	工程项目或费用名称	单　位	数量	费用（元）	
				单价	合价
	第二节　区间路基土石方	施工方	1.75		559547
	Ⅰ建筑工程费	m³	33230.00		559547
	一、土方	m³	33230.00		559547
	（二）挖土方（利用方）	m³	9230.00		81640
	1.开挖土方（运距≤1km）	m³	9230.00		68787
	（2）机械施工				
LY-13	挖掘机装车≤2m³ 挖掘机，普通土	100m³	92.30	125.43	11577
LY-26	≤8t 自卸汽车运土，运距≤1km	100m³	92.30	399.10	36837
	一、定额直接工程费	元			48414
	其中，基期人工费	元			1090

定额编号	工程项目或费用名称		单　位	数量	费用(元)	
					单价	合价
	基期材料费		元			
	基期机具使用费		元			47324
	二、价外运杂费		元			
	价差	人工费价差	元			
		材料费价差	元			
		施工机具使用费价差	元			
	三、价差合计		元			
	四、填料费		元			
	直接工程费		元			48414
	五、施工措施费		%	48414.12	6.10	2953
	六、特殊施工增加费		元			
	直接费		元			51367
	七、间接费		%	48414.12	21.90	10603
	八、税金		%	61970.07	11.00	6817
	九、单项预算价值		元			68787
	2. 增运土方		m³	9230.00		
LY-27×2	≤8t 自卸汽车运土,增运1km		100m³	92.30	109.66	10122
	一、定额直接工程费		元			10122
	其中,基期人工费		元			
	基期材料费		元			
	基期机具使用费		元			10122
	二、价外运杂费		元			
	价差	人工费价差	元			
		材料费价差	元			
		施工机具使用费价差	元			
	三、价差合计		元			
	四、填料费		元			
	直接工程费		元			10122
	五、施工措施费		%	10122.62	3.50	354
	六、特殊施工增加费		元			
	直接费		元			10476
	七、间接费		%	10122.62	10.90	1103
	八、税金		%	11597.13	11.00	1274
	九、单项预算价值		元			12853
	(三)利用土填方		m³	8675.00		61405
LY-162	压路机压实		100m³	86.75	393.86	34167

定额编号	工程项目或费用名称		单 位	数量	费用(元)	
					单价	合价
LY-178	路堤刷坡收边		100m³	110.00	85.45	9400
	一、定额直接工程费		元			43567
	其中,基期人工费		元			6191
	基期材料费		元			1591
	基期机具使用费		元			35785
	二、价外运杂费		元			
	价差	人工费价差	元			
		材料费价差	元			
		施工机具使用费价差	元			
	三、价差合计		元			
	四、填料费		元			
	直接工程费		元			43567
	五、施工措施费		%	41975.86	6.10	2561
	六、特殊施工增加费		元			
	直接费		元			46127
	七、间接费		%	41975.86	21.90	9193
	八、税金		%	55320.10	11.00	6085
	九、单项预算价值		元			61405
	(四)借方填土		m³	15668.00		416503
	1. 挖填土方(运距≤1km)		m³	15668.00		
	(2)机械施工		m³			
LY-13×1.064	挖掘机装车,≤2m³ 挖掘机,普通土		100m³	156.68	133.46	20910
LY-26×1.064	≤8t 自卸汽车运土,运距≤1km		100m³	156.68	424.64	66533
LY-162×1.064	压路机压实		100m³	156.68	419.07	65659
LY-178×1.064	路堤刷坡收边		100m³	223.00	90.92	20275
	一、定额直接工程费		元			173377
	其中,基期人工费		元			14461
	基期材料费		元			3057
	基期机具使用费		元			155859
	二、价外运杂费		元			
	价差	人工费价差	元			
		材料费价差	元			
		施工机具使用费价差	元			
	三、价差合计		元			
	四、填料费		元	15668.00	4.5	70506
	直接工程费		元			243883

定额编号	工程项目或费用名称	单　位	数量	费用(元)	
				单价	合价
	五、施工措施费	%	170320.00	6.10	10390
	六、特殊施工增加费	元			
	直接费	元			254273
	七、间接费	%	170320.00	21.90	37300
	八、税金	%	291573.01	11.00	32073
	九、单项预算价值	元			323646
	2.增运土方(运距 >1km 的部分)	m³	15668.00		92857
LY-27×4×1.064	≤8t 自卸汽车运土运距 4km	100m³	156.68	466.71	73125
	一、定额直接工程费	元			73125
	其中,基期人工费	元			
	基期材料费	元			
	基期机具使用费	元			73125
	二、价外运杂费	元			
	价差　人工费价差	元			
	价差　材料费价差	元			
	价差　施工机具使用费价差	元			
	三、价差合计	元			
	四、填料费	元			
	直接工程费	元			73125
	五、施工措施费	%	73124.59	3.50	2559
	六、特殊施工增加费	元			
	直接费	元			75684
	七、间接费	%	73124.59	10.90	7971
	八、税金	%	83654.53	11.00	9202
	九、单项预算价值	元			92857

📝 项目小结

(1)铁路投资额按工程的建设程序可以分为投资估算、概算、投资检算(施工图预算)、标底编制及报价等几部分。

(2)从一定意义上说,铁路工程投资测算体系既是基本建设投资活动的血液,也是联结参与项目建设活动各经济实体的纽带。申报项目要编制投资估算,设计要编总概算和总预算,招标要编标底,投标要编报价,施工前要编施工预算,施工过程中要进行结算,施工完成要编决算,并且一般还要求决算不能超过预算,预算不能超过概算,概算不能超出估算所容许的幅度范围;合同价不能偏离报价与标底太多,而报价(指中标价)则不能超出标底规定幅度范围,并且标底不允许超概算。总之,各种测算环环相扣,紧密联系,共同对投资额进行有效控制。

(3)铁路基本建设工程的概(预)算是按照结构设计文献,通过一系列表格的计算,确定工程造价及劳动力、材料消耗、机械台班数量的。它是设计文件的重要组成部分,是全面反映建设项目投资构成的主要文件,也是工程施工组织管理中必不可少的基本资料。设计概(预)算的编制阶段应与设计阶段一致,初步设计阶段编制总概算,施工图阶段编制投资检算(施工图预算)。

(4)铁路建设项目设计概(预)算按单项概(预)算、综合概(预)算、总概(预)算三个层次编制。总概(预)算是用以反映整个建设项目投资规模和投资构成的文件,一般应按整个建设项目的范围进行编制。若遇以下情况,应分别编制总概(预)算,并汇编该建设项目的汇总总概(预)算。综合概(预)算是具体反映一个总概(预)算范围内的工程投资总额及其构成的文件,其编制范围应与相应的总概(预)算一致。单项概(预)算是编制综合概(预)算、总概(预)算的基础,是详细反映各工程类别和重大、特殊工点概(预)算费用的主要文件。

(5)铁路工程概(预)算费用由静态投资、动态投资、机车车辆(动车组)购置费和铺底流动资金四部分费用组成,其中静态投资分为建筑安装工程费、设备购置费、其他费和基本预备费;动态投资分为价差预备费和建设期投资贷款利息。

(6)其他费是指应由基本建设投资支付并列入建设项目投资内,除建筑安装工程费、设备购置费、基本预备费以外的有关静态投资费用,不包括政府有关部门对建设项目实施审批、核准或备案管理,委托专业服务机构等中介提供评估评审等服务所发生的费用。

(7)铁路工程基本预备费属于静态投资部分,是指为建设阶段各种不可预见因素的发生而预留的可能增加的费用。本项费用由建设单位统筹管理。

(8)价差预备费是指为正确反映铁路基本建设工程项目的概(预)算总额,在设计概(预)算编制年度到项目建设竣工的整个期限内,因形成工程造价诸因素的正常变动(如材料、设备、征地拆迁价格等的上涨,人工费及其他有关费用标准的调整,等等),导致必须对该建设项目所需总投资额进行合理核定和调整而须预留的费用。建设期投资贷款利息是指建设项目中分年度使用国内外贷款,在建设期应归还的贷款利息。

(9)机车车辆(动车组)购置费是指根据铁路机车、客车投资有偿占用有关办法的规定,在新建铁路、增建二线和电气化改造等基建大中型项目总概(预)算中根据需要计列的机车车辆(动车组)购置费。

(10)铺底流动资金是为保证新建铁路项目投产初期正常运营所需流动资金有可靠来源而计列的费用,它主要用于购买原材料、燃料、动力,支付职工工资和其他有关费用。

(11)铁路工程单项(分项)概(预)算的编制一般采用两种办法,即地区单价分析法和调整系数法。地区单价分析法内容细致,项目具体,条件符合实际,计算比较正确,便于基层开展核算,因此它是编写概(预)算的基本方法;调整系数法虽然计算时的工作量小一些,出成果较快,但内容、项目比较粗,与实际出入较大,不便于基层开展核算,一般只作为编制概(预)算和比较方案时采用。

(12)价差调整的阶段,通常分为基期到设计概(预)算编制期和设计概(预)算编制期至工程结(决)算期两个阶段。基期到概(预)算编制期所发生的各项价差,由设计单位在编概(预)算时调整,列入单项概(预)算。概(预)算编制期到工程结(决)算期所发生的各项价差调整,应符合国家有关政策,充分体现市场价格机制,按合同约定办理。

一、填空题

1. 定额是指在一定的施工技术和正常的施工组织条件下,生产质量合格的单位产品所消耗的_____、_____、_____和时间等的数量标准。

2. _____是指在初步设计阶段由设计单位根据设计图纸、概算定额、各类费用定额、建设地区的自然条件和经济条件的资料,预先计算和确定建设项目从筹建至竣工验收的全部建设费用的经济文件。

3. _____是在建设项目完工后竣工验收阶段,由建设单位编制的建设项目从筹建到建成投产或使用的全部实际成本的技术经济文件。

4. 工程结算可以根据不同情况采取多种方式,主要有_____、_____和_____。

5. 概(预)算文件主要由_____、_____、_____、_____以及_____等组成。

6. 铁路建设项目设计概(预)算按_____、_____和_____三个层次编制。

7. 铁路工程静态投资费用种类包括_____、_____、_____和_____。

8. 直接费由_____、_____和_____三部分组成。

9. 铁路工程单项(分项)概(预)算的编制一般采用_____和_____办法。

10. _____是为保证新建铁路项目投产初期正常运营所需流动资金有可靠来源而计列的费用。

11. 价差调整的阶段通常分为_____和_____两个阶段。

12. 直接工程费由_____、_____、_____和_____四部分组成。

13. 动态投资是由_____和_____组成。

14. _____是指施工作业所发生的施工机械、仪器仪表的使用费或其租赁费。

15. _____是编制综合概(预)算、总概(预)算的基础,是详细反映各工程类别和重大、特殊工点概(预)算费用的主要文件。

二、选择题

1. 铁路项目概预算费用中第二部分费用是指(　　)。
   A. 静态投资　　　　　　　　　　B. 动态投资
   C. 机车车辆(动车组)购置费　　　D. 铺底流动资金

2. 以下费用中属于静态投资的是(　　)。
   A. 建筑安装工程费　　　　　　　B. 价差预备费
   C. 机车车辆购置费　　　　　　　D. 铺底流动资金

3. (　　)是指施工作业所发生的施工机械、仪器仪表使用费或其租赁费。
   A. 人工费　　　　　　　　　　　B. 材料费
   C. 机车车辆(动车组)购置费　　　D. 施工机具使用费

4. 以下费用不属于直接费的是(　　)。
   A. 直接工程费　　　　　　　　　B. 施工措施费

C.特殊施工增加费　　　　　　　　　　D.动态投资

5.(　　)一般是指在投资前期(预可行性研究、可行性研究)阶段,建设单位(业主)向国家申请拟定项目或国家对拟定项目进行决策时,根据建设项目在规划、项目建设书、可行性研究报告等不同阶段的相应投资额而编制的经济文件。

    A.投资估算　　　　B.投标报价　　　　C.工程结算　　　　D.施工预算

6.(　　)是由投标单位根据招标文件及有关定额(有时往往是投标单位根据自身的施工经验与管理水平所制定的企业定额),并根据招标项目所在地区的自然、社会和经济条件及施工组织方案、投标单位的自身条件编制的,计算完成招标工程所需各项费用的经济文件。

    A.投资估算　　　　B.投标报价　　　　C.工程结算　　　　D.施工预算

7.对于设计速度≤200km/h新建双线铁路,铺底流动资金是(　　)万元/正线公里。

    A.12　　　　　　　　B.14　　　　　　　　C.10　　　　　　　　D.16

8.基本预备费是以第一章至第十一章费用总额为基数,乘以(　　)%的费率计列。

    A.8　　　　　　　　　B.10　　　　　　　　C.5　　　　　　　　　D.2

9.(　　)是指由建设单位委托具有相应资质的单位,在铁路建设项目的施工阶段实施监理的费用。

    A.施工监理费　　　　　　　　　　　B.建设项目管理费

    C.建设项目前期费　　　　　　　　　D.勘察设计费

10.铁路工程基本预备费属于(　　)部分,是指为建设阶段各种不可预见因素的发生而预留的可能增加的费用。

    A.静态投资　　　　　　　　　　　　B.动态投资

    C.机车车辆(动车组)购置费　　　　　D.铺底流动资金

11.(　　)是指在初步设计阶段由设计单位根据设计图纸、概算定额、各类费用定额、建设地区的自然条件和经济条件的资料,预先计算和确定建设项目从筹建至竣工验收的全部建设费用的经济文件。

    A.总概算　　　　　　B.投标报价　　　　C.工程结算　　　　D.施工预算

12.(　　)是指一切需要安装与不需要安装的生产、动力、弱电、起重、运输等设备(包括备品备件)的购置费,以及构成固定资产的工器具(包括备品备件)、专用工具(包括备品备件)等的购置费。

    A.静态投资　　　　　　　　　　　　B.设备购置费

    C.机车车辆(动车组)购置费　　　　　D.铺底流动资金

三、名词解释

投资估算:

施工图预算:

投标报价:

人工费:

材料费:

施工机具使用费:

静态投资:

动态投资:

铺底流动资金：

价差：

四、简答题

1. 简述我国工程投资额的测算体系，分析造价文件间的区别与联系。

2. 简述总概算、总预算及施工预算的区别与联系。

3. 简述报价与概(预)算的区别。

4. 简述铁路工程概(预)算的编制层次、编制范围及编制深度。

5. 简述铁路工程概(预)算的编制过程中定额的采用要求。

6. 简述铁路工程概(预)算费用组成。

7. 什么是建筑工程费？什么是安装工程费？二者的主要区别是什么？

8. 简述铁路工程概(预)算章节的划分情况。

9. 简述概(预)算文件的组成。

10. 铁路工程的概(预)算表格有哪些？

11. 铁路工程静态投资是由哪些费用组成的？

12. 什么是直接工程费，各项费用是如何计算的？

13. 什么是价外运杂费？

14. 什么是施工措施费，由哪些费用组成？

15. 哪些费用须进行价差调整，哪些阶段须进行价差调整？

16. 简述铁路工程概(预)算的编制步骤与编制方法。

五、计算题

某铁路基本建设工程概算费用中，建筑安装工程费为60亿元人民币，设备购置费为30亿元，其他费6.5亿元，基本预备费4.3亿元，工程造价增长预留费0.5亿元，建设期投资贷款利息4.1亿元，机车车辆购置费3.5亿元，铺底流动资金0.4亿元。

问题：

(1)铁路概算投资费用由哪几部分组成？直接工程费由哪些费用组成？

(2)计算本铁路工程概算费用总额。

(3)计算本铁路工程概算中静态投资额和动态投资额。

(4)本铁路工程概算费用中，与建筑安装施工企业相关的费用有哪些？

项目七 铁路工程工程量清单计价

任务一 认识工程量清单及计价

学习目标

1. 掌握工程量清单的内涵；
2. 理解工程量清单计价与定额计价的异同；
3. 了解工程量清单计价的意义。

任务描述

工程量清单计价属于全面成本管理的范畴，其思路是"统一计算规则，有效控制消耗量，彻底放开价格，正确引导企业自主报价、市场有序竞争，形成价格"。它依靠市场和企业的实力，通过竞争形成价格，是对工程造价管理工作的全新认识和定位，其实施必将对工程造价领域的各方产生巨大影响。通过本任务的学习，学生应能理解工程量清单的内容和特点，分析工程量清单计价对造价领域各方产生的影响。

相关知识

我国的铁路工程造价管理始于学习和借鉴苏联模式，长期以来，工程预算定额都是以建设工程承发包计价、定价为法定依据，全国各省市均有各自独立实行的工程概、预算定额，作为编制施工图设计预算、建设工程招标标底、投标报价以及签订工程承包合同等的依据。

为了适应我国经济的快速发展，同时对接国外开放建设市场，创造一个与国际惯例接轨的市场竞争环境，必须与国际通行的计价方法相适应。欧美等发达国家几十年的实践证明，工程量清单计价法是一种行之有效的先进计价模式，已被包括世行、亚行、非行在内的国际组织普遍应用，是国际通行的计价模式。

随着铁路建设的发展，2007年原铁道部颁布实施《铁路工程工程量清单计价指南（土建部分）》（铁建设〔2007〕108号），（以下简称《07指南》）和《铁路工程工程量清单计价指南（四电部分）》（铁建设〔2009〕126号），明确规定今后铁路工程基本建设大中型项目计价都应采用该办法。工程量清单计价方法是一种区别于定额计价模式的新的计价模式。传统定额计价模式以部颁定额、取费标准和指导价格来确定工程造价，只能反映铁路建设平均水平，无法反映承包商技术、施工、管理水平等因素对铁路工程造价的影响。工程量清单计价则由承包商按业主提供的工程量清单，自主运用企业定额，依据市场信息报价。因此，可以说清单计价是企业自主报价和公平竞争的招投标模式，更适合市场发展的需要。

一、工程量清单的概念

工程量清单是统计拟建工程的分部分项工程项目、措施项目及其他项目的名称和相应数量的明细清单。工程量清单是按统一规定编制的,是一套注有拟建工程各分部分项工程名称、性质、特征、单位、数量及措施项目、税、费等相关内容的表格文件。在性质上,工程量清单是招标文件的组成部分,是招投标活动的重要依据。招标人或由其委托的代理机构按照招标要求和施工设计图纸规定将拟建招标工程的全部项目和内容,依据《铁路工程量清单计价指南(土建部分》(以下简称《07 指南》)中统一项目编码、项目名称、计量单位和工程量计算规则进行编制,作为承包商进行投标报价的主要参考依据之一。一经中标且签订合同,即成为合同的组成部分。

运用工程量清单将投标报价、评标和中标后项目实施中的验工计价三位一体,在投标报价和合同实施过程中,应把招标文件各部分内容有机结合起来使用。

工程量清单计价是指工程建设过程中招标标底、投标报价的编制、合同价款的确定与调整,工程结算是以招标文件中的工程量清单为依据进行的工程造价确定与控制的总称,工程量清单计价以清单中的计价工程细目作为基本单元。

二、工程量清单的内容

工程量清单作为招标人编制的招标文件的一部分,是签订工程合同、支付工程款、调整工程量和办理工程结算的基础。因此,作为一个合格的计价依据,工程量清单中必须具有完整详细的信息披露。为了达到这一要求,招标人编制的工程量清单应该包括以下内容:

1. 明确的项目设置

为了保证投标报价的合理性,在业主提供的工程量清单计价中必须明确清单项目的设置情况,除明确说明各个清单项目的名称外,还应阐释各个清单项目的特征和工程内容,以保证清单项目设置的特征描述和工程内容没有遗漏,也没有重叠。招标单位进行项目设置时可依据《07 指南》。

2. 清单项目的工程数量

在招标人提供的工程量清单中必须列出各个清单项目的工程数量,这也是工程量清单招标与定额招标之间的一个重大区别。

采用定额方式进行投标报价,由于设计或图纸有缺陷、不同投标人员理解不一,因此计算出的工程量也不尽相同,报价相距甚远,容易产生纠纷。而工程量清单报价由招标单位统一确定工程量,由企业根据自身的实力填报不同的单价,使得投标人之间的竞争完全属于价格的竞争,其投标报价能反映自身的技术能力和管理能力,也能使招标人的评标标准更加简单明确。

同时,在招标人提供的工程量清单中提供工程数,还可以实现承发包双方合同风险的合理分担。采用工程量清单报价方式后,投标人只对自己所报的成本、单价等负责,而对工程量的变更或计算错误等不负责任;相应地,对于这一部分风险则应由业主承担,这种格局符合风险合理分担与责、权、利关系对等的一般原则。

3. 提供基本的表格格式

工程量清单的表格格式附属于项目设置和工程量计算,它为投标报价提供了一个合适的计价平台,投标人可以根据表格之间的逻辑联系和从属关系,在其指导下完成分部组合计价过程。

三、工程量清单计价的特点

工程量清单计价的基本过程可以描述为:在统一的工程量清单项目设置的基础上,制定工程量清单计量规则,根据具体工程的施工图纸计算出各个清单项目的工程量,再根据各种渠道所获得的工程造价信息和经验数据计算得到工程造价。这一基本的计价过程如图 7-1 所示。

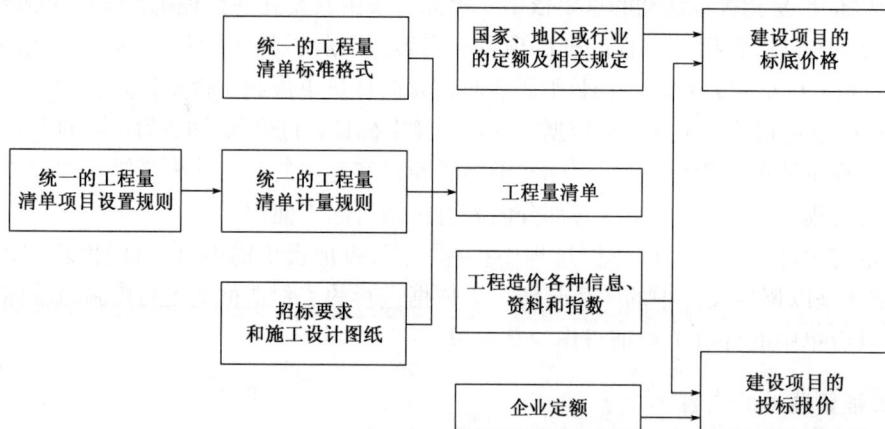

图 7-1 工程量清单计价过程示意图

从工程量清单计价过程示意图可以看出,其编制过程可以分为两个阶段:工程量清单的编制和利用工程量清单来编制投标报价(或标底价格)。投标报价是在业主提供的工程量计算结果的基础上,根据企业自身所掌握的各种信息、资料,结合企业定额编制。

工程量清单计价规范报价具有强制性、竞争性、通用性和适用性等特点。从工程量清单计价的内涵可以看出,工程量清单计价与定额计价的主要区别在于采用的计价模式不同、采用的单价方法不同、反映的成本价不同、结算的要求不同、风险的处理方式不同、项目的划分不同、工程量计算规则不同、计量单位不同。但是它们两者之间又有着密不可分的联系,具体,如表 7-1。

工程量清单计价与定额计价的区别与联系　　　　　　　　　表 7-1

异　同		内　　容	工程量清单计价	定　额　计　价
不同之处	1	计价理念	集中体现"量价分离,以市场竞争形成价格",即市场定价的理念	集中体现政府直接管理和调控工程价格,即政府定价的理念
	2	计价依据	为实现"量价分离",由业主提供清单工程量,企业自主报价	主要依据行业主管部门发布的预算定额及基价表。造价人员只完成列表计算工作
	3	费用计算	以企业实际情况取费,把竞争放在明处,既有利于投标方公平参与竞争,又有利于招标方降低建设成本,但工程量计算规则和要求不同	按统一规定取费,体现的是政府调控报价
	4	计价格式	招标方编制"分部分项工程量清单""措施项目清单""其他项目清单";投标方编制"分部分项工程量清单计价表""措施项目计价表""其他项目清单计价表",并进行单位工程和单项工程的汇总。格式大不相同	通过套用预算定额及费用定额,列出各分部分项子目及费用内容,编制出一份单位工程预算,再将各单位工程预算汇总成单项工程预算(编制方法招、投标双方相同)
	5	计价内涵	以价格为核心、体现市场竞争理念的计价模式	以定额为核心、缺乏市场竞争意识的计价模式

异 同		内　容	工程量清单计价	定　额　计　价
联系	1	清单项目设置	参考定额的项目划分,注意使清单计价项目设置与定额计价项目设置衔接,以便推广工程量清单计价方式。易于操作,方便使用	
	2	清单内容	清单中"项目特征"内容,基本上取自原定额项目(或子目)设置的内容;清单中的"工程内容"与定额子目相关联,是综合单价的组价内容	
	3	报价	工程量清单计价,企业需要根据自己的实际消耗成本报价。在目前多数企业没有企业定额的情况下,现行全国统一定额仍然可作为消耗量定额的重要参考	

四、工程量清单计价的模式

采用工程量清单招标时通常采用以下三种单价模式。

1. 直接费单价模式(基本直接费单价法)

编制投标报价单价,最后再计算直接费以外的费用并列入其他报表。这种模式和现行定额模式比较类似,区别在于工程量清单分项可能和定额分项不一致,所以需要进行定额分项的组合或拆分。

2. 综合单价模式

完成一个计量单位的分部分项工程量清单项目或措施清单项目所需的人工费、材料费、施工机具使用费和企业管理费与利润,以及一定范围内的风险费用。和直接费单价相比,分项单价综合了间接费和利润等费用。因此。需要计算这些费用后,要将这些费用分摊到各清单分项中。

3. 完全单价模式

这是一种国际惯例模式。完全单价模式的工程量清单分项单价综合直接费、其他直接费、间接费、利润和税金以及招标文件中规定的费用和明示或暗示的风险、责任、义务或有经验的承包人都可以及应该预见的所有费用。这种模式的工程量清单一般分为一般项目、暂定金额和计日工三种。因为这种模式的单价综合所有费用,所以它需要进行更多的费用分摊计算。目前我们招标多采用综合单价模式,并逐渐向完全单价模式靠拢。但无论哪种模式均是以市场形成价格为主的价格体系,故报价时不能再依靠定额进行报价。

五、工程量清单计价的意义

利用工程量清单进行计价推动了我国铁路建设的规范化发展,具有重要的现实意义,主要体现在以下方面。

1. 采用工程量清单计价规范报价更进一步体现公平竞争

以往投标报价的计算采用指令性计量计价的模式,计算规则、计算依据相同,这种计价模式由于招标人的标底计算与投标报价计算都是按相同定额、相同图纸、相同技术规范进行的,因而"人工、材料、机械"的消耗量与价格是静态的比较、数学计算准确度的比较,根本无法真正体现投标单位的施工、技术、管理水平。而采用工程量清单计价规范报价,各投标人在招标人提供统一的工程量基础上,按国家定额并结合本企业的企业定额单价进行计价,既能避免可能出现的工程量计算错误,又能真实反映各投标企业的施工、技术、管理和竞争能力,也使招投标工作的开展真正符合"公开、公平、公正和诚实信用"的原则。

2.工程量清单计价规范,促进施工企业的内部管理,推动企业生产经营的发展

采用工程量清单计价规范报价,使企业具有了自主定价的权利和与市场正当竞争的条件,从而促进企业进一步加强内部管理、不断提高综合素质。采用工程量清单计价规范投标,各投标人真正有竞争力的方面主要体现在企业内部人员素质、企业的经营管理水平、技术生产力水平、劳动生产率水平、机械化施工水平等方面。而所有这些,均集中反映在企业定额里。

3.更能体现工程招标投标的本质目的

招标投标是确定合同价并签订合同的过程,其目的是更好地履行合同。工程量清单计价规范招标投标,强调"量价分离、风险分担",招标人承担工程"量"的风险,投标人承担工程"价"的风险,从而使得中标合同价更趋合理。

4.有利于业主在极限竞争状态下获得最合理的工程造价

因为投标单位不必在工程量计算上煞费苦心,可以减少投标标底的偶然性技术误差,让投标企业有足够的余地选择合理报价的下浮幅度;同时,也增加了综合实力强、社会信誉好的企业的中标机会,更能体现招标投标宗旨。此外,通过公平竞争,按照工程量招标确定的中标价格,在不提高设计标准情况下与最终结算价是基本一致的,这样可为建设单位的工程成本控制提供准确、可靠的依据。

5.有利于中标企业精心组织施工,控制成本

中标后,中标企业可以根据中标价及投标文件中的承诺,通过对单位工程成本、利润进行分析,统筹考虑、精心选择施工方案,并根据企业定额或劳动定额合理确定人工、材料、施工机具要素的投入与配置,优化组合,合理控制现场费用和施工技术措施费用等,以便更好地履行承诺,抓好工程质量和工期。

6.有利于控制工程索赔,搞好合同管理

在传统的招标方式中,施工单位"低报价、高索赔"的策略屡见不鲜。设计变更、现场签证、技术措施费用及价格、取费调整是索赔的主要内容。工程量清单招标方式中,由于单项工程的综合单价不因施工数量变化、施工难易不同、施工技术措施差异、价格及取费变化而调整,这就消除了施工单位不合理索赔的可能。

7.有利于实现风险的合理分担

采用工程量清单报价方式后,投标单位只对自己所报的成本、单价等负责,而对工程量的变更或计算错误等不负责任,这部分风险由业主承担。这种格局符合风险合理分担与责权利关系对等的一般原则。

8.有利于业主对投资的控制

采用施工预算形式,业主对因设计变更、工程量增减所引起的工程造价变化不敏感,等竣工结算时才知道这些对项目投资的影响有多大,但为时已晚。而采用工程量清单计价的方式则一目了然,在进行设计变更时,能马上知道它对工程造价的影响,这样业主就能根据投资情况决定是否变更或进行方案比选,确定最恰当的处理方法。

任务二 编制铁路工程工程量清单及计价

1. 掌握工程量清单的编制体例与要求；
2. 掌握工程量清单计价编制的内容；
3. 了解不同合同计价方式下工程量清单的区别。

工程量清单是施工招标文件的组成部分，是投标人编制投标报价的依据和发包人编制标底或参考价的依据。实行工程量清单计价进行招标投标有利于规范市场行为。通过本任务的学习，学生应能掌握编制铁路工程工程量清单的要求与注意要点，能根据工程背景进行投标报价文件编制。

为了适应我国铁路建设管理的需要、规范工程计量与支付行为，2002 年，铁道部工程管理中心委托铁路工程定额所组织编制了《新建铁路工程工程量清单计量规则》，并在宜万铁路等新建铁路建设项目上使用。在此基础上，铁道部颁布实施《07 指南》，在铁路工程造价计价与控制方面取得积极效果。

《07 指南》适用于铁路基本建设大中型项目的工程量清单编制和工程量清单计价。

《07 指南》"土建部分"包括铁路基本建设项目除通信、信号、信息、电力、电力牵引供电以外的建筑、安装工程及有关的其他费；"四电部分"包括铁路基本建设项目的通信、信号、信息、电力、电力牵引供电的建筑、安装工程及有关的其他费。

《07 指南》包括总则、工程量清单编制、工程量清单计价、工程量清单及其计价格式、工程量清单计量规则五个部分。其中工程量清单计量规则由编码、节号、项目名称、计量单位、项目划分特征、工程量计算规则和工程(工作)内容组成。

一、铁路工程工程量清单的编制

工程量清单是施工招标文件的组成部分，是投标人编制投标报价的依据，是发包人编制标底或参考价的依据，也是签订工程合同、支付工程款、调整工程量和办理工程结算的基础。所以一般由具有编制招标文件能力的招标人或受其委托具有相应资质的中介机构依据《07 指南》按照统一格式编制。

1. 工程量清单编制格式

（1）工程量清单内容组成

工程量清单的内容由封面、填表须知、总说明、工程量清单表、计日工表、甲供材料数量及价格表、甲控材料表、设备清单表和补充工程量清单计量规则表等组成。工程量清单主要内容由十一章 29 节组成,详见"工程量清单投标报价汇总表"(见附录二)。

（2）工程量清单格式的填写规定

①工程量清单格式应由招标人填写,随招标文件发至投标人。

②关于填表须知,除《07 指南》指定内容外,招标人可根据具体情况进行补充。

③《07 指南》工程量清单以外的清单子目,应按《07 指南》的规定编制补充工程量清单计量规则表,并随工程量清单发给投标人。

④总说明应按下列内容填写。

a.工程概况,包括建设规模、工程特征、计划工期、施工现场实际情况、交通运输情况、自然地理条件、环境保护和安全施工要求等;

b.工程招标和分包范围;

c.工程量清单编制依据;

d.工程质量、材料、施工等的特殊要求;

e.其他须说明的问题。

⑤甲供材料数量及价格表由招标人根据拟建工程的具体情况,详细列出甲供材料名称及规格、交货地点、计量单位、数量、单价等。

⑥甲控材料表由招标人根据拟建工程的具体情况,详细列出甲控材料名称及规格、技术条件等。

⑦甲供设备数量及价格表应由招标人根据拟建工程的具体情况,详细列出甲供设备名称及规格型号、交货地点、计量单位、数量、单价等。

⑧甲控设备数量表由招标人根据拟建工程的具体情况,详细列出甲控设备名称、规格型号、技术条件、计量单位、数量等。

⑨自购设备数量表由招标人根据拟建工程的具体情况,详细列出自购设备名称及规格型号、技术条件和计量单位、数量等。

⑩甲供材料、甲供设备的单价应为交货地点的价格。

2.工程量清单的编制规则

（1）编码

费用类别和新建、改建以英文字母编码,如建筑工程费——J,安装工程费——A,其他费——Q,新建——X,改建——G。其余编码每 2 位阿拉伯数字为 1 组,前 4 位分别表示章号、节号,如第一章第 1 节为 0101,第三章第 5 节为 0305,依次类推。后面各组按主从属关系顺序编排。

（2）名称

名称包括各章节名称和费用名称。子目划分特征为"综合"的子目名称一般是指形成工程实体的名称。

（3）计量单位

计量单位一般采用以下基本单位:①以体积计算的子目——m^3;②以面积计算的子目——m^2;③以长度计算的子目——m,km;④以重量计算的子目——t;⑤以自然计量单位计算的子目——个、处、孔、组、座或其他可以明示的自然计量单位;⑥没有具体数量的子目——元。

（4）计量精度

①计量单位为"m^3""m^2""m"的取 2 位,第 3 位四舍五入。

②计量单位为"km"的,轨道工程取5位,第6位四舍五入;其他工程取3位,第4位四舍五入。

③计量单位为"t"的取3位,第4位四舍五入。

④计量单位为"个、处、孔、组、座或其他"可以明示的自然计量单位和"元"的取整,小数点后第1位四舍五入。

(5)子目划分特征

子目划分特征是指对清单子目的不同类型、结构、材质、规格等影响综合单价的特征的描述,是设置最低一级清单子目的依据。子目划分特征为"综合"的子目,既是编制工程量清单填写工程数量(计量单位为"元"的子目除外)的清单子目,也是投标报价和合同签订后工程实施中计量与支付的清单子目。

(6)工程量计算规则

工程量计算规则是对清单子目工程量的计算规定和对相关清单子目的计量界面的划分。在工程实施过程中,计量与支付必须严格执行工程量计算规则。

①子目划分特征为"综合"的是最低一级的清单子目,与其相关的工程内容属子细目,不单独计量,费用计入该清单子目。

②作为清单子目的土方和石方,除区间路基土石方和站场土石方外,仅指单独挖填土石方的子目和无须砌筑的各种沟渠等的土石方,如改河、改沟、改渠、平交道土石方,刷坡、滑坡土石方,挡沙堤、截沙沟土方,为防风固沙工程预先进行处理的场地平整土石方。与砌筑等工程有关的土石方挖填属于子细目,不单独计量。

③路桥分界。不设置路堤与桥台过渡段时,桥台后缺口填筑属桥梁范围,设置路堤与桥台过渡段时,台后过渡段属路基范围。

④室内外界线划分。

a.给水管道。以入户水表井或交汇井为界。无入户水表井或交汇井而直接入户的,以建筑物外墙皮为界。水表井或交汇井的费用计入第九章第21节的给水管道。

b.排水管道。以出户第一个排水检查井或化粪池为界。检查井的费用计入第九章第21节的排水管道,化粪池在第九章第21节的排水建筑物下单列清单子目。

c.热网管道、工艺管道。以建筑物外墙皮为界。

d.电力、照明线路。以入户配电箱为界。配电箱的费用计入房屋。

⑤除另有规定及说明外,清单子目工程量均以设计图示的工程实体净值计算。施工中的各种损耗和因施工工艺需要所增加的工程量,应由投标人在投标报价时考虑,计入综合单价,不单独计量。计量支付仅以设计图纸实体净值为准。

a.计算钢筋(预应力)混凝土体积时,不扣除钢筋、预埋件和预应力筋张拉孔道所占的体积。

b.普通钢筋的质量按设计图示长度乘理论单位质量计算,不含搭接和焊接、绑扎料、接头套筒、垫块等材料的质量。

c.预应力钢筋(钢丝、钢绞线)的质量按设计图示结构物内的长度乘理论单位质量计算,不含结构物以外张拉所需的部分和锚具、管道、锚板及联结钢板、压浆、封锚、捆扎、焊接材料等的重量。

d.钢结构的重量按设计图示尺寸计算,不含搭接、焊接材料、下脚料、缠包料和垫衬物、涂装料等的重量。

e.各种桩基如以体积计量时,其体积按设计图示桩顶(混凝土桩为承台底)至桩底的长度乘以设计桩径断面积计算,不得将扩孔(扩散)因素或护壁坍工计入工程数量。如需试桩,按设计文件的要求计入工程数量。

f. 以面积计量时,除另有规定外,其面积按设计图示尺寸计算,不扣除在 $1m^2$ 及以下固定物(如检查井等)的面积。

g. 以长度计量时,除另有规定外,按设计图示中心线的长度计算,不扣除接头、检查井等所占的长度。

⑥在新建铁路工程项目中,与路基、桥梁、隧道等工程同步施工的电缆沟、槽及光(电)缆防护、接触网滑道,应在路基、桥梁、隧道等工程的清单子目中计量,水电部分不得重复计列。对既有线改造项目,应根据工程实际情况计列。

⑦第八章以外的地基处理仅指各章节室外工程的地基处理,所有室内工程的地基处理应在第八章房屋相应的清单子目中计量。

(7)工程(工作)内容

工程(工作)内容是指完成该清单子目可能发生的具体工程(工作)。除工程量清单计量规则列出的内容外,均包括:场地平整、原地面挖台阶、原地面碾压,工程定位复测,测量、放样、工程点交、场地清理,材料(含成品、半成品、周转性材料)和各种填料的采备保管、运输装卸,小型临时设施,按照规范和施工质量验收标准的要求对建筑安装的设备、材料、构件和建筑物进行检验、试验、检测、观测,防寒、保温设施,防雨、防潮设施,照明设施,文明施工(施工标识、防尘、防噪声、施工场地围栏等)和环境保护、水土保持、防风防沙、卫生防疫措施,已完工程及设备保护措施、竣工文件编制等。编制过程中应注意的问题如下:

①当施工组织设计采用的施工方案与《07指南》所描述的工程(工作)内容界面不一致时,应在招标文件中明确,对工程(工作)内容的界面描述进行调整。如桥面垫层、防水层、保护层是按包含在制梁工程(工作)内容中考虑的,当施工组织设计采用先架梁后做桥面垫层、防水层、保护层的施工方案时,应在招标文件中明确,对预制梁和架设梁的工程(工作)内容进行调整。

②《07指南》所列工程(工作)内容仅供投标人参考。投标人在投标报价时,应按现行国家和交通运输部产品标准、设计规范和施工规范(指南)、施工质量验收标准、安全操作规程、设计图纸、招标文件、补遗文件等要求完成的全部内容来考虑。

③对于改建工程的清单子目或靠近既有线(既有建筑物)较近的清单子目,除另有说明或单列清单子目外,应包括既有线(既有建筑物)的拆(凿)除(凿毛)、整修、改移、加固、防护、更换构件和与相关产权单位的协调、联络、封锁线路要点施工或行车干扰降效等内容。

④对于使用旧料修建的工程,还应包括对旧料的整修、选配等内容。

⑤除另有说明或单列清单子目外,施工中引起的过渡费用应计入该清单子目。如修建涵洞引起的沟渠引水过渡费用计入涵洞等。

⑥除另有说明或单列清单子目外,部分小型设备的基础费用计入相应的安装工程清单子目,如给水排水设备基础。

二、铁路工程工程量清单计价的编制

实行工程量清单计价招标投标的铁路建设工程,其招标标底、投标报价的编制、合同价款的确定与调整、工程结算应按《07指南》执行。工程量清单计价应包括按招标文件规定,完成工程量清单所列子目的全部费用。工程量清单应采用综合单价计价。工程量清单项目的综合单价,应根据《07 指南》规定的综合单价组成,按设计文件或参照《07 指南》中工程量清单计量规则的"工程(工作)内容"确定。

工程量清单中所列工程数量是估算的或设计的预计数量,仅作为投标的共同基础,不能作为最终结算与支付的依据。实际支付应根据《07 指南》的工程量计算规则,以实际完成的工程量,按工程量清单的单价计量支付,以"元"为计量单位的以工程进度按比例支付或一次性支付。

1. 工程量清单计价格式

工程量清单计价应采用统一格式,随招标文件发至投标人。工程量清单计价格式应由下列内容组成:

(1)封面;

(2)投标报价总额;

(3)工程量清单投标报价汇总表;

(4)工程量清单计价表;

(5)工程量清单子目综合单价分析表;

(6)计日工费用计算表(总价承包和工程总承包);

(7)甲供材料费计算表;

(8)甲控材料价格表;

(9)主要自购材料价格表;

(10)设备费计算表。

2. 工程量清单计价方式

工程量清单计价应包括按招标文件规定,完成工程量清单所列子目的全部费用,应采用综合单价和工程量相结合的总价进行计算。而工程量清单子目的综合单价,应根据《07 指南》规定的综合单价组成,工程量则根据招标文件的工程量清单及施工现场实际情况确定。

(1)综合单价

综合单价,是指完成最低一级的清单子目计量单位全部具体工程(工作)内容所需的费用。综合单价应包括但不限于以下费用:

①人工费,是指为直接从事建筑安装工程施工的生产工人开支的各项费用,包括基本工资、津贴和补贴、生产工人辅助工资、职工福利费、生产工人劳动保护费。

②材料费,是指购买施工过程中耗用的构成工程实体的原材料、辅助材料、构配件、零件、半成品、成品所支出的费用和不构成工程实体的周转材料的摊销费,包括材料原价、价内运杂费、采购及保管费。除招标文件另有说明外,投标报价时,材料费均按投标当时的、运至工地的价格计算,且全部材料均按投标人购买考虑。

材料分为甲供材料、甲控材料和自购材料三类。甲供材料是指在工程招标文件和合同中约定,由交通运输部或建设单位招标采购供应的材料;甲控材料是指在工程招标文件和合同中约定,在建设单位监督下工程承包单位采购的材料;自购材料是指在工程招标文件和合同中约定,由工程承包单位自行采购的材料。

③施工机具使用费,是指铁路工程施工作业所发生的施工机械、仪器仪表使用费或租赁费。

$$施工机具使用费 = 施工机械使用费 + 施工仪器仪表使用费 \qquad (7\text{-}1)$$

施工机械使用费 $= \sum($定额施工机械台班消耗量 $\times$ 施工机械台班单价$)$ (7-2)

其中,施工机械台班单价包括折旧费、检修费、维护费、安装拆卸费、人工费、燃料动力费和其他费。

施工仪器仪表使用费 $= \sum($定额施工仪器仪表台班消耗量 $\times$ 施工仪器仪表台班单价$)$

(7-3)

其中,施工仪器仪表台班单价包括折旧费、维护费、校验费、动力费。

④填料费,是指购买不作为材料对待的土方、石方、渗水料、矿物料等填筑用料所支出的费用。

⑤措施费,是指包括施工措施费和特殊施工增加费。

⑥间接费,是指包括施工企业管理费、规费和利润。

⑦税金,是指建筑安装工程费增值税销项税额。自 2016 年 5 月 1 日起,包含铁路工程在内的建筑业在全国范围内全面推行营业税改征增值税(以下简称"营改增")。因铁路工程施工企业均为一般纳税人,所以计税方式一般适用增值税的一般计税方法。根据现行铁路基本建设工程设计概(预)算编制办法和费用定额规定,铁路工程建筑安装工程费的税金实际是铁路建筑安装工程的增值税销项税额,以"不含增值税可抵扣进项税额的直接费和间接费之和 $\times$ 税率(11%)"计算,即"建筑安装工程费税金 = (基期人工费 + 基期材料费 + 基期施工机具使用费 + 价外运杂费 + 价差 + 填料费 + 施工措施费 + 特殊施工增加费 + 间接费) $\times$ 税率(11%)"。与增值税相关的城市维护建设税、教育费附加、地方教育附加包含在"间接费"中的"税金"中,不须单独计列。

⑧一般风险费用,是指投标人在计算综合单价时应考虑的招标文件中明示或暗示的风险、责任、义务或有经验的投标人都可以及应该预见的费用,包括招标文件明确应由投标人考虑的一定幅度范围内的物价上涨风险,工程量增加或减少对综合单价的影响风险,采用新技术、新工艺、新材料的风险以及招标文件中明示或暗示的风险、责任、义务或有经验的投标人都可以及应该预见的其他风险费用。

(2)合价

合价 = 工程数量 $\times$ 综合单价 (7-4)

项目划分特征为"综合"、计量单位为"元"的清单项目,由投标人根据设计要求和工程的具体情况填报合价,费用包干。

3. 工程量清单计价编制时的注意问题

(1)工程量清单中所列工程数量是估算的或设计的预计数量,仅作为投标的共同基础,不能作为最终结算与支付的依据。实际支付,应根据合同约定的计量方式,按《07 指南》的工程量计算规则,以实际完成的工程量,按工程量清单的综合单价计量支付;计量单位为"元"的清单子目可根据具体情况以工程进度按比例支付或一次性支付。

(2)合同中综合单价因工程量变化或设计标准变更须调整时,除合同另有约定外,应按照下列办法确定。

①发包人提供的工程量清单漏项,或设计变更引起新的工程量清单子目,其相应综合单价的确定方法为:合同中已有适用于变更工程的价格,按合同已有的价格变更合同价款;合同中只有类似变更工程的价格,可以参照类似价格变更合同价款;合同中没有适用或类似变更工程的价格,由一方提出适当的变更价格,经双方协商确认后执行。

②由于工程量清单的工程数量有误或设计变更引起工程量增减，属合同约定幅度以内的，应执行原有的综合单价；属合同约定幅度以外的，其增加部分的工程量或减少后剩余部分的工程量的综合单价由一方提出，经双方协商确认后，作为结算的依据。（总价承包和工程总承包）

③当施工合同签订后，由于发包人的原因，要求承包人按不同于招标时明确的设计标准进行施工或对其清单子目的实质性内容进行调整或在招标时部分清单子目的技术标准、技术条件尚未明确，即使所涉及的该部分清单子目的工程数量未发生改变，其综合单价亦应由一方提出调整，经双方协商确认后，按调整后的综合单价作为结算的依据。（总价承包和工程总承包）

（3）由于工程量和设计标准的变更，且实际发生了除《07指南》规定以外的费用损失，承包人可提出索赔要求，经双方协商确认后，由发包人给予补偿。（总价承包和工程总承包）

三、不同合同计价方式下工程量清单的区别

当前，铁路建设项目正大力推行总承包模式，根据《铁路建设项目施工招标文件示范文本》（铁建设〔2007〕107）及铁路总公司其他相关规定，铁路建设项目的合同计价方式目前主要有施工单价承包、施工总价承包和工程总承包三种合同计价方式，其中前两种属于施工总承包合同。

对于不同合同计价方式，虽都有工程量清单，但使用工程量清单时有不同之处，主要表现在以下三个方面。

1. 投标人对招标人提供的工程量清单是否允许修改

虽然三种总承包合同模式都规定，"招标人提供的工程量清单中所列工程量是投标报价的参考，不作为最终结算与支付的依据"。但对于工程总承包合同，"投标人可根据鉴修初步设计文件和自行编制的施工图设计大纲对招标人提供的工程量清单进行修订，形成投标人工程量清单作为报价的基础"。对于施工单价承包和施工总价承包，则没有该规定。事实上，对于施工单价承包的合同，即使工程量清单有错误，投标人也不能擅自修改工程量清单。

2. 工程量清单中费用构成

在施工单价合同的工程量清单中有暂列金额和计日工费用项目，用作在合同实施阶段应对可能发生的工程调价、变更和承包商索赔等不可预见因素的费用支出，但该项费用在施工过程中可能发生也可能不发生，本质上是由招标人掌握的费用。而在施工总价承包合同和工程总承包合同的工程量清单中，该两项费用被替换为"总承包风险费"。

3. 标价后的工程量清单所起作用不同

（1）施工单价承包合同的标价后工程量清单，验工计价时所依据的工程量应按招标文件"技术标准和要求"中工程量计算规则、"合同条款及格式"约定的方式和经审核的施工图计算，并经监理工程师确认，形成已完合格工程数量。经过监理工程师核验的已完合格工程数量和合同单价是验工计价的依据，其特点是量、价分离，发包人承担工程数量风险，承包人承担价格风险；完全开口合同，签约合同价不等于合同最终结算价格，存在变更、索赔、调价等因素。

（2）施工总价承包合同的标价后工程量清单，尽管也把经过监理工程师核验的已完合格工程数量和合同单价作为验工计价的依据，但累计验工超过清单的工程量要从总承包风险费

列支,对承包人所承担合同约定风险范围内的超出工程量清单范围的工程量未能末次计价包干。其特点是总价承包,清单计价,承包人承担绝大多数风险,包括:工程数量和价格风险;部分开口合同,签约合同价不等于合同最终结算价格,存在业主对建设标准、建设规模、建设工期重大调整和不可抗力引起的调价因素;风险分配不均衡,承包人须考虑额外风险费用。

(3)工程总承包合同的标价后工程量清单,并不是验工计价的直接依据,只是中标后编制节点工程计价(付款)计划表的依据。按发包人提供的节点表将中标价划分到各节点形成的节点工程计价(付款)计划表是验工计价的依据,并在合同约定的承包人承担风险范围内总价承包。其特点是总价承包,节点工程计价,承包人承担绝大多数风险,包括:工程数量和价格风险;部分开口合同,签约合同价不等于合同最终结算价格,存在业主对建设标准、建设规模、建设工期重大调整和不可抗力引起的调价因素;风险分配不均衡,承包人需要考虑额外风险费用。

能力训练　编制铁路工程投标报价

一、工程背景

陕西省西安地区某新建铁路 A 标段,Ⅰ级单线铁路(设计速度≤160km/h),全长 10 正线公里。本工程属于在经鉴定审批的初步设计基础上的施工招标项目。在招标文件中提供的工程量清单见表 7-2。根据招标文件规定,本合同采用施工单价承包的计价方式,且施工期价差可依据合同条款规定的方式调整。试编制该新建铁路项目的工程投标报价。

业主提供的工程量清单　　　　　　　　　　　　　表 7-2

编　　码	节　号	名　　称	计量单位	工程数量
清单　第 01 章　拆迁工程				
0101	1	拆迁工程	正线公里	10
0101J		Ⅰ.建筑工程费	正线公里	10
0101J01		一、改移道路	km	3
0101J0101		(一)等级公路	km	1.5
0101J010101		3.路面	km	1.5
0101J01010101		(3)面层	m³	8000
0101J0101010101		①沥青混凝土路面	m³	8000
0101J0103		(三)土路	m³	2000
0101J02		二、砍伐、挖根	株	200
0101Q		Ⅳ.其他费	元	
0101Q04		一、土地征用及拆迁补偿费	元	
0101Q0401		(一)土地征用补偿费	亩	90
0101Q0402		(二)拆迁补偿费	元	
0101Q040201		1.砖房	m³	45
0101Q040202		2.混凝土电杆	根	4
0101Q040204		3.迁移通信线路	km	0.5

编　码	节　号	名　　称	计量单位	工程数量
		清单　第02章　路基		
0202	2	区间路基土石方	正线公里	10
0202J		Ⅰ.建筑工程费	m³	30000
0202J02		一、土方	m³	30000
0202J0201		(一)挖土方	m³	10000
0202J0202		(二)利用填土方	m³	8826
0202J0203		(三)借土填方	m³	11174
0203	3	站场土石方	正线公里	10
0203J		Ⅰ.建筑工程费	m³	70000
0203J01		一、土方	m³	
0203J0101		(一)挖土方	m³	
0203J0103		(三)借土填方	m³	30000
0204	4	路基附属工程	正线公里	10
0204J		Ⅰ.建筑工程费	正线公里	10
0204J01		一、附属土石方及加固保护	元	
0204J0102		(二)砌体及圬工	元	
0204J010202		2.浆砌石	圬工方	
		清单　03章　桥涵		
0305	5	特大桥(1座)	延米长	845.3
030502		二、一般特大桥(1座)	延米长	845.3
030502J		Ⅰ.建筑工程费	延米长	845.3
030502J01		(一)基础	圬工方	11812
030502J0105		5.钻孔桩	m	6684
030502J02		(二)墩台	圬工方	692.3
030502J0201		1.混凝土	圬工方	692.3
030502J0202		2.钢筋	t	
		清单　第10章　大型临时设施和过渡工程		
1028	28	大型临时设施和过渡工程	正线公里	10
1028J		Ⅰ.建筑工程费	正线公里	10
1029J01		一、大型临时设施	正线公里	10
1029J0103		(三)汽车运输便道	km	3
1029J010301		1.新建干线	km	3
1029J010117		(十七)电力干线	km	
		清单　第11章　其他费		
1129	29	其他费	正线公里	10
1129Q		Ⅳ.其他费	元	
1129Q03		三、安全生产费	元	

二、投标报价编制

1.投标报价准备

(1)精读、分析招标文件。

精读、分析招标文件的目的有：

①全面了解承包商在合同中的权利和义务；

②深入分析施工承包中所面临的和需要承担的风险；

③缜密研究招标文件中的漏洞和疏忽，为制定投标策略寻找依据、创造条件。

当前我国铁路工程承发包模式分为施工单价承包、施工总价承包和工程总承包三种基本模式，三种模式中承包商所承担的风险依次递增。对于施工单价承包的工程，发包人承担设计工程数量的风险，承包商承担施工组织风险和一定程度的价格风险，而对施工总价承包和工程总承包的工程，承包人要承担一定的设计工程数量风险和价格风险。因此，针对不同承包模式和计价类型的工程，当清单工程数量与招标图纸工程数量不一致时，处理方式有很大不同。另外，还要分析合同专用条件，是固定价格合同，还是可调价格合同，以确定承包商承担的价格上涨风险。

(2)进行市场调查，掌握材料、设备的市场价格。

(3)考察施工现场，拟订施工方案和投标施工组织设计。

现场考察时承包商投标是全面了解现场施工环境及施工风险的重要途径，是投标人做好投标报价的先决条件。投标人提出的报价应当是在现场考察的基础上编制出来的，而且应包括施工中可能出现的风险和费用。在投标有效期内及工程施工过程中，承包商无权以现场考察不周、情况不了解为由提出修改标书或调整标价给予补偿的要求。通过到现场实地勘察，可了解现场情况及周围环境，作为确定施工组织方案和技术保证措施费等有关费用的依据。

(4)计算与核实工程数量。

工程招标文件中若提供工程量清单，在投标价格计算之前，要对工程量进行校核。对于不同承包模式或合同计价方式的工程，投标人对清单子目工程量的偏差应采取不同的对策。具体情况如下：

①对于施工单价承包的工程，当清单子目工程量与招标图纸不一致时，不一定要向招标人提出质疑。因为，清单子目工程量仅是报价和评标的依据，而不是实际计量支付的依据。投标人工作重点是正确分析每项清单子目的综合单价，甚至投标人可利用清单子目工程量的偏差采取不平衡报价策略。

②对于施工总价承包的工程，承包商要承担设计工程量的风险，清单子目数量不仅是报价和评标的依据，还是计量支付的重要依据。投标人工作重点是确保每项清单子目的合价要至少能够弥补工程成本，并且对于铁路工程施工单价承包和施工总价承包，投标人一般不得自行修改工程量清单。因此，当发现某清单子目工程量有明显错误时，应在规定时间内向业主提出质疑，要求其澄清。如果业主不同意修改清单子目工程量，则只能将工程数量偏差导致的造价偏差分摊到清单子目单价中，以保证合价的合理性。

③对总承包工程，承包商要承担设计工程量的风险。但"允许投标人根据其编制的施工图设计大纲修改招标人提供的工程量清单"。由于工程总承包合同的铁路工程采用节点工程计价方式，而不是工程量清单计价。因此，投标人工作重点也是要保证每项清单子目合价的合理性，至少要能够弥补工程成本。

2.拆分工程量,以工程量清单中的清单子目为编制单元,编制报价原始数据表

(1)报价时工程量拆分的原因和目的

由于工程量清单是业主或其委托的造价工程师参考现行《07指南》中清单子目划分原则,依据"成品、实体、净数量"的原则,将图纸中比较细的工程量根据《07指南》中的"工程量计量规则"汇总编制的。因此,清单中的每个计价清单子目的综合度比较大。比如"陆上钻孔灌注桩"清单子目包含的工作内容有"护筒治安拆;钻孔、护壁、弃渣,泥浆清理、外运、清孔;钢筋(笼)及预埋件(含检测管)治安;混凝土浇筑;桩头处理",但不含围堰、筑岛等基础施工措施费项目。投标报价人员要将清单计价清单子目"还原",找到计价清单子目与图纸中的实体工程量和投标施工组织设计下施工措施项目之间的对应关系。另外,由于属于同一结构位(如桥梁下部结构)的同一强度等级的混凝土结构所需的工料机消耗不同而表现为不同的定额子目,因此,还要将工程量调整成能套工程定额的程度。

但要明确并不是每一个项目都要进行分解,只有对那些综合项目分解才有意义、才是必要的。所谓综合项目,就是清单中一个编号项目中含有两个及两个以上的基本子项(定额子目)。

工程量拆分的目的是以每个计价清单子目为单元,根据工程量清单计量规则识别该清单子目下所包含的计价工程内容或工作内容;然后再结合招标图纸分析其中的实体工程内容及工程数量,根据投标施工组织设计分析应分摊在该清单子目下的施工措施工程内容及工程数量;最后再根据预算定额子目划分的口径,转换成能套用定额的预算工程量,以计算出该清单子目相对准确的综合单价。

(2)工程量拆分的基本方法

根据以上分析,分解的依据是工程量清单计量规则、招标图纸、拟采用的施工方案、工料机消耗量标准等因素。

根据《07指南》的工程量清单计量规则中子目划分特征为"综合"并且在业主提供的工程量清单中有工程数量或虽没有工程数量但属于单项费用包干的子目,即为投标人须报价的清单子目,也是合同签订后工程实施中计量与支付的清单子目。

工程量清单复核无误以后,接着应以工程量清单的每一个清单子目作为一个项目,根据招标图纸、拟订的施工方案、预算定额、工程量清单计量规则,考虑其由几个预算定额子目组成,计算这几个定额子目的工程量,并编制报价原始数据表。在拆分工程量时须注意初始清单工程量、预期计量工程量和预算工程量的关系。

按四种工程量确定时间先后顺序,设计工程量最先确定,其次是清单工程量,最后是预算工程量和预期计量工程量。

(3)根据"报价原始数据表"确定综合单价分析的编制单元,作为清单计价子目项目划分和综合单价分析的基本依据

以下结合本案例区间路基土石方和某特大桥钻孔桩的清单子目,说明工程量拆分及清单子目报价原始数据表的编制方法。

3.计算工程量清单子目综合单价及合价、总价

根据工程量清单子目工程数量拆分的结果,调查的人工、材料、机具台班的市场价格,结合本企业施工管理水平测算的综合取费水平,并参照本企业以往的经验,进行单价分析,确定工程量清单中每项清单子目综合单价或合价,进而计算出清单子目总价,再加上(施工单价合同下的)计日工、暂定金额或(施工总价合同或工程总承包合同下的)总承包风险费,即得到初步

的投标报价。由于当前大多数铁路工程评标方法中业主标底还占很大权重,而业主标底编制一般采用"设计概(预)算的计价程序、工程量清单的格式"的模式,各投标人因缺乏完善的企业定额体系,投标报价也大都参照此种编制报价方式,并且在业主标底和投标报价编制所采用的铁路工程造价计算的基础表格仍然是设计概(预)算的基本表格,因此,对于每项清单子目综合单价的计算步骤,与设计概(预)算的单项概(预)算编制原理基本相同。

清单子目综合单价编制步骤主要有:

(1)根据"报价原始数据表"中每项清单子目下各个基本子项所用到的预算定额、企业定额或补充定额编制基本子项定额基价"单价分析表",确定清单子目每定额单位下的基期人工费、基期材料费和基期机具使用费以及基期工料机费合计。由于按照现行铁路工程造价计价办法,取消综合工费标准的不同地区差异,如果直接套用预算定额,可不进行定额单价分析,直接从预算定额手册中查阅和套用有关费用标准。但如果对定额进行了调整(包括定额抽换或定额组合)或补充定额,则必须要针对调整或补充后的工料机消耗数量标准编制定额单价分析表。

(2)以报价原始数据表中每项清单子目为编制单元,计算"人工、材料、机具台班数量表"。在基本子项定额基价单价分析表的基础上将每定额单位基本子项所消耗的人、材、机数量,与基本子项工程量分别相乘汇总便得到该项子目所消耗人工、材料、机具台班的总量,为分析计算运杂费和进行下一步价差调整做准备。其编制方法同"设计概(预)算编制"中"人工、材料、机具台班数量表"的相关内容。

(3)以报价原始数据表中每项清单子目为编制单元,分析计算每个编制单元下的材料价外运杂费。

在工程量清单计价模式下,材料运杂费单价分析的思路与定额单价法计价模式基本相同,包括材料供应计划的确定、各种运输方法的全程运价和全程综合运价的确定等。稍有不同的是,工程量清单计价模式下的材料运杂费单价分析特别强调以清单子目为编制单元,并在"子目综合运杂费单价分析表"中增加了"材料重量比例"和"材料运杂费单价"等,可以直接计算"子目平均运杂费单价"的费用项目。需要注意的是,该表中的材料重量比例是主要材料[根据"设计概(预)算编制办法"要求单独计算运杂费的20类主要材料]的比例,而不是相对全部材料重量的比例。以"钻孔桩"清单子目为例,列表计算见表7-3。

(4)以"人工、材料、机具台班数量表"中用到的主要材料和机具台班种类、规格及数量为基础,编制"主要材料预算价格表""机具台班单价分析表"。

(5)以"报价原始工程量数据表"中每项清单子目为编制单元,利用现行铁路工程设计概(预)算编制办法中的"单项概(预)算",并将表中费用项目名称略加修改,编制"清单子目综合单价计算表"。其中,清单子目所含各项费用内容包括承建该工程所需的施工成本、预期利润、税金和一般风险费,具体包括定额直接工程费、价外运杂费、价差、填料费(如果有)、施工措施费、特殊地区施工增加费、间接费、增值税销项税额、根据招标文件合同条件应由施工单位承担的风险费用。

各项费用的计算程序与现行铁路工程设计概(预)算编制办法中的"单项概(预)算"基本相同。稍有区别的地方,一是"价差"要结合招标文件中承包商承担价格上涨的风险情况进行分析,如果招标文件合同专用条件约定为固定价格合同,即承包商要对所报的单价或总价包死,则价差应为基期至结(决)算期的预计价差,即将施工期价格上涨的风险摊销在综合单价中。二是施工措施费和间接费率可适当调整。对于施工总价承包或工程总承包的工程,也可将上述费用在"总承包风险费"中计算。

子目平均价外运杂费单价分析表

表7-3

适用范围	钻孔桩			综合运杂费单价	20.65 元(t)					清单编码		子目编码	0305-02-01-05			

材料名称	运输方法	起讫点		运距(km)	单价(元)	运费小计(元)	装卸次数	装卸费	杂费小计(元)	采购及保管费(元)	共计(元)	运输方法比重(%)	运杂费(元)	合计(元)	材料质量比例(%)	材料运杂费(元)
		起点	终点													
砂	汽车	桃园砂场		10	0.813	8.13	1	3.4	3.4		11.53					
	汽车便道运输		工地	3	0.78	2.34		3.4			2.34					
						10.47			3.4	0.63		100	14.5	14.5	38.424	5.571
碎石	汽车	八角石场		8	0.845	6.76	1	3.4	3.4		10.16					
	汽车便道运输			3	0.78	2.34		3.4			2.34					
	双轮车接运		工地	0.2	9.9	1.98	1	3.9	3.9		5.88					
						11.08			7.3	0.65		100	19.03	19.03	42.798	8.144
黏土	汽车	王庄村		7	0.8686	6.08	1	3.4	3.4		9.48					
	汽车便道运输		工地	2	0.78	1.56		3.4			1.56					
						7.64			3.4	0.28		100	11.32	11.32	1.714	0.194
水泥	汽车	清风水泥厂		30	0.7263	21.79	1	3.4	3.4		25.19					
	汽车便道运输		工地	3	0.78	2.34		3.4			2.34					
						24.13			3.4	0.97		100	28.5	28.5	15.302	4.361
其他钢材	营业火车	包钢		1040	0.1073	111.58	1	3.4	3.4		114.98					
	汽车	靠山站		15	0.77	11.55	1	3.4	3.4		14.95					
	汽车便道运输		工地	3	0.78	2.34		3.4			2.34					

适用范围	运输方式	起讫点	运距	运价	综合运杂费单价			20.65元(t)			清单编码		0305-02-01-05	
其他钢材	调车费		16	0.1	127.07					1.6	100	137.22	137.22	2.373
木材、模型板及木拱架	汽车	木材厂	24	0.7371	17..69	3.4	1	6.8	3.35	21.09	100	24.02	24.02	1.729
	汽车便道运输	工地	3	0.78	3.34	3.4		3.4	2.34	2.34				0.031
混凝土枕	汽车	仓库	10	0.813	2.34				0.59		100	14.01	14.01	0.007
					20.03			3.4		11.53				0.002
	汽车便道运输	工地	3	0.78	8.13	3.4	1	3.4		2.34				0.000
					2.34				0.14					
合计					10.47								20.6	

采用平均运杂费单价(元/t)＝∑[各种材料全程综合运价(元/t)×材料质量比例(%)]

根据本案例招标文件约定,该铁路工程采用施工单价承包的计价方式,以"钻孔桩"清单子目为例,且在施工期验工计价过程中,可据实调整施工期价差,故人工、材料、机具台班等资源价格可计算至招标、投标编制期价格水平。

(6)编制工程量清单子目综合单价分析表。将各项主要费用的计算结果进一步汇总为工程量清单综合单价分析表,见表7-4。

工程量清单子目综合单价分析表(部分)　　　　表7-4

项目编号	节号	项 目 名 称	单位	各项费用(元)							综合单价(元)
				人工费	材料费	机械使用费	填料费	措施费	间接费	税金	
0202	2	区间路基土石方	正线公路	642.1	31.6	36353.4	6101	2792	5780.1	1732	53432.5
0202J		Ⅰ.建筑工程费	m³	0.21	0.01	12.12	2.03	0.93	1.93	0.58	17.81
0202J02		一、土方	m³	0.21	0.01	12.12	2.03	0.93	1.93	0.58	17.81
0202J0201		(一)挖土方	m³	0.11		13.24		1.02	2.1	0.55	17.02
0202J0202		(二)利用土填方	m³	0.19	0.02	4.28		0.33	0.68	0.18	5.68
0202J0203		(三)借土填方	m³	0.33	0.02	17.3	5.46	1.33	2.75	0.91	28.1
		······									
0305	5	特大桥(1座)	延长米	1440.4	8082.4	7260.98		665.1	1539.8	636	19624.83
030502		二、一般特大桥(1座)	延长米	1440.4	8082.4	7260.98		665.1	1539.8	636	19624.83
030502J		Ⅰ.建筑工程费	延长米	1440.4	8082.4	7260.98		665.1	1539.8	636	19624.83
030502J01		(一)基础	圬工方	98.75	557.2	517.97		47.1	109.05	44.6	1374.63
030502J0105		5.钻孔桩	m³	174.52	984.68	915.36		83.24	192.71	78.7	2429.25
030505J02		(二)墩台	圬工方	73.82	361.79	28.12		8.41	19.48	16.5	508.09
030505J0201		1.混凝土	圬工方	70.32	282.31	25.39		7.94	18.37	13.6	417.88
030505J0202		2.钢筋	t	226.45	5142.4	176.45		30.84	71.49	189	5836.82
		······									

(7)编制工程量清单计价表。将所有清单项目的综合单价与清单工程量相乘计算出工程合价即为A标段初步报价,具体内容,见表7-5。

工程量清单计价表　　　　表7-5

清单　第01章　拆迁工程						
编　码	节号	名　　称	计量单位	工程数量	金额(元)	
					单价	合价
0101	1	拆迁工程	正线公里	10	725800	7258000
0101J		Ⅰ.建筑工程费	正线公里	10	270000	2700000
0101J01		一、改移道路	km	3	880000	2640000
0101J0101		(一)等级公路	km	1.5	1600000	2400000
0101J010101		3.路面	km	1.5	1600000	2400000
00101J01010101		(三)面层	m³	8000	300	2400000
0101J010101010101		①沥青混凝土路面	m³	8000	300	2400000

清单　第01章　拆迁工程

编　码	节号	名　　称	计量单位	工程数量	金额（元）	
					单价	合价
0101J0103		（三）土路	m³	2000	120	240000
0101J02		二、砍伐、挖根	株	200	300	60000
0101Q		Ⅳ.其他费	元			4558000
0101Q04		一、土地征用及拆迁补偿费	元			4558000
0101Q0401		（一）土地征用补偿费	亩*	90	50000	4500000
0101Q0402		（二）拆迁补偿费	元			58000
0101Q040201		1.砖房	m³	45	800	36000
0101Q040202		2.混凝土电杆	根	4	500	2000
0101Q040204		3.迁移通信线路	km	0.5	40000	20000

第01章　合计　7258000（元）

清单　第02章　路基

编　码	节号	名　　称	计量单位	工程数量	金额（元）	
					单价	合价
0202	2	区间路基土石方	正线公里	10	53432.5	534325
0202J		Ⅰ.建筑工程费	m³	30000	17.81	534325
0202J02		一、土方	m³	30000	17.81	534325
0202J0201		（一）挖土方	m³	10000	17.02	170183
0202J0202		（二）利用土填方	m³	8826	5.68	50150
0202J0203		（三）借土填方	m³	11174	28.1	313992
0203	3	站场土石方	正线公里	10	135920.8	1359208
0203J		1.建筑工程费	m³	70000	19.42	1359208
0203J01		一、土方	m³	70000	19.42	1359208
0203J0101		（一）挖土方	m³	40000	15.09	603435
0203J0103		（三）借土填方	m³	30000	25.19	755773
0204	4	路基附属工程	正线公里	10	356580.4	3565804
0204J		Ⅰ.建筑工程费	正线公里	10	256580.4	3565804
0204J01		一、附属土石方及加固防护	元			3565804
0204J0102		（二）砌体及圬工	元			3565804
0204J010202		2.浆砌石	圬工方	15790	225.83	3565804

第02章　合计　5459337（元）

清单　第03章　桥涵

编　码	节号	名　　称	计量单位	工程数量	金额（元）	
					单价	合价
0305	5	特大桥（1座）	延长米	845.3	19624.84	16588865
030502		二、一般特大桥（1座）	延长米	845.3	19624.84	16588865

清单 第03章 桥涵

编码	节号	名称	计量单位	工程数量	金额(元) 单价	金额(元) 合价
030502J		1.建筑工程费	延长米	845.3	19624.83	16588865
030502J01		(一)基础	圬工方	11812	1374.63	16237113
030502J0105		5.钻孔桩	m	6684	2429.25	16237113
030502J02		(二)墩台	圬工方	692.3	508.09	351752
030502J0201		1.混凝土	圬工方	692.3	417.88	289298
030502J0202		2.钢筋	t	10.7	5836.82	62454

清单 第03章 合计16588865(元)

清单 第10章 大型临时设施和过渡工程

编码	节号	名称	计量单位	工程数量	金额(元) 单价	金额(元) 合价
1028	28	大型临时设施和过渡工程	正线公里	10	43000	46000
1028J		Ⅰ.建筑工程费	正线公里	10	43000	46000
1028J01		一、大型临时设施	正线公里	10	43000	43000
1028J0103		(三)汽车运输便道	km	3	110000	330000
1028J010301		1.新建干线	km	3	110000	330000
1028J0117		(十七)电力干线	km	2	50000	100000

第10章 合计 460000(元)

注:* 1亩 = 666.6m²。

(8)编制"工程量清单投标报价汇总表"等表。根据铁路工程招标文件及《铁路工程工程量清单计价指南》要求,计算激励约束费、安全生产费、计日工和暂列金额(施工单价承包时适用)或总承包风险费(施工总价承包或工程总承包时适用)等项费用,编制工程量清单投标报价汇总表及所要求编制的其他有关报表。工程量清单投标报价汇总表,见表7-6。

工程量清单投标报价汇总表　　　　　表7-6

章号	节号	名称	金额(元)
第一章		拆迁工程	7258000
	1	拆迁工程	7258000
第二章		路基	5459337
	2	区间路基土石方	534325
	3	站场土石方	1359208
	4	路基附属工程	3565804
第三章		桥涵	16588865
	5	特大桥(1座)	16588865
第四章		隧道及明洞	
第五章		轨道	
第六章		通信、信号、信息及灾害监测	

章号	节　号	名　　称	金额(元)
第七章		电力及电力牵引供电	
第八章		房屋	
第九章		其他运营生产设备及建筑物	
第十章		大型临时设施和过渡工程	430000
	30	大型临时设施和过渡工程	430000
第十一章		其他费	377673
	31	其他费	377673
第一章至第十一章清单合计　A			30113875
按第一章至第十一章清单合计的5%计算的或按一定额度估列的暂列金额　B			1505694
包含在暂列金额中的计日工			0
激励约束考核费　C			0
设备费　D			0
投标报价总额　(A+B+C+D)			31619569
包含在投标报价总额中的甲供材料设备费			0

4.测算标价的"上限"与"下限"

根据铁路工程造价计价办法以及通过市场询价确定的工程所在地工、料、机价格水平和综合费率水平,确定出反映社会平均水平的工程预算价格(包括各项预算费用和分摊费用),作为"模拟标底",进而确定标价的上限。根据本企业技术装备和管理水平和成本降低措施,测算本企业完成该工程的最低保本点,即为标价的下限。

5.报价决策,确定最终总标价

在前面所测算的标价"上限"与"下限"之间的决策区间中,根据所掌握的业主及其他投标单位的信息适当调整其他工程费、间接费、利润等取费,以使总标价更有竞争力。

当工程为施工单价承包合同时,要充分利用报价技巧,进行"单价重分配(或不平衡报价)"。当投标人的总标价水平确定后,还要采用"单价重分配"的方法来调整单价,以期在工程结算时取得最好的经济效益,实现"投标中标、施工创利"的目的。

项目小结

(1)工程量清单是统计拟建工程的分部分项工程项目、措施项目及其他项目的名称和相应数量的明细清单。运用工程量清单将投标报价、评标和中标后项目实施中的验工计价三位一体,在投标报价和合同实施过程中,应把招标文件各部分内容有机结合起来使用。

(2)工程量清单计价规范报价具有强制性、竞争性、通用性和适用性等特点。从工程量清单计价的内涵可以看出,工程量清单计价与定额计价的主要区别在于采用的计价模式不同、采用的单价方法不同、反映的成本价不同、结算的要求不同、风险的处理方式不同、项目的划分不同、工程量计算规则不同、计量单位不同。但是它们两者之间又有着密不可分的联系。

(3)采用工程量清单招标时通常采用三种单价模式:直接费单价模式(基本直接费单价法)、综合单价模式和完全单价模式。利用工程量清单进行计价推动我国铁路建设的规范化发展,具有重要的现实意义。

(4)工程量清单的内容由封面、填表须知、总说明、工程量清单表、计日工表、甲供材料数量及价格表、甲控材料表、设备清单表、补充工程量清单计量规则表等组成。工程量清单主要内容由十一章29节组成。

(5)工程量清单计价应包括按招标文件规定,完成工程量清单所列子目的全部费用,应采用综合单价和工程量相结合的总价进行计算。而工程量清单子目的综合单价,应根据《07指南》规定的综合单价组成,工程量则根据招标文件的工程量清单及施工现场实际情况确定。

(6)对于不同合同计价方式,虽都有工程量清单,但使用工程量清单时亦有不同之处,主要表现在三个方面:投标人对招标人提供的工程量清单是否允许修改、工程量清单中费用构成和标价后的工程量清单所起作用不同。

思考与练习

一、填空题

1. _____是统计拟建工程的分部分项工程项目、措施项目及其他项目的名称和相应数量的明细清单。

2. _____是指工程建设过程中招标标底、投标报价的编制、合同价款确定与调整、工程结算以招标文件中的工程量清单为依据进行的工程造价的确定与控制的总称,工程量清单计价以清单中的计价工程细目作为基本单元。

3. 采用工程量清单招标时通常采用_____、_____和_____三种单价模式。

4. 工程量清单计价与定额计价模式的不同之处在于_____、_____、_____、_____和_____五个方面。

5. 工程量清单计价包括完成工程量清单所列子目的全部费用,应采用_____和工程量相结合的总价来进行计算。

二、名词解释

工程量清单:
工程量清单计价:
综合单价:
合价:

三、简答题

1. 何为工程量清单与工程量清单计价?
2. 简述工程量清单计价与定额计价模式的异同之处。
3. 简述工程量清单计价的意义。
4. 简述铁路工程工程量清单的编制内容。
5. 综合单价包括哪些费用?
6. 试分析不同合同计价方式下工程量清单的区别。
7. 简述铁路工程投标报价的编制步骤。

附录一 施工平面布置图

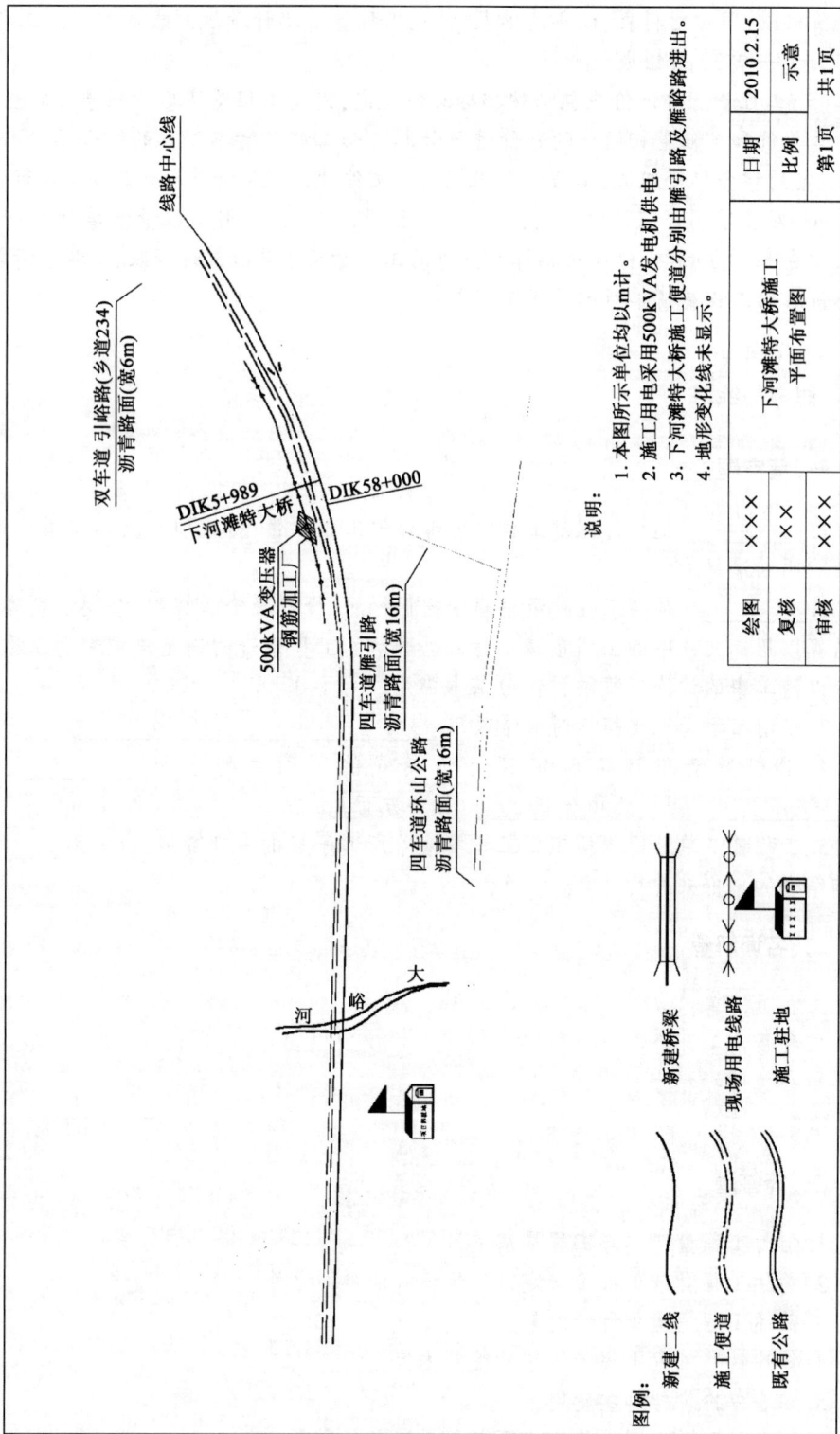

线路中心线

双车道引峪路(乡道234)
沥青路面(宽6m)

DIK5+989
下河滩特大桥
DIK58+000

500kVA变压器
钢筋加工

四车道雁引路
沥青路面(宽16m)

四车道环山公路
沥青路面(宽16m)

下 河 滩 大

说明:

1. 本图所示单位均以m计。
2. 施工用电采用500kVA发电机供电。
3. 下河滩特大桥施工便道分别由雁引路及雁峪路进出。
4. 地形变化线未显示。

绘图	×××
复核	××
审核	×××

下河滩特大桥施工 平面布置图		
日期	2010.2.15
比例	示意
第1页	共1页

图例:

新建二线

施工便道

既有公路

新建桥梁

现场用电线路

施工驻地

附录二　工程量清单表

建设项目名称：＿＿＿＿＿＿＿＿＿＿＿＿＿＿

标　　　　段：＿＿＿＿＿＿＿＿＿＿＿＿＿＿＿＿

工程量清单

招　　标　　人：＿＿＿＿＿＿＿＿＿＿＿＿＿＿＿＿（单位签字盖章）

法定代表人或
授 权 代 理 人：＿＿＿＿＿＿＿＿＿＿＿＿＿＿＿＿（签字盖章）

中介机构
法 定 代 表 人：＿＿＿＿＿＿＿＿＿＿＿＿＿＿＿＿（签字盖章）

造价工程师及
注 册 证 号：＿＿＿＿＿＿＿＿＿＿＿＿＿＿＿＿＿（签字盖执业专用章）

编 制 时 间：＿＿＿＿＿＿＿＿＿＿＿＿＿＿

填 表 须 知

(1)工程量清单及其计价格式中所有要求签字、盖章的地方,必须由规定的单位和人员签字、盖章。

(2)工程量清单及其计价格式中的任何内容不得随意删除或涂改。

(3)工程量清单计价格式中列明的所有需要填报的单价(由投标人填写的单价除外)和合价,投标人均应填报(其中计量单位为"元"的子目单价栏填"1",合价栏与数量栏的数额相同),未填报的单价和合价,视为此项费用已包含在工程量清单的其他单价和合价中。

(4)金额(价格)均应以人民币表示。

总 说 明

标段：   第　页　共　页

工 程 量 清 单 表

标段：   第　页　共　页

清 单　第×章　××××				
编　　码	节　　号	名　　称	计 量 单 位	工 程 数 量

计日工表(总价承包和工程总承包)
(1)计日工　人工

标段：   第　页　共　页

序号	名　　称	计 量 单 位	数　　量

(2)计日工　材料

标段：   第　页　共　页

序号	名称及规格	计 量 单 位	数　　量

(3)计日工　施工机械

标段：   第　页　共　页

序号	名称及型号	计 量 单 位	数　　量

甲供材料数量及价格表

标段：   第　页　共　页

序号	材料编码	材料名称及规格	交货地点	计量单位	数　量	单价(元)

甲 控 材 料 表

标段：   第　页　共　页

序号	材 料 编 码	材料名称及规格	技 术 条 件

设 备 清 单 表

(1)甲供设备数量及价格表

标段：   第　页　共　页

序号	设 备 编 码	设备名称及规格型号	交 货 地 点	计 量 单 位	数　量	单价(元)

(2)甲控设备数量表

标段：   第　页　共　页

序号	设 备 编 码	设备名称及规格型号	技 术 条 件	计 量 单 位	数　量

(3) 自购设备数量表

序号	设 备 编 码	设备名称及规格型号	技 术 条 件	计 量 单 位	数　量

补充工程量清单计量规则表

第×章　××××							
编码	节号	名称	计量单位	子目划分特征	工程量计算规则	工程(工作)内容	附注

附录三　工程量清单投标报价表

建设项目名称:＿＿＿＿＿＿＿＿＿＿＿＿＿＿

标　　　　段:＿＿＿＿＿＿＿＿＿＿＿＿＿＿＿＿＿

工程量清单投标报价表

投　标　人:＿＿＿＿＿＿＿＿＿＿＿＿＿＿＿＿(单位签字盖章)

法定代表人或
授权代理人:＿＿＿＿＿＿＿＿＿＿＿＿＿＿＿(签字盖章)

造价工程师及
注册证号:＿＿＿＿＿＿＿＿＿＿＿＿＿＿＿(签字盖执业专用章)

编制时间:＿＿＿＿＿＿＿＿＿＿＿＿＿＿

投标报价总额

建设项目名称:＿＿＿＿＿＿＿＿＿＿＿＿＿＿＿＿

标　　　　段:＿＿＿＿＿＿＿＿＿＿＿＿＿＿＿＿＿

投标报价总额(小写):＿＿＿＿＿＿＿＿＿＿＿＿＿

(　大　写　):＿＿＿＿＿＿＿＿＿＿＿＿＿＿＿

投　标　人:＿＿＿＿＿＿＿＿＿＿＿＿＿＿＿＿(单位签字盖章)

法定代表人或
授权代理人:＿＿＿＿＿＿＿＿＿＿＿＿＿＿＿(签字盖章)

编制时间:＿＿＿＿＿＿＿＿＿＿＿＿＿＿＿

工程量清单投标报价汇总表

章 号	节 号	名 称	金额(元)
第一章	1	拆迁工程	
第二章		路基	
	2	区间路基土石方工程	
	3	站场路基土石方工程	
	4	路基附属工程	
第三章		桥涵	
	5	特大桥	
	6	大桥	
	7	中桥	
	8	小桥	
	9	涵洞	
第四章		隧道及明洞	
	10	隧道	
	11	明洞	
第五章		轨道	
	12	正线	
	13	站线	
	14	线路有关工程	
第六章		通信、信号及信息	
	15	通信	
	16	信号	
	17	信息	
第七章		电力及电力牵引供电	
	18	电力	
	19	电力牵引供电	
第八章	20	房屋	
第九章		其他运营生产设备及建筑物	
	21	给排水	
	22	机务	
	23	车辆	
	24	动车	
	25	站场	
	26	工务	
	27	其他建筑及设备	
第十章	28	大型临时设施和过渡工程	
第十一章	29	其他费	

章 号	节 号	名 称	金额(元)
		第一章至第十一章 清单合计 *A*	
		按第一章至第十一章 清单合计的___%计算的或按一定额度估列的暂列金额 *B*	(总价承包和工程总承包)
		包含在暂列金额中的计日工(总价承包和工程总承包)	
		激励约束考核费 *C*	
		设备费 *D*	
		总承包风险费(施工总价承包、工程总承包时增列)	
		投标报价总额(*A*+*B*+*C*+*D*)	
		包含在投标报价总额中的甲供材料设备费	

工程量清单计价表

标段： 第 页 共 页

			清单 第×章 ××××			
编 码	节 号	名 称	计量单位	工程数量	金额(元)	
					综合单价	合价

工程量清单子目综合单价分析表

标段： 第 页 共 页

				清单 第×章 ××××						综合单价(元)
编码	节号	名称	计量单位	综合单价组成(元)						
				人工费	材料费	机械使用费	填料费	措施费	间接费	税金

计日工费用计算表(总价承包和工程总承包)
(1)计日工 人工费计算表

标段： 第 页 共 页

序号	名 称	计量单位	数 量	金额(元)	
				单价	合价
计日工 人工费合计 元					

(2)计日工　材料费计算表

标段：　　　　　　　　　　　　　　　　　　　　　第　页　共　页

序号	名称及规格	计量单位	数量	金额(元)	
				单价	合价
计日工　材料费合计　元					

(3)计日工施工机械使用费计算表

标段：　　　　　　　　　　　　　　　　　　　　　第　页　共　页

序号	名称及型号	计量单位	数量	金额(元)	
				单价	合价
计日工　机械使用费合计　元					

(4)计日工费用汇总表

标段：　　　　　　　　　　　　　　　　　　　　　第　页　共　页

名　称	金额(元)
1.计日工、人工费合计	
2.计日工、材料费合计	
3.计日工、施工机械使用费合计	
计日工费用总额____元(结转"工程量清单投标报价汇总表")	

甲供材料费计算表

标段：　　　　　　　　　　　　　　　　　　　　　第　页　共　页

序号	材料编码	材料名称及规格	交货地点	计量单位	数量	金额(元)	
						单价	合价
甲供材料费合计　元							

甲控材料价格表

标段：

序号	材料编码	材料名称及规格	技术条件	计量单位	单价(元)

主要自购材料价格表

标段：

序号	材料编码	材料名称及规格	计量单位	单价(元)

设 备 费 计 算 表

(1)甲供设备费计算表

标段：

序号	设备编码	设备名称及规格型号	交货地点	计量单位	数量	金额(元)	
						单价	合价
甲供设备费合计　元							

(2)甲控设备费计算表

标段：

序号	设备编码	设备名称及规格型号	技术条件	计量单位	数量	金额(元)	
						单价	合价
甲控设备费合计　元							

(3) 自购设备费计算表

标段：   第　页　共　页

序号	设备编码	设备名称及规格型号	技术条件	计量单位	数量	金额(元)	
						单价	合价
自购设备费合计　元							

(4) 设备费汇总表

标段：   第　页　共　页

名　称	金额(元)
1. 甲供设备费合计	
2. 甲控设备费合计	
3. 自购设备费合计	
4. 甲供设备自交货地点至安装地点的运杂费	
设备费总额　元(结转"工程量清单投标报价汇总表")	

参 考 文 献

[1] 李明华.铁路工程施工组织与概预算[M].北京:中国铁道出版社,2018.

[2] 王军龙,林楠.铁路施工组织与概预算[M].成都:西南交通大学出版社,2018.

[3] 李东侠.铁路工程施工组织与概预算[M].北京:北京理工大学出版,2013.

[4] 姚玉玲,刘靖伯.网络计划技术与工程进度管理[M].北京:人民交通出版社,2008.

[5] 李丽敏.铁路工程施工组织设计与概预算[M].武汉:武汉理工大学出版社,2018.

[6] 张向东.铁路施工组织与管理[M].北京:中国铁道出版社,2016.

[7] 中国铁路总公司.Q/CR 9004—2018 铁路工程施工组织设计规范[S].北京:中国铁道出版社,2018.

[8] 中国铁路总公司.Q/CR 9207—2017 铁路混凝土工程施工技术规程[S].北京:中国铁道出版社,2017.

[9] 中国铁路总公司.Q/CR 9602—2015 高速铁路路基工程施工技术规程[S].北京:中国铁道出版社,2015.

[10] 中国铁路总公司.Q/CR 9652—2017 客货共线铁路桥涵工程施工技术规程[S].北京:中国铁道出版社,2017.

[11] 中国铁路总公司.Q/CR 9603—2015 高速铁路桥涵工程施工技术规程[S].北京:中国铁道出版社,2015.

[12] 中国铁路总公司.Q/CR 9653—2017 客货共线铁路隧道工程施工技术规程[S].北京:中国铁道出版社,2017.

[13] 中国铁路总公司.Q/CR 9604—2015 高速铁路隧道工程施工技术规程[S].北京:中国铁道出版社,2015.

[14] 国家铁路局.TZJ 1001—2017 铁路基本建设工程设计概(预)算编制办法[S].北京:中国铁道出版社,2017.

[15] 国家铁路局.TZJ 3001—2017 铁路基本建设工程设计概(预)算费用定额[S].北京:中国铁道出版社,2017.

[16] 国家铁路局.TZJ 3003—2017 铁路工程材料基期价格[S].北京:中国铁道出版社,2017.

[17] 国家铁路局.TZJ 3004—2017 铁路工程施工机具台班费用定额[S].北京:中国铁道出版社,2017.

[18] 国家铁路局.TZJ 2000—2017 铁路工程基本定额[S].北京:中国铁道出版社,2017.

[19] 国家铁路局.TZJ 2101—2018 铁路工程预算定额 第一册 路基工程[S].北京:中国铁道出版社,2017.

[20] 国家铁路局.TZJ 2102—2018 铁路工程预算定额 第二册 桥涵工程[S].北京:中国铁道出版社,2017.

[21] 国家铁路局.TZJ 2103—2018 铁路工程预算定额 第三册 隧道工程[S].北京:中国铁道出版社,2017.

[22] 国家铁路局.TZJ 2104—2018 铁路工程预算定额 第四册 轨道工程[S].北京:中国铁道出版社,2017.

[23] 国家铁路局.TZJ 3002—2018 铁路基本建设工程投资估算预估算费用定额[S].北京:

中国铁道出版社,2018.

[24] 国家铁路局.TZJ 1002—2018　铁路基本建设工程投资估算预估算编制办法[S].北京：中国铁道出版社,2018.

[25] 铁道部.铁建设[2007]108号铁路工程工程量清单计价指南(土建部分)[S].北京：中国标准出版社,2007.

[26] 铁道部.铁路工程工程量清单计价指南(四电部分)[S].北京：中国标准出版社,2009.

[27] 刘芳,章疾雯.铁路工程概预算与工程量清单计价[M].北京：人民交通出版社股份有限公司,2014.